中小企业
税收筹划

贲友红　著

立信会计 出版社

LIXIN ACCOUNTING PUBLISHING HOUSE

图书在版编目(CIP)数据

中小企业税收筹划 / 贲友红著.—上海：立信会
计出版社，2022.7
ISBN 978 - 7 - 5429 - 7120 - 3

I.①中… Ⅱ.①贲… Ⅲ.①中小企业—税收筹划—
研究—中国 Ⅳ.①F812.423

中国版本图书馆 CIP 数据核字(2022)第 123276 号

策划编辑　　陈　旻
责任编辑　　陈　旻

中小企业税收筹划

ZHONGXIAO QIYE SHUISHOU CHOUHUA

出版发行	立信会计出版社

地　　址	上海市中山西路 2230 号	邮政编码	200235
电　　话	(021)64411389	传　　真	(021)64411325
网　　址	www.lixinaph.com	电子邮箱	lixinaph2019@126.com
网上书店	http://lixin.jd.com		http://lxkjcbs.tmall.com
经　　销	各地新华书店		

印　　刷	上海华业装潢印刷有限公司
开　　本	787 毫米×1092 毫米　　　　1/16
印　　张	15.5
字　　数	358 千字
版　　次	2022 年 7 月第 1 版
印　　次	2022 年 7 月第 1 次
印　　数	1—1500
书　　号	ISBN 978 - 7 - 5429 - 7120 - 3/F
定　　价	55.00 元

　　中小企业是国民经济和社会发展的生力军，是建设现代化经济体系、推动经济高质量发展的重要基础，是扩大就业、改善民生的重要支撑。个人独资企业、合伙企业和个体工商户是中小企业中占比较大的群体，它们成为税收洼地的主要原因在于其税收的核定征收方式。征税和纳税是"高智商的动态博弈"，目前核定征收税收政策愈发规范，2018 年 11 月，北京市海淀区税务局公告了从 2019 年 1 月 1 日起终止应设置账簿的个体工商户的定期定额征收方式，转为查账征收。2021 年年末，《关于权益性投资经营所得个人所得税征收管理的公告》（财税〔2021〕41 号）规定，对持有股权、股票、合伙企业财产份额等权益性投资的个人独资企业、合伙企业，一律适用查账征收方式计征个人所得税，不再使用核定征收。全面取消核定征收，需要废止或修改一些涉税文件，过程比较复杂。数智控税时代，查账征收是大势所趋。2019 年以来，我国税收立法进程全面加速，五大类税共 18 个税种，其中有 12 个已经立法。税收法定进程的加快，使得税收更加稳定、权威，进一步规范了政府部门行为，有利于保护纳税人权益和优化营商环境。税收法定时代已经到来！因此，如何帮助中小企业做好税收筹划，不仅有必要而且有需要，这是本书写作初衷。

　　本书共八章，以中小企业生命周期和经营流程理论为基石，以中小企业的经营过程为主线展开。第一章对中小企业税收筹划进行了概述，第二至第七章分别阐释了中小企业设立、投资融资、采购、生产、销售、利润分配共六个环节涉税事项的税收筹划。公司制企业承担个人所得税预扣预缴的法定义务，个人独资企业、合伙企业和个体工商户作为中小企业的主体，也是个人所得税的纳税人，因此本书设置了第八章介绍个人所得税的税收筹划，并使之与实务操作流程相符。为加深读者对中小企业经营活动中经济业务所涉及的各个税种的税收筹划事项的理解,书中设置了大量案例,通过案例的比较分析,正确解读截至 2022 年 2 月的最新税收制度和政策。本书理论与实务并重,注重时效性,在合法的前提下提供了实现最低税负或递延纳税的一系列策略,有助于中小企业价值提升。

本人在写作本书过程中,虽然进行了大量的调研,搜集了大量的资料,研读了大量的法律文件和相关论著,但仍可能存在疏漏或不足之处,恳请广大读者和学界专家批评指正,联系邮箱:1527921517@qq.com。

本书撰写过程中,参考了许多专家学者的研究成果。同时,本书得益于企业内控管理体系实施与品控流程再造项目的资助(项目编号:KYH21555),在此一并表示感谢。

贾友红

2022.3

目　录

第一章

中小企业税收筹划概述

量大面广的中小企业既是稳经济的重要基础,也是稳就业的主力支撑。近年来,我国出台了不少促进中小企业发展的政策,助力中小微企业的发展。中小企业作为纳税人,不同涉税行为适用的税收政策不同,在涉税行为的税收处理上会面临不同的选择。纳税人应综合考虑影响纳税的因素,采用不同的方法进行合理的税收筹划,从而合理合法地降低中小企业的税收负担,以实现税后利益最大化。

第一节 促进中小企业发展的政策概述

中小企业是实施"大众创业、万众创新"有关政策的重要载体,在确保国民经济适度增长、缓解就业压力、实现科教兴国、优化经济结构等方面,均发挥着越来越重要的作用。

一、中小企业的界定

为贯彻落实《中华人民共和国中小企业促进法》和《国务院关于进一步促进中小企业发展的若干意见》(国发〔2009〕36 号),工业和信息化部、国家统计局、国家发展和改革委员会、财政部四个部门共同研究制定了《中小企业划型标准规定》(工信部联企业〔2011〕300 号)。该规定结合行业特点,根据企业从业人员、营业收入、资产总额等指标将中小企业划分为中型、小型、微型三种类型。这次中小企业划型标准修订是我国历史上的第 8 次修订,也是涉及面最广、行业面最宽、划型较全的一次修订。新划型标准基本涵盖了国民经济的主要行业,涉及 84 个行业大类、362 个行业中类和 859 个行业小类,新增房地产开发经营、租赁和商务服务业、信息传输业、软件和信息技术服务业等行业。《中小企业划型标准规定》参见附录。本书所述的中小企业包括中型、小型、微型三种类型的企业。

《中小企业划型标准规定》在中型和小型企业的基础上,增加了微型企业标准。按照新标准,农、林、牧、渔业营业收入 50 万元以下的为微型企业;工业从业人员 20 人以下或营业收入 300 万元以下的为微型企业;软件和信息技术服务业从业人员 10 人以下或营业收入 50 万元以下的为微型企业;房地产开发经营企业的营业收入 100 万元以下或资产总额 2 000 万元以下的为微型企业。四部门明确,根据新划型标准,小型和微型企业将成为今后政策扶持的重点。国家将着重优化小型和微型企业发展环境,进一步研究出台普惠性的政策措施,加大扶持力度。

小型和微型企业经济基础相对薄弱、科研能力总体偏低,是企业中数量占比最大的群体,也是弱势群体。新划型标准划出了微型企业标准,有利于明确重点,出台更有针对性的优惠政策以增强政策的针对性和时效性。此外,小型和微型企业是劳动力就业的主体,我国通过修订划型标准,有利于现阶段在兼顾劳动生产率的同时解决劳动力就业问题。

更为重要的是,新划型标准有利于解决中小企业的"融资难"问题,其中主要是小型企业和微型企业"融资难",找出问题的关键就可以更有针对性地出台政策措施。此外,新划型标准还将个体工商户纳入标准范围。修订后的中小企业划型标准对研究和实施中小企业政策、加强分类指导、推动中小企业发展均具有重要意义。

二、促进中小企业发展的政策

中小企业作为微观经济活动中的一支重要力量,是社会稳定的基石和重要的创新力量,是经济改革的试验田和扩大出口的生力军,在平衡区域经济结构等方面发挥着越来越重要的作用。但是,中小企业面临着后疫情时代的经营压力,招工难、用工贵以及融资难、融资贵等问题有待进一步缓解,传统产业领域中的大多数中小企业处于产业链中低端,存在高耗低效、产能过剩、产品同质化等问题,盈利能力依然不强,"转方式、调结构"任务十分艰巨。当然,随着改革的深化,新型工业化、城镇化、信息化、农业现代化的推进,以及"大众创业、万众创新"、《中国制造 2025》、"互联网+"、"一带一路"等重大战略举措的加速实施,中小企业发展也面临着重大机遇。以互联网为核心的信息技术与各行各业深度融合,日益增长的个性化、多样化需求,不断催生新产品、新业态、新市场和新模式,为中小企业提供了广阔的创新发展空间。中小企业具有"船小好掉头"的特点,能及时适应需求变动、相应调整。因此,如何促进中小企业发展已经成为各国经济政策关注的重点。发展中小企业的政策主要有限制性政策和扶持性政策两大类,世界各国普遍采取的主要是扶持性政策。我国为此制定了一系列促进中小企业发展的政策,如《中华人民共和国中小企业促进法》以法律的形式明确了中小企业的五大扶持、促进措施。以下对有关促进中小企业发展的主要政策及中小企业如何应对政策机遇等进行详细介绍。

(一) 促进中小企业发展主要政策的内容

1. 中小企业促进法

第十二届全国人民代表大会常务委员会第二十九次会议表决通过了新修订的《中华人民共和国中小企业促进法》(简称新促进法),并于 2018 年 1 月 1 日实施。新促进法明确了对中小企业的五大扶持、促进措施。

1) 财税支持

中央财政和县级以上地方各级人民政府(县级以上地方各级人民政府根据实际情况)应当在本级预算中设立中小企业科目,安排中小企业发展专项资金,中小企业发展专项资金通过资助、购买服务、奖励等方式,重点用于支持中小企业公共服务体系和融资服务体系建设;国家设立中小企业发展基金,用于引导和带动社会资金支持初创期中小企业,促进创业创新,县级以上地方各级人民政府可以设立中小企业发展基金。国家对符合条件的小型、微型企业按照规定实行缓征、减征、免征企业所得税、增值税等措施,减轻小型、微型企业税收负担,对小型、微型企业行政事业性收费实行减免等优惠政策。

2) 融资促进

国务院银行业监督管理机构对金融机构开展小型、微型企业金融服务应当制定差异化监管政策,采取合理提高小型、微型企业不良贷款容忍度等措施,引导金融机构增加小型、微型企业融资规模和比重。国家健全多层次资本市场体系,多渠道推动股权融资,发展并规范债券市场,促进中小企业利用多种方式直接融资;支持金融机构为中小企业提供以应收账款、知识产权、存货、机器设备等为担保品的担保融资。县级以上地方各级人民政府应当建立中小企业政策性信用担保体系,鼓励各类担保机构为中小企业融资提供信用担保。

3) 创业扶持

高等学校毕业生、退役军人、失业人员、残疾人员等创办小型、微型企业,按照国家规定享受税收优惠和收费减免。创业投资企业和个人投资者投资初创期科技创新企业的,按照国家规定享受税收优惠。县级以上地方各级人民政府应当根据中小企业发展的需要,在城乡规划中安排必要的用地和设施,为中小企业获得生产经营场所提供便利。国家层面简化中小企业注销登记程序,实现中小企业市场退出便利化。

4) 创新支持

国家完善中小企业研究开发费用加计扣除政策,支持中小企业技术创新;鼓励中小企业参与产业关键共性技术研究开发和利用财政资金设立的科研项目实施。县级以上地方各级人民政府有关部门应当在规划、用地、财政等方面对中小企业创新活动开展提供支持,推动建立和发展各类创新服务机构;同时,应当拓宽渠道,采取补贴、培训等措施,引导高等学校毕业生到中小企业就业,帮助中小企业引进创新人才。

5) 市场开拓

国务院有关部门应当制定中小企业政府采购的相关优惠政策,通过制定采购需求标准、预留采购份额、价格评审优惠、优先采购等措施,提高中小企业在政府采购中的份额。有关部门向中小企业预留的采购份额应当占本部门年度政府采购项目预算总额的30%以上,其中,预留给小型、微型企业的比例不低于60%。政府采购不得在企业股权结构、经营年限、经营规模和财务指标等方面对中小企业实行差别待遇或者歧视待遇。

新促进法增加了权益保护专章,规定国家保护中小企业及其出资人的财产权和其他合法权益,还将现行的规范涉企收费、监督检查机制等相关政策上升为法律。新促进法为了加强法律执行情况监督检查,保障法律的有效实施,增设了"监督检查"专章。此外,在原法基础上,新促进法在创业创新、服务措施、政府采购等方面也做了不少重要的补充和修改。新促进法在做好原法继承与衔接的同时,坚持发挥市场决定性作用、强化政府支持力度、着力解决突出问题、注重增强法律的可操作性,作为今后一段时期促进我国中小企业发展的法律依据,对促进中小企业持续健康发展具有十分重要的意义。

2. 促进中小企业发展规划(2021—2025 年)

工业和信息化部联合国家发展和改革委员会、科技部、财政部等 19 个部门和单位印发了《"十四五"促进中小企业发展规划》（以下简称《规划》），对"十四五"期间促进中小企业发展工作作出部署。《规划》把握了中小企业面临的政策机遇、市场机遇、环境机遇和创新机遇，将培育壮大市场主体、构建企业梯度培育体系、提升企业创新能力和专业化水平等作为"十四五"中小企业工作重点。《规划》明确了五个工作目标，确定了七项任务，实施了九项重点工程和四项保障措施。

1) 明确了五个工作目标

"十四五"时期，围绕促进中小企业发展的关键环节，《规划》提出了5个发展目标，并提出一系列定量目标，主要内容如下：

（1）整体发展质量稳步提高。中小企业在提升产业基础高级化和产业链现代化水平方面的作用更加突出，力争到2025年实现人均营业收入增长18％以上。

（2）创新能力和专业化水平显著提升。预计到2025年实现规模以上小型工业企业研发经费年均增长10％以上，专利申请数年均增长10％以上，有效发明专利数年均增长15％以上。中小企业数字化、网络化、智能化、绿色化转型步伐明显加快。国家有关部门预计推动形成100万家创新型中小企业、10万家"专精特新"中小企业、1万家专精特新"小巨人"企业。

（3）经营管理水平明显提高。中小企业现代企业制度不断完善，内部治理结构不断优化，优秀企业家、专业技术人才和职业技能人才大幅增加，质量管理水平、合规经营水平和国际化水平持续提升，品牌影响力、核心竞争力和抗风险能力明显增强，安全生产意识和社会责任意识进一步提高。

（4）服务供给能力全面提升。政府公共服务、市场化服务、社会化公益服务协同促进的服务体系进一步完善。培育一批影响力大、实力强、服务效果突出的中小企业服务机构。中小企业获取服务更加便捷，满意度稳步提升。

（5）发展环境进一步优化。市场准入制度更加稳定公开透明可预期，税费负担进一步减轻，维护中小企业合法权益机制逐步建立，营商环境持续改善。金融促进中小企业发展的机制更加完善。

2) 确定了七项任务

《规划》形成了"目标—任务—工程"的工作链条，构建了"十四五"促进中小企业发展工作框架，有七项主要任务，内容如下：

（1）培育壮大市场主体。继续举办各类中小企业创新创业活动，打造中小企业集群、园区等载体。

（2）健全政策支持体系。提高财政支持的精准度和有效性，强化政府采购支持中小企业政策机制，落实有利于小微企业发展的税收政策和行政事业性收费清费、降费政策。

（3）建立高效服务体系。建立健全横向集聚政府公共服务、市场化服务、社会化公益服务各类服务资源，纵向贯穿国家、省、市、县四级的网络化、智慧化、生态化服务体系。

（4）完善公平竞争环境。落实有关法律法规，加大监管力度。优化公平竞争政策顶层设计，为中小企业发展营造公平有序的竞争环境。

（5）提高融资可得性。综合运用货币、财政等政策工具及差异化监管措施，引导金融机构加大对小微企业信贷支持力度,促进形成敢贷、愿贷、能贷、会贷的长效机制。

(6)加强合法权益保护。依法保护中小企业及其出资人的财产权和其他合法权益,保护企业经营者人身和财产安全。

(7)提升创新能力和专业化水平。深入实施创新驱动发展战略,发挥市场在创新资源配置中的决定性作用,完善中小企业创新服务体系,营造鼓励和保护创新的制度环境,激发企业创新内生动力。

3)实施了九项重点工程和四项保障措施

《规划》中计划实施的九项重点工程主要有:①优质中小企业培育工程;②中小企业创新能力与专业化水平提升工程;③中小企业数字化促进工程;④中小企业绿色发展促进工程;⑤中小企业质量品牌提升工程;⑥中小企业服务机构能力提升工程;⑦中小企业融资促进工程;⑧中小企业合法权益维护工程;⑨中小企业国际化促进工程。其中,重点工程①和②的实施是为了落实"十四五"规划纲要关于"支持创新型中小微企业成长为创新重要发源地"的要求;重点工程③~⑤是从企业内部着眼,旨在提升中小企业自身实力和核心竞争力,推动企业高质量发展;重点工程⑥~⑧是从企业外部入手,着眼解决长期以来困扰中小企业的难点、痛点和堵点问题,改善企业发展环境。

《规划》还明确了四项保障措施,包括加强党的全面领导、加强政策协同和评估督导、加强运行监测和政策研究、营造良好舆论环境。这些保障措施是落实好《规划》的基础和保证。

3. 关于健全支持中小企业发展制度的若干意见

2020年7月24日,工业和信息化部联合国家发展和改革委员会、科学技术部等17个部门发布了《关于健全支持中小企业发展制度的若干意见》(以下简称《意见》)(〔2020〕108号),从7个方面提出了25条具体措施,加大了国家各有关部门对中小企业发展的支持力度。《意见》第7条规定,建立减轻微型企业税费负担长效机制。同时,《意见》鼓励金融机构创新产品和服务,发展便利续贷业务和信用贷款,增加微型企业首贷、中长期贷款、知识产权质押贷款等,开展供应链金融、应收账款融资,加强银税互动。《意见》还在完善支持中小企业发展的基础性制度的同时,建立和健全了中小企业创新发展制度。

4. 为应对新冠肺炎疫情的系列扶持中小企业政策

新冠肺炎疫情暴发以来,中小微企业受到了巨大的冲击,中央陆续出台了一系列扶持中小企业的政策。①工业和信息化部发布了《关于应对新型冠状病毒肺炎疫情帮助中小企业复工复产共渡难关有关工作的通知》,该通知从要素保障、减税降费、财税支持、金融支持、创新支持及公共服务等方面提出20条措施,并要求国家和各地方有关部门从各方面积极出台扶持中小企业的政策。②财政部和国家税务总局出台了《关于支持新型冠状病毒感染的肺炎疫情防控有关税收政策的公告》,该公告提出,受疫情影响较大的困难行业企业(困难行业包括交通运输、餐饮、住宿、旅游四类)2020年度发生的亏损,最长结转年限由5年延长至8年。公告中还规定对纳税人提供公共交通运输服务、生活服务,以及为居民提供必需生活物资快递收派服务取得的收入,免征增值税。③中国人民银行、财政部、银保监会、证监会、国家外汇管理局联合发布了《关于进一步强化金融支持防控新型冠状病毒感染肺炎疫情的通知》，该通知要求金融机构对受疫情影响较大的批发零售、住宿餐饮、物流运输、文化旅游等行业，以及有发展前景但受疫情影响暂遇困难的企业，特别是小微企业，不得盲目抽贷、断贷、压贷。对受疫情影响严重的企业到期还款困难的，金融机构可予以展期或续贷，同时要加强对制造业、小微企业、民营企业等重点领域信贷支持。

2021年工业和信息化部通过大数据、云平台等进行精准对接与服务，推动了地方政府结合实际精准施策，聚焦能力培养和环境优化，加大对种子期、初创期、成长型中小企业的支持，深化中小企业发展环境第三方评估，将加强防拖欠信用体系建设、保障中小企业款项支付纳入评估。2021年国务院常务会议还确定了进一步支持小微企业、个体工商户和先进制造业的税收优惠政策。

(二) 中小企业要抢抓政策机遇，增强核心竞争力

从上述的法律制度和政策层面可以看出，为促进中小企业健康发展，我国出台了大量的帮扶政策。同时，国家还在创新扶持与减税降费方面对中小企业制定了很多有利政策。大企业是重大创新的主体，但这并不能否认中小企业在创新中的作用，许多做出重大创新的大企业也是从中小企业发展而来，在创新扶持方面，国家和地方层面设立的"中小企业创新基金""中小企业发展专项基金"有力推动了中小企业的创新，有效解决了中小企业最大的困难，即融资难问题。在减税降费的政策方面，2021年小规模纳税人增值税实际执行优惠征收率为1%，国家对采用现代化设备的中小企业采取特别折旧制度，以及用实现特定政策目标的特别减税措施来支持中小企业。中小企业购入单价500万元以下的设备、器具，将允许在计算应纳税所得额时一次性计入当期成本费用。小型、微型企业应纳税所得额不超过100万元时，实际执行企业所得税税率为2.5%；应纳税所得额在100万元到300万元之间，实际执行企业所得税税率为10%。个体工商户还享受"六税两费"①减半征收政策。

中小企业作为微观经济组织，在进行生产经营活动时，一方面应当考虑自身的经济利益，另一方面也应当自觉地使自身的生产经营行为与国家宏观经济政策的要求尽可能保持一致。例如，当国家的宏观经济政策带有明显的产业倾向时，在市场经济条件下，国家通过税收、融资等多种经济手段直接作用于市场上具有竞争力的产业、产品，鼓励扶持发展符合国家产业政策的企业、项目，此时中小企业在进行生产经营决策时，应尽量符合国家宏观经济政策的要求，自觉排除国家限制发展的那些产业领域，以此来减少市场风险，增强获利能力。

中小企业的发展壮大，离不开政府政策的支持。中小企业要把握发展机遇，在面对变革期的时候，能够跟上产业发展的步伐，甚至搭上政策的顺风车做大做强、顺势而为，合理运用政策扶持对冲疫情与经济下行的挑战，同时，要利用好政策窗口期，将"减税费、降成本、惠融资、贴用工"四方面惠企政策用活用好。随着疫情的好转以及政策措施的落地，中小企业要在谋创新开拓上破题，将好政策用在点上，在挑战中发现机遇、争取机遇，并抓住机遇。

---

① 六税是指资源税、城市维护建设税、房产税、城镇土地使用税、印花税（不含证券交易印花税）、耕地占用税；两费指教育费附加、地方教育附加。

　　未来国家还会在税费、拖欠款项、融资成本等方面,大力开展减降措施,同时,在服务、数字化赋能和融资规模上做"加法"。未来国家还会着重培育一批具有核心竞争力的企业,在培育专精特新"小巨人"企业和制造业单项冠军企业上,将会有更多的政策和资源倾斜。高科技、制造业、社会保障、养老产业等领域,是国家鼓励企业进入的方向,也是未来政策扶持倾向的部分,中小企业要把握好机遇。

　　中小企业应把握好政策的机遇,紧盯国家发展的大势。特别是对于制造业企业而言,在加快自身转型升级和自主创新、做优做强自身核心竞争力的同时,还需要把握好大趋势,做好符合未来产业变革方向的准备,做好提升专业化和全产业链竞争力的准备,这是中小企业生存、发展、壮大的关键。

　　在未来,国家会为中小企业打造更好的营商环境,相关政策指引的覆盖面和深入程度也将不断加大、加深。随着各项支持中小企业创新创业的政策力度不断深化,中小企业经济有望实现更加良性、更高质量的发展。

第二节　中小企业税收筹划概述和应注意的事项

　　中小企业作为纳税人,最大化地减少纳税额度,追求自身经济利益是其永恒的目标,要实现企业经济利益的最大化,一方面靠扩大收入,而另一方面则靠降低成本。税务成本可以看作企业的一项成本,企业减少纳税有利于实现经济利益的最大化,很多中小企业对于税收筹划越来越重视。税收与企业经营活动中的各个环节密切相关。在具体税收筹划过程中,在考虑企业生产经营活动环节整体协作的基础上,中小企业应严格遵从法律法规,合法、合规地进行税收筹划,从真正意义上降低税务风险,为企业发展提供动力。

一、中小企业税收筹划的概述

　　税收筹划源于西方。19 世纪中叶,意大利出现了税务专家,他们为纳税人提供税务咨询的同时也为纳税人进行税收筹划。如今,税收筹划已发展成为一个成熟的行业,专业化趋势十分明显,在美国,60%以上的企业的纳税工作由税务代理人办理,税收筹划咨询业年产值在 1 000 亿美元左右;在日本,约 85%的纳税工作由税务代理人代为办理。

(一) 税收筹划的概念

1. 税收筹划的含义

　　国内外理论界关于税收筹划的表述都从不同的角度揭示了税收筹划的本质,各有侧重点。借鉴国内外学者的研究成果,结合我国的国情,本书将税收筹划的概念表述为:税收筹划也称纳税筹划,是指纳税人在符合法律法规和政府政策导向的前提下,围绕企业价值最大化目标,运用专门的方法对企业设立、采购、生产、营销、投资、利润分配等生产经营活动各个环节的经济业务作出筹划和安排,实现少缴税或缓缴税的一种财务管理活动。

　　从税收筹划的概念可以看出,合法性是税收筹划的最基本特点。中小企业税收筹划的前提是不违法,要在合法条件下对企业各个环节的经济活动涉税事项进行税负比较,选择最优化的纳税方案。野蛮者抗税、愚昧者偷税、糊涂者漏税、精明者进行税收筹划。税收筹划最根本的做法是利用有关税法的立法导向来合理配置资源。税收筹划的目的是少缴税款或缓缴税款,这个目的包括两层含义,即减少纳税的绝对额和尽量递延纳税时间。合法节税既是税收筹划的外在特征,也是税收筹划活动的本质。

税收筹划需要纳税人在纳税业务发生之前,规划安排涉税事项,涉及企业设立、投资融资、采购、生产、销售、利润分配各个环节的所有经济活动,需要各个环节全面协作,任何一个环节没做好就会牵连到其他环节。例如,财务经理发现企业每个月都无法按计划取得增值税进项税额发票,因为其没有进项税额抵扣,多交了增值税。财务经理认为今后凡是不提供增值税进项税额发票的,一律不付款,其实这不仅是采购部门的责任,取不到采购发票的原因是企业没有付款,因此需要采购部门和财务部门共同解决。

从主观上看,税收筹划产生的根本原因是经济利益的驱动,即经济主体为追求自身经济利益的最大化。绝大多数中小企业愿意到经济特区、开发区及税收优惠地区从事生产经营活动,主要原因是这些地区有税收优惠政策,在相同的条件下,税收负担轻、应纳税额较少。利润是收入与成本费用的差额,再减去税收成本,在收入不变的情况下,降低企业或个人的费用成本及税收支出,可以获取更大的经济收益。很明显,税收作为生产经营活动的支出项目,应该越少越好。无论怎样进行税收筹划,都会减少纳税人的直接经济利益。

2. 税收筹划与税收欺诈的区别

税收欺诈是指使用欺骗、隐瞒等违法的手段,故意违反现行的税收法律、法规,不缴或少缴税款的违法行为,如逃税、骗税、漏税、抗税等。税收筹划与税收欺诈有着本质区别,具体如下:

第一,经济行为上。税收欺诈是对一项或多项实际已发生的应税行为部分或全部的否定,其经济行为是不合法不合理的。例如,纳税人采取欺骗、隐瞒手段进行虚假纳税申报或者不申报,这种逃避缴纳税款的行为是不合法的。而税收筹划则是在现行的税收法律法规和符合国家宏观经济政策导向的框架下,对某项或多项应税行为进行事先合理合法的安排,其经济行为是合法合理的。

第二,行为性质上。税收欺诈的主要手段表现为纳税人通过故意地少报或隐藏有关的纳税情况和事实,达到不缴税或少缴税的目的,其行为是与税收法律法规相对抗的违法行为,具有明显的欺诈性。例如,逃税是一种违法甚至犯罪的行为,其行为的后果要受到法规和法律的制裁。而税收筹划则是纳税人在尊重法律的前提下,根据法律规定,结合实际经营情况来选择有利于企业价值最大化的纳税方案。税收筹划行为不触犯税收法律法规的禁止性条款,既不是违法行为,更不是犯罪行为。

第三,法律后果上。税收欺诈是属于法律上明确禁止的行为,因而一旦被征税机关查明违法事实,纳税人就要为此承担相应的法律责任,受到相应的法律制裁。例如,有关法律对逃税行为的制裁,当纳税人采取欺骗、隐瞒手段进行虚假纳税申报或者不申报,逃避缴纳税款数额较大并且占应纳税额10%以上的,处3年以下有期徒刑或者拘役,并处罚金;数额巨大并且占应纳税额 30％ 以上的,处 3 年以上 7 年以下有期徒刑,并处罚金。而税收筹划则是纳税人通过合理合法的方法来最大限度地少缴税款或者将当期税款递延到以后期间缴纳税款,不管是形式上还是内容上,其经济行为都是合法的。

第四,对税收法律法规的影响上。税收欺诈违反和对抗税收法律法规,其成功与否和税法的科学性无关。国家为防止税收欺诈行为的发生,必须加强税收征管,严格执法。而税收筹划是纳税人或其代理人充分尊重税收法律法规,熟悉税收法律法规条文,充分理解税法的精神,掌握税收筹划技巧,才能达到合理合法减少企业税收负担的目的。

(二) 中小企业税收筹划的分类

税收筹划根据不同的评判标准,可以分为不同的类别。

1. 按企业生产经营的环节进行分类

中小企业税收筹划可按企业生产经营的环节不同,分为企业设立环节、投资融资环节、采购环节、生产环节、营销环节和利润分配环节的税收筹划。

2. 按税种进行分类

中小企业税收筹划按税种不同,可分为流转税、所得税、财产行为税、资源税等实体税的税收筹划。

3. 按税收筹划的方法进行分类

中小企业税收筹划的方法不同,可分为税基调节法、税率式选择法、创造税收优惠法,在这些方法的基础上进行税收筹划工作。

(三) 中小企业税收筹划的现实意义

1. 税收筹划有助于强化实现诚信纳税

通过税收筹划避免涉税风险发生,纳税人不会获得税收上的直接收益,但纳税人如果不开展税收筹划,则很有可能出现财务账目不清、纳税申报不正确的情况,从而很有可能被税务机关认定为有逃税行为。一旦纳税人被税务机关认定有逃、漏税行为甚至是有犯罪行为,那么这对纳税人的声誉将会产生严重的负面影响。此外,一旦纳税人被税务机关认定为有逃税行为,将会增加纳税人今后的纳税成本。税收筹划有助于减少中小企业税收违法行为的发生,强化其企业纳税意识,实现诚信纳税。同时,税收筹划形成的优质纳税信用不仅是企业解决融资难题的"金钥匙",还是享受优惠政策的"敲门砖"。

◎ 案例 1-1

以信赋能,守信企业多领域享"绿色通道"①

信用有价值,守信有力量。纳税信用作为衡量企业信用的"试金石",分量越来越重。近年来,税务部门将纳税信用信息"推出去""连起来",不断对接社会信用信息,让守信企业在

---

① 国家税务总局办公厅.2020 年全国纳税信用评价结果显示——我国企业纳税信用持续向好[EB/OL].(2020-06-18)[2022-02-25]. http://www.chinatax.gov.cn/chinatax/n810219/n810724/c5153498/content.html.

税收服务、融资授信、项目管理、进出口等领域享受更多优惠和便利。特别是在新冠肺炎疫情发生后，不少企业更是将纳税信用转化成稳产能、渡难关的"真金白银"。

"我们企业之所以能顺利拿到贷款，靠的是多年来一直保持良好的纳税信用，这为我们公司复工复产帮了大忙。"近日，河北省青县三元机箱制造有限公司经理李铁楼说。三元机箱制造有限公司是一家生产电子机箱、机柜的专业厂家，受疫情影响，发货延迟，回款不畅，造成流动资金短缺，凭借 A 级的纳税信用，该企业很快收到银行提供的 500 万元贷款。

疫情发生以来，为解决企业复工复产中的资金链"难点"，国家税务总局联合银保监会对"银税互动"进行全面升级，放宽"以信放贷"条件，从纳税信用 A 级、B 级拓展到 M 级纳税人。这样一来，授信企业数量预计可以增加近一倍，更多企业可以借助"银税互动"获得优惠力度更大、办理方式更简的信用贷款。

作为浙江省首批集成电路"万亩千亿"新产业平台重大标志性工程，中芯国际微机电和功率器件产业化项目首期总投资就达 58.8 亿元。"项目投入庞大，资金需求也很大。"企业负责人赵奇谈到，之前因为企业刚刚成立，无法及时退还留抵税额，资金压力较大，现在企业成为了 A 级纳税人，很快就申请了 2.8 亿元的增值税增量留抵退税。

纳税信用评级越靠前，企业享受便利就越多。诚信纳税不仅可以为企业带来真金白银，还能在办税过程中帮助企业节省不少成本。"因为我们属于零售业，平时开票量较大，被评为 A 级纳税人后，我们可以单次领取 3 个月的增值税发票用量，如果需要调整还可以随时提出申请、即刻办结，极大减低了办税时间成本。"江西新余东亚汽车销售服务有限公司总经理邓建新说。

近年来，税务部门定期按照信用信息目录，向全国信用信息共享平台推送 A 级纳税人名单、税收违法"黑名单"等税务领域信用信息，并联合发改、金融、公安、市场监管、海关等部门实施守信联合激励、失信联合惩戒，让守信者处处受益，失信者处处受限。

2. 税收筹划有助于优化中小企业产业结构

税收是调节国民经济运行的工具。政府为了实现既定的宏观经济政策目标，利用纳税人希望降低税负的心态，有目的地制定税收优惠政策引导纳税人实施或开展符合国家宏观经济政策导向的投资行为和经营活动。中小企业根据税收的各项优惠政策进行投资决策、企业制度改造、产品结构调整等，尽管主观上是为了减轻税收负担，但客观上却是中小企业在国家税收经济杠杆的作用下，逐步走上优化产业结构和生产力合理布局的道路。

3. 税收筹划有助于提高中小企业自身的经营管理水平

对中小企业的业务进行管理包括设立的管理、采购的管理、营销的管理、员工的管理、财务的管理等，如果业务部门随意地签合同、做业务，销售合同签完就发出货物，不考虑货款是否收到就开具销售发票，等到月末财务才发现税负很重，并且现金流不足。此时，再要求企业的财务通过账务处理来减轻税负，就为时已晚。因此，企业要规避税收风险，就必须加强各个部门的纳税有关环节管理，使企业各个部门之间密切协作、相互配合，通过事先规划和事中调整，在业务发生之前细致周密地进行规划。因此，税收筹划的过程是提高中小企业自身的经营管理水平的过程。

4. 税收筹划有助于完善税制

税收筹划既有助于中小企业降低税务成本,也有助于贯彻国家的宏观经济政策,使经济效益和社会效益达到有机结合,从而增加国家税收。纳税和征税是高智商的动态博弈,如税收筹划中的避税筹划,就是对现有税法缺陷作出的昭示,暴露了现有税收法规的不足,国家则可根据税法缺陷情况采取相应措施,对现有税法进行修正,以完善国家的税收法规。

二、中小企业在税收筹划过程中应注意的事项

税收筹划虽然对征纳双方都有好处,但若使用失当,却有可能引出许多不必要的麻烦,问题严重时还可能给征纳双方带来经济负效应。企业一定要保持清醒的头脑,在开展税收筹划时,不能盲目跟从。税收筹划在实践中除了要强调合法性,还要注意税收筹划的科学性、经济性,并且要注意防范税收风险。

(一) 注意科学性

要开展税收筹划,纳税人就必须在经济业务发生之前,准确把握:从事的这项业务都有哪些业务过程和业务环节?涉及我国现行的哪些税种?有哪些税收优惠?所涉及的税收法律、法规中存在着哪些可以利用的立法空间?掌握以上情况后,纳税人便可以利用税收优惠政策达到节税目的,也可以利用税收立法空间达到节税目的。由于纳税人的税收筹划行为是在具体的业务发生之前进行的,因而这些活动或行为就属于超前行为,需要具备科学意识才能进行。如果某项业务已经发生,相应的纳税结果也就产生了,税收的筹划也失去了其作用。预先安排涉税事项要符合中小企业生命周期所处的阶段和生产经营的特点。例如,中小企业的初创期存在相对规模小、实力弱、人员少,专业化分工不明确,会计核算不健全,市场开拓难度大,缺经验、缺资金,上游供应商多是个体工商户,下游客户主要是自然人消费者等特征,如果单纯为了税收考虑要申请为一般规模纳税人就不合适。因此,初创期的中小企业如果很难取得下游供应商的增值税专用发票,选择设立个体工商户、个人独资企业或合伙企业,并且申请为小规模纳税人比较合适。

(二) 关注经济性

任何一项税收筹划方案都有其两面性,随着某一项筹划方案的实施,纳税人在取得部分税收利益的同时,必然会为该筹划方案的实施付出额外的费用,以及因选择该筹划方案而放弃其他方案所损失的相应机会收益。只有当新发生的费用或损失小于取得的利益时,该项筹划方案才是合理的;当新发生的费用或损失大于取得的利益时,该筹划方案就是失败的方案。一项成功的税收筹划必然是多种税收方案的优化选择,我们不能认为税负最轻的方案就是最优的税收筹划方案,一味追求税收负担的降低,往往会导致企业总体利益的下降。例如,企业出于税收的考虑成立销售公司,但是成立销售公司将增加管理成本,此时需要考虑增加的管理成本和节税收益的大小。可见,税收筹划和其他财务管理决策一样,必须遵循成本效益原则,只有当税收筹划方案的所得大于支出时,该项税收筹划才是成功的筹划。

(三) 防范税收风险

税收筹划经常在税收法律法规的边缘上进行操作,这就意味着其蕴含着很大的操作风

险,如果无视这些风险,盲目地进行税收筹划,其结果可能事与愿违。企业进行税收筹划必须充分考虑其风险性。首先,要防范未能依法纳税的风险。虽说企业日常纳税核算是按照有关规定去操作的,但是由于对相关税收政策精神缺乏准确的把握,容易造成事实上的逃税款而受到税务处罚。其次,不能充分把握税收政策的整体性,企业在系统性的税收筹划过程中极易形成税收筹划风险。例如,有关企业改制、兼并、分设的税收筹划涉及多种税收优惠,如果不能系统地理解、运用,很容易发生税收筹划失败。最后,税收筹划之所以有风险,还与国家政策、经济环境及企业自身活动的不断变化有关。为此,企业必须随时作出相应的调整,采取措施分散风险,争取尽可能大的税收筹划收益。

第三节　中小企业税收筹划的影响因素和基本方法

在现实的经济活动中,合理的税收筹划能够有效降低企业税收成本,提高企业经营业绩,但由于市场上许多不确定因素,造成税收筹划存在一定风险。为了更好地提高收益,中小企业需要对税收筹划的风险进行有效的防范。但由于中小企业既没有完善的税收管理制度,也没有专业的税收筹划人员,一些小微企业甚至没有专职的财务人员,更不用说税收筹划了。对中小企业而言,税收筹划难,但并不代表不能。

一、中小企业税收筹划的影响因素

中小企业税收筹划的影响因素主要有纳税人自身状况、税制因素和筹划方案的实施因素。

(一) 纳税人自身状况

影响税收筹划潜力的纳税人自身因素主要包括纳税人的经营规模、业务范围、组织结构、涉及税种的多少、纳税金额等。一般来说,企业的经营规模越大,组织结构越复杂,业务范围越广,缴纳的税种越多,纳税的金额越大,则税收筹划的空间也就越广阔,获取节税利益的潜力也就越大。

财务管理因素也影响税收筹划。在中小企业税收筹划的运行中需要一些基本的财务处理技术,包括合理安排收入的确认时间以延期纳税、选择合理的成本计价方式以减低税负水平、策划费用扣除最大化的费用分类、筹资方案评估的成本收益比较等。而这些技术都是靠企业一定的财务处理水平成就的。如果财务人员在日常核算时对费用进行合理合法的分类,使费用按条件分别记在不同明细科目中,如避免将餐费全部记入"业务招待费"这一明细科目,做到应扣尽扣,则有利于企业税前费用扣除最大化从而减少应纳税所得额。尽管中小企业人手少,但还是应该重视财务制度、账簿设置,这有利于降低企业面临的潜在税收风险。

(二) 税制因素

税收制度既是规范国家和纳税人之间税收征纳关系的法律规范总称,也是体现国家政策导向的宏观调控手段之一。经济情况是多变的,许多新情况、新问题的出现使得原有的税收规定出现漏洞和空白,如电子商务问题。但这些漏洞和差异不是永恒存在的。影响税收筹划潜力的税制因素主要包括具体税种的税负弹性、税收优惠条款和递延纳税条款三个方面。

(三) 筹划方案的实施因素

中小企业税收筹划不仅是管理人员和财务人员的事务,而且是整个企业上下层级共同努力的目标。首先,企业在实施具体筹划方案时要在企业内部进行必要的沟通工作,保证方案的顺利施行。例如,企业无法及时取得增值税专用发票不一定是采购环节的责任,采购部门签订合同时要关注索取发票的事项,同时应及时向财务部门提供准确的资金需求计划,财务部门在安排资金时,要确保按合同规定的时间支付货款,这样采购部门就可以及时取得增值税专用发票。采购部门如果不与财务部门相互衔接和配合,就无法及时取得专用发票进行进项税额抵扣。其次,筹划者要保证筹划方案的可调节性,税收筹划能随经济信息的变动及时地调整。更重要的是筹划者要主动收集数据,考核计划的实施情况,保证方案的动态分析,避免税务筹划的风险,真正成就税收筹划。

总之,中小企业税收筹划是一项必须兼顾企业生产、经营、投资、理财等多方面的综合课题,税收筹划必须客观分析影响筹划成败的各个要素的特点,设计出合理、合法、可操作的税收筹划方案。

二、中小企业税收筹划的基本方法

中小企业税收筹划的基本方法主要有纳税主体税收筹划法、税基调节法、税率筹划法、创造税收优惠税收筹划法。

(一) 纳税主体税收筹划法

纳税主体税收筹划法是指进行纳税主体身份的合理界定和转化,使纳税主体承担的税负尽量降低到最低程度,或直接避免成为某类纳税主体的方法。纳税主体税收筹划法可以合理降低税收负担,并且方法简单,易于操作。

1. 纳税主体类型的选择

企业的组织形式有个体工商户、独资企业、合伙企业、法人企业等类型。不同类型的纳税人所使用的税收政策存在较大差异,这给纳税筹划提供了广阔空间。例如,个体工商户、独资企业和合伙企业的经营所得,以每一纳税年度的收入总额减除成本、费用及损失后的余额即为应纳税所得额,且只计算缴纳个人所得税而不需要缴纳企业所得税。法人企业按照税法要求需要就其应纳税所得额缴纳企业所得税,若法人企业对自然人股东派发股利,自然人股东还需要就其股利所得缴纳 20% 的个人所得税。纳税主体类型选择所得税的税收筹划案例详见第二章。

2. 不同纳税主体之间的转化

由于不同纳税主体之间的税负存在差异,因而采取转变纳税身份的办法可以合理节税。增值税的纳税人分为一般纳税人和小规模纳税人。这两种类型纳税人在征收增值税时,计算方法和征管要求不同,一般纳税人实行进项抵扣制,一般纳税人应缴纳增值税的计算方法为销项税额抵减进项税额,一般纳税人购进货物或应税劳务取得增值税专用发票的进项税额可以在当期以进项税抵扣。而小规模纳税人使用的简易计税方法计算缴纳增值税,不实行进项抵扣制。小规模纳税人应缴纳增值税为不含税销售额与征收率的乘积,小规模纳税人购入货物或应税劳务即使取得增值税专用发票,其进项税额也不能抵扣。不同纳税主体转化的增值税税收筹划案例详见第二章。

3. 避免成为法定纳税主体

纳税人可以通过灵活运作,使得企业不符合某种纳税主体的条件,从而规避税收,如不具有独立法人资格的分公司或分支机构不是企业所得税的纳税人,但具备独立法人资格的子公司是企业所得税的纳税人。企业可以根据经营状况和实际的需要选择是否设立分公司。

避免成为纳税主体的另一种办法是,通过税收筹划安排,纳税人发生的经济业务不属于某些税种的征税范围,因而该经济业务在这些税种方面就无须纳税。例如,《财政部 税务总局关于明确增值税小规模纳税人免征增值税政策的公告》(财税〔2021〕11 号)规定,小规模纳税人发生增值税应税销售行为,合计月销售额未超过 15 万元(以 1 个季度为 1 个纳税期的,季度销售额未超过 45 万元,下同)的,免征增值税。小规模纳税人发生增值税应税销售行为,合计月销售额超过 15 万元,但扣除本期发生的销售不动产的销售额后未超过 15 万元的,其销售货物、劳务、服务、无形资产取得的销售额免征增值税。如果小规模纳税人的月销售额略大于 15 万元,要考虑在合法的范围内延期确认收入,避免纳税。再如我国税法规定,房产税的征税范围是城市、县城、建制镇和工矿区的房产,税法界定的房屋要有屋面和围护结构,是能够遮风挡雨,可供人们在其中生产、学习、娱乐、居住或者储藏物资的场所;独立于房屋之外的建筑物,如围墙、停车场、室外游泳池、喷泉等,不符合房产的界定要求。因此,如果企业拥有以上建筑物,则不成为房产税的纳税人,就不需要缴纳房产税。企业在进行税收筹划时可将停车场、游泳池等建成露天式的,并且把这些建筑物的造价同厂房和办公用房等分开,在会计中单独核算,从而合理避税。

(二)税基调节法

企业减轻税收负担的一个重要思路是减少税基。税基又称为计税依据,是计算税款的基本依据。税基筹划技巧是指纳税人通过控制计税依据的方式来减轻税收负担的一种筹划技巧。税基是计算税款的基本依据,大部分税种都采用税基与适用税率的乘积来计算应纳税额。例如,一般纳税人增值税的计税依据为增值额,小规模纳税人增值税的计税依据为销售额,个体工商户所得税的计税依据为经营所得。在税率一定的情况下,应纳税额的大小与税基大小成正比,即税基越小,纳税人负担的纳税义务越轻。因此,如果能控制税基,也就控制了应纳税额。税基调节法主要有以下几种。

1. 递延税基

递延税基是指纳税人根据税法的规定将税基推迟一定期限后再缴纳税款的税收筹划方法,也称为税收递延。递延税基是将纳税期递延,从而产生税收递延。从缴纳税款的绝对数额上看,企业并没有少纳税款,只是从时间上看,推迟了缴纳税款的时间。税收递延使企业获得了等同于应纳税款金额的资金时间价值,或者说获得了相当于按照应纳税金额和推迟时间为期限计算的银行贷款利息,与可以直接减少应纳税额的方法相比,这种方法获得的是一种相对收益。税收的递延有利于企业减少筹资成本,中小企业需要运营资金的时候,虽然可以通过融资解决,但是要支付融资利息的资金成本。税收递延是在合法的前提下实现的,可以减少融资成本,有利于企业资金周转。在通货膨胀环境下,税收递延实现的效果更为明显,能够降低未来支付税款的购买力。递延税基一般是通过控制税基的实现时间来实现税收的递延,常见的做法是税基推迟实现和税基提前实现。

1) 税基推迟实现

税基总量不变,合法推迟税基的实现时间。税基推迟可以实现递延纳税,税收递延会实现货币时间价值收益。实现税基推迟常见的办法有两个,即推迟收入确认和尽早确认费用。

(1) 推迟收入确认。流转税和所得税都涉及收入,在计算应纳税额时,在可扣除项目保持不变的情况下,收入确认得越晚越好。企业通过推迟交货时间和合理确定销售结算方式,推迟营业收入实现的时间,从而实现税收递延。

第一,推迟交货时间。一般情况下,交货时间就是确认收入的时间,若将交货时间推迟,就能在一定程度上推迟收入确认。

第二,销售结算方式的选择。不同的销售结算方式对应的纳税义务发生时间不同。企业在赊销时,选择分期收款结算方式,应当在合同中约定收取货款的时间点和额度。因为如果不做约定,企业就需按合同金额确定收入并计算缴纳税金。特别是对于大额销售,企业签订收入合同时,可将收款日期签在下一会计期间的 1 日,由于收款日期签在 1 日,不属于上期收入,这就起到递延缴纳增值税的作用。其他结算方式中,托收承付结算方式下企业以发出货物并办妥托收手续的当天确认收入,预收货款结算方式下以发出商品的当天确认收入。企业采取适合的销售结算方式也可以在一定程度上推迟收入确认。

此外,企业还可以巧用税收政策。例如,随同货物出售的包装物业务中,把收取包装物的租金改成收取包装物押金经营模式,后期无论押金是否按期收回,都会起到延迟纳税的作用,纳税人获得了押金的资金时间价值。

(2) 尽早确认费用。为了实现税收递延要尽早确认费用,企业在遵守各种会计制度的前提下,应增加成本或摊销费用,在融资方式选择、成本费用摊销、发出存货定价、固定资产折旧计算等业务核算中,遵循能计入当期损益的不计入货物或劳务的生产成本、能计入成本的不计入资产的原则,选择能尽早确认成本费用的方法。要注意的是,成本费用不涉及流转税,只涉及所得税。

2) 税基提前实现

税基总量不变,税基合法提前实现。在减免税期间,税基提前实现可以享受更多的税收减免额。例如,亏损弥补的有效期限内,企业将相邻年度的收入合法合理提前确认,相当于延长了税前利润补亏优惠政策的期限。

需要指出的是,使用递延税基的方法,要注意该企业是否处于税收优惠期期间或者亏损期间。因为如果在税收优惠期期间,企业本该减免税费;或者当期亏损无需纳税,亏损还可以用未来利润抵减,这两种状态下,均没有必要考虑税基递延。

2. 合理分解税基

合理分解税基是指在合理合法的情况下,将税基在两个及两个以上的纳税人或纳税项目之间进行合理分解,使税基从税负较重的形式转化为税负较轻的形式,实现节税。一般企业所得税的税率为法定税率25%,高新技术企业优惠税率为15%,微型企业使用优惠税率,个体工商户使用定期定额征收税率,如果把企业分拆为两个或两个以上微型企业、高新技术企业或个体工商户,分解企业应纳税所得额,则可以适用更低优惠税率,可以减少整体所得税。企业还可以考虑设立分公司,如果分公司存在亏损,将减少总公司的应纳税所得额,实现盈利总公司的当期所得税的减少。

3. 税基最小化

税基最小化是指税基总量合法降低,从而减少应纳税额或者避免多缴税。这是企业所得税、增值税和消费税税收筹划常用的方法。关于临界点的税法政策较多,如小规模纳税人按月申报增值税的起征点为15万元的税法规定,月销售额15万元成为小规模纳税人缴纳增值税的临界点,月销售额大于15万元时要全额缴纳增值税,不足15万元无需缴纳增值税,此项政策规定为小规模纳税人提供了税收筹划的空间。

4. 税基转移

税基转移是指当两个或多个纳税人属于同一个集团并且纳税人之间存在税负差时,将计税基数从一个纳税人转移到另一个纳税人,从而实现节税的方法。例如,当一般纳税人税负高时,可以将产品以较低的价格销售给集团内部的其他小规模纳税人身份的个体工商户,个体工商户再将产品对外销售。由于小规模纳税人身份的个体工商户可以按核定征收方式缴纳个人所得税,增值税税率也较低,从而降低整个集团的税负。

(三) 税率筹划法

税率筹划法是纳税人通过降低适用税率的方式来减轻税收负担的一种筹划技巧。降低税率就等于降低了税收负担,中小企业可以根据这个原理来规划企业的应税行为。将原先的高税率转化为低税率的方法称为税率选择法。税率是重要的税制要素之一,也是决定纳税人税负高低的主要因素。在计税依据一定的情况下,纳税额与税率呈现正向变化关系。一般情况下,税率越低,应纳税额越少,税后利润就越多。不同的税种适用不同的税率,纳税人可以利用税法对征税对象的不同规定进行筹划。同一税种有多个税目,适用的税率也会因税基或其他假设条件不同而发生相应的变化,不同税目适用税率不同。税率之间的差异,为节税提供了空间。

1. 征税对象转换

同一税种对不同征税对象实行不同税率政策,比较分析其差距的原因及对税后利润的影响,可以发现实现税后利润最大化的最低税负点或最佳税负点,从而实现将高税率的征税对象向低税率的征税对象转换。

增值税方面,企业可通过改变经营模式转换征税对象,由高税率转化为低税率。例如,仓库租赁服务的税率 9% 转化为物流辅助服务的 6%，会场租赁服务的税率 9% 转化为会议展览服务的 6%，购销货物的税率 13% 转化为服务的税率 6% 等。

消费税方面，应税消费品的定价不同，税收待遇也不相同，企业根据实际情况可以实现由高税率转化为低税率。例如，卷烟分为甲类卷烟与乙类卷烟，甲类卷烟按 56% 征收消费税，乙类卷烟按 36% 征收消费税；啤酒分为甲类和乙类，甲类啤酒按 250 元/吨征收消费税，而乙类啤酒按 220 元/吨征收消费税。

个人所得税中工资薪酬采用超额累进税率，分红采用固定的 20% 个人所得税税率，对于有股份的公司高层是拿高工资还是股东分红，可以为了节税需要作出选择。

2. 降低边际税率

边际税率主要体现在累进税率方面，累进税率都存在一定的筹划空间，筹划累进税率的主要目标是防止税率的爬升，降低边际税率会减少纳税人税负。目前我国土地增值税采用超率累进税率，个人所得税采用超额累进税率。土地增值税方面若要降低边际税率，应通过控制增值率从而实现节税；个人所得税方面如果要降低边际税率，应通过控制超额的额度实现节税。

(四) 创造税收优惠税收筹划法

1. 税收优惠的形式

税收优惠是税制设计的基本要素，一般有关部门在税种设计时，都设有税收优惠政策，税收优惠政策属于一种特殊性政策，这种特殊性体现着国家对某些产业或某一领域的税收照顾，同时实现税收调节功能。税收优惠是一定时期国家的税收导向，纳税人可以充分利用这些税收优惠政策，依法节税。税收优惠主要表现形式有免税、减税、免征额、起征点、退税、优惠税率和税收减免。

1) 免税

免税是国家对特定的地区、行业、企业或特定的纳税人、应税项目等所给予纳税人完全免税的照顾或奖励措施。免税属于国家的税收照顾方式，同时也是国家出于政策需要的一种税收奖励方式，它是贯彻国家政治、经济和社会政策的重要手段。例如，我国对从事农林牧渔生产经营的企业给予免税待遇，就属于行业性照顾或激励。对于免税优惠，纳税人应考虑以下操作技巧：第一，在合法、合理的前提下，尽量多的争取免税待遇，与缴纳税收相比，免征的税收就是节减的税收，免征的税收越多，节减的税收也越多。第二，在合法、合理的情况下，尽量使免税期最长化，许多免税都有期限规定，免税期越长，节减税收越多。

2) 减税

减税是对某些纳税人或课税对象给予鼓励或照顾的一种特殊措施。减税与免税类似，实质上也相当于一种财政补贴。按性质减税分为法定减税、特定减税和临时减税。政府主要给予纳税人两类减税办法：一类是出于税收照顾目的减税。例如，国家对遭受自然灾害地区企业、残疾人企业等的减税，这类减税是一种税收照顾，是国家对纳税人因各种不可抗力造成的损失进行的财务补偿。另一类是出于税收奖励目的的减税。例如，对产品出口企业、高科技企业、环境保护项目等的减税，这类减税是一种税收奖励，是政府对纳税人贯彻国家政策的财务奖励。

3）免征额

免征额亦称扣除额，是指在征税对象全部数额中免予征税的数额。它是按照一定标准，从征税对象全部数额中预先扣除的数额。免征额部分不征税，只对超过免征额的余额部分征税，如个人工资薪金所得允许扣除的免征额为 5 000 元。

4）起征点

起征点亦称征税起点，是根据征税对象的数量，规定一个标准，达到这个标准的就征税，未达到这个标准则不征税。如增值税有关税法规定，销售货物、应税劳务和提供应税服务按期纳税的起征点为月销售额为 5 000 元至 20 000 元之间，按次纳税的起征点为每次（日）销售额300 元至 500 元。

5）退税

退税是指可以直接减轻纳税人税收负担的那一部分退税。在国际贸易中，退税是鼓励出口的一种有效措施。

6）优惠税率

优惠税率是对符合条件的产业、企业或项目课以较低的税率。优惠税率有利于吸引外部投资、加快该优惠产业的发展。如增值税小规模纳税人，因为延续实施应对疫情部分税费优惠政策，原先适用 3％征收率现在减按 1％征收率征收增值税。

7）税收抵免

对纳税人的境内、境外全部所得计征所得税时，准予在税法规定的限度内以其国外已纳税款抵减其应纳税款，以避免重复课税。

2. 创造税收优惠税收筹划法的主要形式

优惠政策可以使纳税人轻松地享受低税负待遇。创造税收优惠政策的筹划不仅是要寻找合适的优惠政策并把它运用在纳税实践中，更关键的是要创造条件去享受优惠政策，从而实现延期纳税或者节税的目的。因此，用好税收优惠政策本身就是税收筹划的过程。创造税收优惠税收筹划法主要有以下三种形式。

1）税基优惠的创造

通过创造条件使税基绝对降低，达到享受税基优惠的条件，从而实现节税。例如，《财政部　税务总局关于进一步完善研发费用税前加计扣除政策的公告》（财税〔2021〕13 号）规定，制造业企业开展研发活动中实际发生的研发费用，未形成无形资产计入当期损益的，在按规定据实扣除的基础上，再按照实际发生额的 100％在税前加计扣除；形成无形资产的，自2021 年 1 月 1 日起，按照无形资产成本的 200％在税前摊销。根据此规定，制造业企业要创造条件使企业符合技术研发费用加计扣除政策规定，从而享受研发费用税前加计扣除 100％的规定，减少税基，即减少企业应纳税所得额，达到减少缴纳企业所得税的目的。

2）税率优惠的创造

通过一定合法手段，选择较低的税率。例如，房地产开发中关于土地增值税的税法规定，纳税人建造普通标准住宅出售，增值额未超过扣除项目金额 20％的，免征土地增值税；增值额超过扣除项目金额 20% 的,应就其全部增值额按规定计税。如果房地产开发企业建造的普通标准住宅出售的增值率预测在 20% 的临界点之上,此时有两种途径进行税率优惠创造:第一,适当控制出售价格。当销售收入下降,在可扣除项目金额不变时,增值率自然会降低。通过比较减少的收入和控制增值率减少的税金支出的大小,权衡后可做出选择。第二,考虑增加可扣除项目金额。如增加房地产开发成本、房地产开发费用等,进一步提高商品房的质量。但是,在增加房地产开发费用时,应注意税法规定的比例限制,开发费用的扣除比例不得超过取得土地使用权支付的金额和房地产开发成本之和的 10%。

3) 税额优惠的创造

税收返还、税额抵减和抵免是最常见的税额优惠形式。例如,我国《企业所得税法》第 34 条和《企业所得税法实施条例》第 100 条规定,税额抵免是指企业购置并实际使用《环境保护专用设备企业所得税优惠目录》《节能节水专用设备企业所得税优惠目录》和《安全生产专用设备企业所得税优惠目录》规定的环境保护、节能节水、安全生产等专用设备,该专用设备的投资额的 10% 可以从企业当年的应纳税额中抵免;当年不足抵免的,可以在以后 5 个纳税年度结转抵免。同时规定,享受企业所得税税额抵免优惠的企业,应当实际购置并自身实际投入使用上述优惠目录规定的专用设备;企业购置上述专用设备在 5 年内转让、出租的,应当停止享受企业所得税优惠,并补缴已经抵免的企业所得税税款。显然,当企业购置专用设备不在规定范围内,或者不满 5 年就转让或出租,不符合税额优惠政策的条件时,企业就无法享受税额优惠。因此,当企业不符合税额优惠政策条件时,需要进行税额优惠的条件创造,才能实现税额优惠。

企业选择创造税收优惠作为税收筹划突破口时,应注意两个问题:一是企业不要曲解税收优惠条款,滥用税收优惠,以欺骗手段骗取税收优惠;二是企业应充分了解税收优惠条款,并按规定程序进行申请,避免因程序不当而失去应有权益。

三、中小企业实现税收筹划的方式

对中小企业来说,充分利用好国家所颁布的区域税收优惠、行业税收优惠、高新技术企业税收优惠、小微企业税收优惠等政策来进行税收筹划,有利于达到减少纳税人的纳税额、降低税收负担、实现企业利益或股东利益最大化的目的。

通常情况下,中小企业实现税收筹划有以下三种方式。

1. 企业财务人员进行税收筹划

这种税收筹划方式所需要的成本低,但税收筹划的专业要求较高,要求财务人员具有丰富的税法、财务管理等专业知识,防控涉税风险。目前,中小企业大多通过这个途径来实现税收筹划。

2. 聘请税收筹划顾问进行税收筹划

这种税收筹划方式解决了筹备工作人员专业技能不够的局限,但聘用税收筹划顾问要花的成本不会低,而且可能会由于这些税收筹划顾问对企业的实际经营状况了解得不到位,在筹划方案时出现这样、那样的问题,有时制定出了筹划方案,但方案具体落地实施有一定的风险。

3. 通过专业的平台进行税收筹划

当前,有中小企业选择成熟的第三方税务筹划平台进行税收筹划。第三方税收筹划平台拥有专业的税收筹划团队,接触过很多种税务状况,有很多节税成功案例,知道该如何为中小企业定制其最需要的税收筹划方案。对中小企业而言,这也是一个选择,但要支付高额的服务费。

第二章

中小企业设立环节的税收筹划

企业在设立环节的税收筹划是企业进行税收筹划的第一步,是非常重要的一环,为企业以后的税收筹划奠定了基础,对企业以后的经济决策和经济活动具有重要指导作用。企业在成立时,应当对企业的组织形式、投资地点、人员结构等进行科学合理的选择,考虑是否能够享受到国家在增值税、企业所得税、消费税和个人所得税方面的税收优惠,从而降低企业在刚成立时的税负,提升企业的投资回报。

第一节　设立环节的企业所得税税收筹划

一、纳税人主体的企业所得税税收筹划

纳税人主体就是通常所称的纳税人或纳税义务人,即法律、行政法规规定负有纳税义务的单位和个人。企业所得税的纳税义务人是指在我国境内的企业和其他取得收入的组织。企业所得税纳税人主体有居民纳税义务人和非居民纳税义务人两大类,其中,居民纳税义务人又包括高新技术企业、微型企业等可以享受优惠税率的纳税义务人,不同的企业所得税纳税人主体享受的税收待遇不同,这为中小企业提供了较大的税收筹划空间。因此,中小企业在设立环节,要做好纳税人主体的企业所得税税收筹划。

(一) 企业所得税纳税人身份的筹划

按照我国《企业所得税法》的规定,纳税人身份面临两种选择:居民纳税人还是非居民纳税人。居民纳税人,要就其来自全球的收入向我国申报纳税;而非居民纳税人,只就其来自我国境内的收入向我国申报纳税。居民纳税人适用 25% 的所得税税率,非居民纳税人适用的所得税税率为 10%。因此,企业应尽可能选择非居民纳税人身份,负有限的纳税义务,从而减轻其税收负担。

🎯 **案例 2-1**

以色列的 M 医药公司准备在以色列筹建 B 公司,B 公司主要在中国境内转让 M 公司的专利技术,预计未来每年转让专利技术所得额为 1 000 万元人民币。该企业面临以下三种选择:

方案一,在中国境内设立实际管理机构。

方案二,在中国境内不设立实际管理机构,但设立营业机构。营业机构适用25%的所得税税率,专利技术转让收入通过营业机构获得。

方案三,在中国境内既不设立实际管理机构,也不设立营业机构。

请帮助该外国企业进行企业所得税的税收筹划。

【解析】

方案一,该外国企业选择在中国境内设立实际管理机构,则一般被认定为居民企业,这种情况下适用的企业所得税税率为25%,其应纳税额为:

企业所得税=1 000×25%=250(万元)

方案二,该外国企业选择在中国境内不设立实际管理机构,只设立营业机构并以此获取收入,这种情况下该营业机构适用的所得税税率为25%,其应纳税额为:

企业所得税=1 000×25%=250(万元)

方案三,如果该外国企业选择在中国境内既不设立实际管理机构,也不设立经营场所,则其来源于中国境内的所得适用10%的预提所得税税率,其应纳税额为:

企业所得税=1 000×10%=100(万元)

因此,该外国企业应该选择在中国境内既不设立实际管理机构,也不设立经营场所。

(二)高新技术企业纳税人身份的筹划

企业经历成长期时,在市场站稳脚跟,积累了大量资金,在扩张战略和产业布局方面可以充分考虑进入高新技术企业,或兼并或新设。当集团内部既有高新又有非高新技术企业时,形成税负落差,这为调节税负提供可能。《企业所得税法》规定,高新技术企业可以享受15%的优惠税率政策。企业在设立、投资等经营活动中应结合自身情况,充分考虑投资的对象并慎重定位企业的性质,最大限度地享受税收优惠,并用足、用够税收优惠。

高新技术企业的认定,将有效地提高企业的科技研发管理水平。重视科技研发,提高企业核心竞争力,能为企业在市场竞争中提供有力的资质,极大地提升企业品牌形象,无论是对广告宣传还是对产品招投标工程,都将有非常大的帮助。国家在很多优惠政策制定时向高新企业倾斜,这可以为企业今后申报国家政府其他科技优惠政策项目提供有力的证明资质。《高新技术企业认定管理办法》(国科发火〔2016〕32号印发)规定,国家需要重点扶持的高新技术企业,是指拥有核心自主知识产权,并同时符合以下条件的企业。

(1)企业申请认定时须注册成立1年以上(365天)。

(2)企业通过自主研发、受让、受赠、并购等方式,获得对其主要产品(服务)在技术上发挥核心支持作用的知识产权的所有权。

(3)对企业主要产品(服务)发挥核心支持作用的技术属于《国家重点支持的高新技术领域》规定的范围。

(4)企业从事研发和相关技术创新活动的科技人员占企业当年职工总数的比例不低于10%。

(5)企业近3个会计年度(实际经营期不满3年的按实际经营时间计算,下同)的研究开发费用总额占同期销售收入总额的比例符合如下三点要求:

第一,最近1年销售收入小于5 000万元(含)的企业,比例不低于5%;

第二,最近1年销售收入在5 000万元至2亿元(含)的企业,比例不低于4%;

第三,最近1年销售收入在2亿元以上的企业,比例不低于3%。其中,企业在中国境内发生的研究开发费用总额占全部研究开发费用总额的比例不低于60%。

(6) 近1年高新技术产品(服务)收入占企业同期总收入的比例不低于60%。

(7) 企业创新能力评价应达到相应要求。

(8) 企业申请认定前1年内未发生重大安全、重大质量事故或严重环境违法行为。

总体而言,企业创新能力从知识产权、科技成本转化能力、研究开发组织管理水平、企业成长性四个指标进行评价,70分以上(不含)为符合认定要求。

(三) 小微企业纳税人身份的筹划

处于成长期的企业,营业额迅速上升,为了达到节税的目的开始考虑选择微型企业或非微型企业。根据《财政部 税务总局关于实施小微企业和个体工商户所得税优惠政策的公告》(财税〔2021〕12号)的规定,自2021年1月1日至2022年12月31日,对小型微利企业年应纳税所得额不超过100万元的部分,减按12.5%计入应纳税所得额,按20%的税率缴纳企业所得税;对年应纳税所得额超过100万元但不超过300万元的部分,减按50%计入应纳税所得额,按20%的税率缴纳企业所得税。可见,我国微型企业适用的实际税率较低。企业在设立时应认真规划企业的规模和从业人数。当企业的规模较大或人数较多时,原始企业可考虑设立两个或多个独立的纳税企业,从而分散企业的人数、资产规模和应纳税所得额,享受微型企业的税收优惠,以减轻税收负担。微型企业的具体标准中企业从业人员、营业收入、资产总额等指标详见《中小企业划型标准规定》。

◎ 案例 2-2

居民企业琼美公司主要从事保健产品的生产,适用企业所得税税率为25%,年从业人数50人,资产总额1 200万元,2021年12月预计2021全年应纳税所得额为301万元(视同利润总额)。请为琼美公司的企业所得税进行税收筹划。

【解析】

方案一:2021年应纳税所得额为301万元

2021年琼美公司预计应纳税所得额为301万元,大于300万元,不符合微型企业确认条件,不能享受微型企业税收优惠政策。

应缴纳企业所得税 $=301 \times 25\% = 75.25$ (万元)

税后利润 $=301 - 75.25 = 225.75$ (万元)

方案二:2021年应纳税所得额调整到300万元

2021年琼美公司通过盈余管理少取得一部分收入或者增加一部分支出,将应纳税所得额降至300万元。琼美公司是生产企业,从业人数50人,小于300人,资产总额1 200万元,小于3 000万元,应纳税所得额正好等于300万元,因此琼美公司符合微型企业的全部条件,可享受微型企业的税收优惠。

应缴纳企业所得税 $=100 \times 12.5\% \times 20\% + (300 - 100) \times 50\% \times 20\% = 22.5$ (万元)

税后利润＝300－22.5＝277.5（万元）

可见，方案一的税前所得虽仅比方案二的税前所得多 1 万元，却要为此要多缴纳企业所得税 52.75 万元（75.25－22.5），最终导致方案一比方案二少获利。所以应当选择方案二，将应纳税所得额控制在 300 万元内。

税法中存在大量的关于临界点的规定，当突破这些临界点时，该税种所适用的税率和优惠就会发生改变，从而给纳税人提供了税收筹划的空间。临界点筹划法的关键在寻找临界点来控制税负。总体而言，临界点的变化会引起税负的巨大差别，即临界点的边际税率出现递增或递减的变化态势，筹划的聚焦点在于临界点。在我国现行税制中，税基存在临界点，分级的税率有临界点，优惠政策分等级也有临界点。所以临界点筹划法应用非常广泛。

假设某纳税人为居民纳税人，符合微型企业关于从业人数和资产总额的确认条件，仅对企业所得额进行分析。假设 X 为应纳税所得额，Y 为税后所得。

方案一：纳税人选择微型企业纳税人身份。

应纳税所得额在临界点 300 万元时，纳税人选择微型企业纳税人身份时存在税收税率优惠。

当 $X＝300$ 万元时，

应缴纳企业所得税＝$100×12.5\%×20\%＋(300－100)×50\%×20\%＝22.5$（万元）

$Y_1＝300－22.5＝277.5$（万元）

方案二：纳税人为非高新技术企业。

当 $X＞300$ 万元，应缴纳企业所得税＝$X×25\%$，

$Y_2＝X－X×25\%＝X×75\%$

当 $Y_1＝Y_2$ 时，即 $X×75\%＝277.5$，

可以求得无差别平衡点应纳税所得额：$X＝370$（万元）。

通过比较方案一和方案二，可以得出以下结论：

（1）当企业应纳税所得额落在区间（300，370）内时，非高新技术企业的纳税人的税后所得将小于 277.5 万元，此时，应当选择将应纳税所得额调整为 300 万元，从而以微型企业身份缴纳企业所得税，税后所得为 277.5 万元。

（2）当企业应纳税所得额为 370 万元时，非高新技术企业纳税人税后所得为 277.5 万元，等于应纳税所得额为 300 万元的微型企业的税后所得。

（3）当企业应纳税所得额大于 370 万元时，非高新技术企业纳税人税后所得大于 277.5 万元，大于应纳税所得额为 300 万元的微型企业的税后所得。此时，纳税人不需要降低应纳税所得额，按照非高新技术企业缴纳企业所得税，可以获得最大的税后所得。

方案三：纳税人为高新技术企业。

当 $X＞300$ 万元，应缴纳企业所得税＝$X×15\%$，

$Y_3＝X－X×15\%＝X×85\%$

当 $Y_1＝Y_3$ 时，即 $X×85\%＝277.5$，

可以求得：$X＝326.47$（万元），即 326.47 万元为无差别平衡点应纳税所得额。

同样，通过比较方案一和方案三，可以得出以下结论：

（1）企业应纳税所得额在区间（300，326.47）内时，高新技术企业的纳税人税后所得将小于 277.5 万元，此时，应当选择将纳税所得额降为 300 万元，从而以微型企业身份缴纳企业所得税可以获得税后所得 277.5 万元。

（2）当企业应纳税所得额为 326.47 万元时，高新技术企业纳税人税后所得等于 277.5 万元，与纳税所得额为 300 万元的微型企业的税后所得相等。

（3）当企业应纳税所得额大于 326.47 万元时，高新技术企业纳税人的税后所得将大于 277.5 万元，大于纳税所得额为 300 万元的微型企业的税后所得。此时，纳税人不需要降低应纳税所得额，按照高新技术企业缴纳企业所得税可以获得最大的税后所得。

综上所述，企业所得税纳税人身份选择如表 2-1 所示。

表 2-1　企业所得税纳税人身份选择

无差别平衡点	应纳税所得额	选择企业所得税纳税人身份
326.47 万元 （高新技术企业）	大于平衡点	不需要降低纳税所得额 选择高新技术企业纳税人身份
	小于平衡点 且大于 300 万元	需要降低纳税所得额至 300 万元 选择微型企业纳税人身份
370 万元 （非高新技术企业）	大于平衡点	不需要降低应纳税所得额 选择非高新技术企业纳税人身份
	小于平衡点 且大于 300 万元	需要降低应纳税所得额至 300 万元 选择微型企业纳税人身份

二、不同经济组织形式的企业所得税筹划

企业设立组织形式时要考虑到税收因素，不同的组织形式下，税收因素对税后利润的影响不一样。各种组织形式的企业为了扩大规模必须不断地进行再投资，需要成立众多的分支机构，有多种组织形式可供企业在发展过程中选择。

（一）经济组织的形式

不同经济组织的形式按照财产的组织形式和所承担的法律责任划分，通常可以分为公司制企业、个人独资企业、合伙企业和个体工商户，其中前三者是企业组织形式分类的第一个层次，即外部层次。

1. 公司制企业、个人独资企业、合伙企业和个体工商户

1）公司制企业

公司制企业是现代社会中最主要的企业形式。它是以营利为目的，由股东出资形成，依法享有民事权利，承担民事责任，并以其全部财产对公司的债务承担责任的企业法人。所有

权与经营权分离,是公司制的重要产权基础。公司制的最大特点就是股东仅以其所持股份或出资额为限对公司承担有限责任;其还有一个特点是存在双重纳税问题,公司盈利要上缴企业所得税,股东获得的投资所得还要上缴个人所得税。

根据《中华人民共和国公司法》(以下简称《公司法》)规定,我国的公司分为有限责任公司(包括一人有限责任公司)和股份有限公司两种类型。股份有限公司全部资本分为等额股份,股东以其认购的股份为限对公司承担责任,公司以其全部资产对公司的债务承担责任。设立股份有限公司要有公司名称,要建立符合股份有限公司要求的组织机构,要有固定的生产经营场所以及必要的生产经营条件,股份发行、筹办事项要符合法律规定。此外,根据我国《公司法》规定,企业成立股份有限公司还应当具备一些其他的条件。

2) 个人独资企业

个人独资企业是指个人出资经营、归个人所有和控制、由个人承担经营风险和享有全部经营收益的企业。个人独资企业是最古老、最简单的一种企业组织形式。个人独资企业特点主要表现在:企业的建立与解散程序简单;经营管理灵活自由,业主可以完全根据个人的意志确定经营策略,进行管理决策;业主对企业的债务负无限责任,当企业的资产不足以清偿其债务时,业主以其个人财产偿付企业债务;企业的规模有限;企业的存在缺乏可靠性。

个人独资企业的存续完全取决于业主个人的得失安危,企业的寿命有限。在现代经济社会中,个人独资企业发挥着重要作用。个人独资企业在营业执照上写的是"企业",而不是"公司",在营业执照上个人独资企业写的是投资人,而法人公司写的是法人,这些都意味着个人独资企业不在《公司法》的管理范围内,并不属于法人公司的范畴,我国的企业所得税法是法人所得税,简单地说就是对法人公司征税,因此个人独资企业不属于企业所得税的征税范围。《中华人民共和国个人独资企业法》规定了个人独资企业投资人为纳税义务人,按照"经营所得"缴纳个人所得税。

3) 合伙企业

合伙企业是指自然人、法人和其他组织依照《中华人民共和国合伙企业法》在中国境内设立的,由两个或两个以上的自然人通过订立合伙协议,共同出资经营、共负盈亏、共担风险的企业组织形式。合伙企业是由各合伙人订立合伙协议,共同出资,共同经营,共享收益,共担风险,并对企业债务承担无限连带责任的营利性组织。合伙企业可以由部分合伙人经营,其他合伙人仅出资并共负盈亏,也可以由所有合伙人共同经营。

4) 个体工商户

个体工商户是工商营业执照上的一种组织形式,不属于目前我国法定意义上的企业,尽管个体工商户要办理工商登记手续,但是政府管理当局将个体工商户作为独立于企业之外的一种特殊经济组织形态来管理与规范。个体工商户作为重要的市场主体,体量非常大。个体工商户可以申请升级成为企业,当个体工商户达到一定的规模、具备完善的财务制度后,可以选择向所在地的工商部门申请将个体户主体类型转变为有限公司的企业组织形式。同时,《中小企业划型标准》将个体工商户纳入了标准范围,个体工商户作为重要的经济组织参与市场竞争,享受公平税负。因此,本书将个体工商户纳入中小企业的范畴。

个体工商户是指根据《个体工商户条例》规定,有经营能力的公民依照本条例规定,经工商行政管理部门登记,从事工商业经营的组织形式。个体工商户可以个人经营,也可以家庭经营。个体工商户在领取营业执照后,应当依法办理税务登记。公民个人为个体经营的民事责任的承担者,以个人的全部财产承担经营活动中的民事责任。

企业组织形式与税负密切相关。一人有限公司是公司制企业,是以法人为主体纳税的公司,缴纳企业所得税。个人独资企业、合伙企业、个体工商户均无法人资格,不缴纳企业所得税,缴纳个人所得税。

2. 子公司和分公司

企业组织形式分类的第二个层次,是在公司制企业内进行划分的,在这个层次会出现两种公司关系:母公司和子公司、总公司和分公司。

1) 子公司

子公司是一个独立的、具有独立法人资格的企业。子公司因其具有独立法人资格,而被其所在国视为居民企业,通常要履行与该国其他居民企业一样的全面纳税义务,同时也能享受所在国为新设立公司提供的免税期或其他税收优惠政策。设立子公司的好处有:

(1) 子公司在东道国同样只负有限的债务责任,有时需要母公司担保。

(2) 子公司向母公司报告企业成果只限于生产经营活动方面。

(3) 子公司是独立法人,其所得税计征独立进行。

(4) 东道国运用税率低于居住国时,子公司的累积利润可形成递延纳税的好处。

(5) 子公司利润汇回母公司灵活。母公司的投资所得、资本利得可以持留在子公司,或者可选择税负较轻的时候汇回,得到额外的税收利益。

(6) 子公司向母公司支付的股息可以减征或免征预提税。设立子公司的弊端,表现在子公司是独立的法人实体的居民纳税人,通常要承担纳税义务。同时,建立子公司一般需要复杂的手续,财务制度较为严格,必须独立开设账簿,并需要复杂的审计和证明,经营亏损不能冲抵母公司利润,与母公司的交易往往是税务机关反避税审查的重点内容。

2) 分公司

分公司是与总公司或本公司相对应的一个概念。许多大型企业的业务分布于全国各地甚至许多国家,直接从事这些业务的是大型企业所设置的分支机构或附属机构,这些分支机构或附属机构就是所谓的分公司。分公司没有独立的法律地位,不具有企业法人资格,不独立承担民事责任,只承担有限的纳税义务。分公司的特征具体表现为分公司没有自己的独立财产,其实际占有、使用的财产是总公司财产的一部分,列入总公司的财务报表中;分公司设立手续简单,没有自己的章程,没有公司经营决策权和业务执行机关。分公司名称,只要在总公司名称后加上分公司字样即可。设立分公司的好处有:

(1) 分公司便于经营,财务会计制度的要求也比较简单,成本费用较少。

(2) 分公司流转税在所在地缴纳,企业所得税由总公司合并纳税。在经营初期,分公司出现亏损时,亏损可以冲抵总公司的利润,可以减轻公司税收负担。

(3) 分公司与总公司之间的资本转移不须交税。

(4) 分公司与总公司的经营范围、管理都是属于一个体系,所以可以享受总公司的优惠政策。

(二) 企业组织形式选择的企业所得税筹划

企业组织形式反映了企业的性质、地位、作用和行为方式,规范了企业与出资人、企业与债权人、企业与政府、企业与企业、企业与职工等内外部的关系。企业只有选择了适当的组织形式,才有可能充分地调动各个方面的积极性,使之充满生机和活力。在决定企业的组织形式时,要考虑的因素很多,其中首先要考虑的就是企业所得税或个人所得税的税收待遇。

1. 合伙企业和公司制企业的选择

我国对公司制企业和合伙企业实行不同的纳税规定。公司制企业的营业利润要征收企业所得税,股息若分配给个人投资者,则需要再缴纳一次个人所得税;而合伙企业的营业利润不征收企业所得税,只征收合伙人分得收益的个人所得税。

案例 2-3

2022 年 2 月,王明等 4 人准备共同以等额投资组建一家公司,预计年应纳税所得额为 400 万元,公司按税后利润 10% 提取法定盈余公积,税后利润 4 个投资者平均分配。若所得税采用查账征收方式,请进行税收筹划。

【解析】

方案一:组建公司制企业

公司制企业缴纳企业所得税,股东个人就分得的红利还要缴纳个人所得税。

应缴纳企业所得税 $=400×25\%=100$(万元)

法定盈余公积 $=(400-100)×10\%=30$(万元)

股东每人可分得利润 $=(400-100-30)÷4=67.5$(万元)

股东每人应缴纳个人所得税 $=67.5×20\%=13.5$(万元)

合计缴纳税收 $=100+13.5×4=154$(万元)

方案二:组建合伙企业

合伙企业无需缴纳企业所得税,合伙人仅需就经营所得缴纳个人所得税。假设该合伙企业提取私营企业发展基金 30 万元,尚余 370 万元,每人分得 92.5 万元。

每人分得利润 $=(400-30)÷4=92.5$(万元)

应缴纳个人所得税 $=92.5×35\%-6.55=25.825$(万元)

4 人合计缴纳个人所得税 $=25.825×4=103.3$(万元)

与方案一相比,方案二成立合伙企业比公司制企业少交所得税 50.7 万元(154-103.3),因此选择方案二。税收差异的主要原因是公司制企业双重征收所得税,面对公司制企业税负重于合伙企业税负的情况,纳税人可选择不组织公司,而办合伙企业或者以设立个体工商户的形式。

在实务中,对于那些经营风险不大、投入资本较少的小型企业,适合采取独资或合伙的企业组织形式,如会计师、律师、资产评估事务所等一般选择合伙企业的组织形式。企业做大做强后再转变为公司制企业组织形式。因此,建议那些规模不大、经营风险小的企业,以及特别要求承担无限责任的企业(如会计师事务所和律师事务所),选择独资或合伙的企业组织形式来从事经营活动。

2. 子公司与分公司的选择

子公司是独立的法人实体,承担全面纳税义务,因此子公司的所在国视其为居民纳税人,通常要承担与该国的其他居民公司一样的全面纳税义务。

分公司不是独立的法人实体,承担有限纳税义务,分公司与总公司经营成果的合并计算,影响居住国的税收负担。

◎ **案例 2-4** ━━━━━━━━━━━━━━━━━━━━━━━

居民企业正德公司拟在上海开展修理和运输两项劳务业务,预计 2022 纳税年度正德公司实现利润 1 000 万元,预计上海运输劳务实现利润 100 万元,修理劳务亏损 150 万元,设企业所得税税率为 25%。现公司面临两项选择:

方案一,全资设立两家独立子公司分别经营修理和运输劳务。

方案二,设立两家分公司分别经营修理和运输劳务。

请为正德公司进行税收筹划。

【解析】

方案一:全资设立两家独立子公司分别经营修理和运输劳务

公司本部应缴纳所得税＝1 000×25%＝250(万元)

运输子公司应缴纳所得税＝100×12.5%×20%＝2.5(万元)

修理子公司由于当年亏损 150 万元,该年度无须交纳所得税。

母子公司一共缴纳税额＝250＋2.5＝252.5(万元)

方案二:设立两家分公司分别经营修理和运输劳务

两家分公司共应缴企业所得税＝(1 000＋100－150)×25%＝237.5(万元)

与方案二总分公司缴纳税额相比,方案一母子公司一共缴纳税额高出 15 万元(252.5－237.5)。因此,正德公司应选择设立两家分公司分别经营修理和运输劳务,此时企业所得税缴纳金额少,可获得节税收益。

设立子公司与设立分公司的节税的利益孰低孰高并不是绝对的,它受到国家税制、纳税人经营状况及企业内部利润分配政策等多种因素的影响,这是投资者在进行企业内部组织结构选择时必须加以考虑的。在企业组织形式选择的税收筹划过程中,一定要融入动态筹划的思想。企业处于不同的生命周期,选择的企业组织形式可能会不相同。例如,在初创期,如果企业预测未来规模不大,上下游客户都以有限公司为主,那么应该选择公司制企业,之后如果预测未来会亏损,尽量先注册分公司,盈利后转为子公司。进入成长期的企业可以有多个经济实体,为降低企业整体税负,注册独立的、满足微型企业条件的小公司,或者注册个体工商户、个人独资企业缴纳个人所得税,都可以减轻企业所得税税负。进入扩张期后形成的集团企业,可以横向、纵向发展多种组织形式,便于资源整合合理控制,并且集团内部企业间可以转嫁税负。进入战略转型期的企业通常分拆一部分资产成立新企业,或注销子公司,成立分公司。

三、投资地区选择的企业所得税筹划

我国不同地区的不同税收优惠政策,为企业进行注册地点选择的税收筹划提供了空间。目前地区性的税收优惠政策主要包括经济特区、西部地区、中国上海自贸试验区临港新区和海南自由贸易港。企业在设立之初或扩大经营增加投资时,选择低税负的地区进行投资,则可以享受税收优惠的好处。对于已经成立的企业来说,如果具备了其他享受优惠政策的条件,只是由于注册地点不在特定税收优惠地区而不能享受相应的税收优惠政策,那么就应该考虑企业是否需要刻意搬迁的问题。企业需要充分考虑企业生产的寿命周期、享受税收优惠的其他条件的保持能力,以及搬迁费用、核心员工的意愿、因迁移注册地而产生的新的成本费用支出,还有新注册地与旧注册地在信息、技术来源、客户开拓等营商环境因素,应测算相关经济数据多方面调研,综合权衡决策。

案例 2-5

承明公司主要从事集成电路产品的生产,拥有关键产品技术,投资主体在国内细分市场居于领先地位,技术实力在业内领先。其准备于 2023 年 1 月兼并深圳的一家高科技企业,预计每年产生应纳税所得额 3 800 万元。市场调研后发现,如果在上海自贸试验区临港新片区新设企业,预计每年产生应纳税所得额 4 500 万元。无论将新设企业地点设在上海或深圳对企业的盈利能力都有实质影响,请对承明公司的投资地区做出选择。

【解析】

方案一:在深圳兼并高科技企业

根据《企业所得税法》的规定,对经济特区和上海浦东新区内在 2008 年 1 月 1 日(含)之后完成登记注册的国家需要重点扶持的高新技术企业,在经济特区内和上海浦东新区内取得的所得,自取得第一笔生产经营收入所属纳税年度起,第一和第二年免征企业所得税,第三至第五年按照 25% 的法定税率减半征收企业所得税。

企业 5 年共需缴纳企业所得税 $= 3\,800 \times 25\% \times 50\% \times 3 = 1\,425$(万元)

税后利润 $= 3\,800 \times 5 - 1\,425 = 17\,575$(万元)

方案二:在上海自贸试验区临港新片区新设企业

有关税法规定,自 2020 年 1 月 1 日起,对上海自贸试验区临港新片区内从事集成电路、人工智能、生物医药、民用航空等关键领域核心环节相关产品(技术)业务,并开展实质性生产或研发活动的符合条件的法人企业,自设立之日起 5 年内减按 15% 的税率征收企业所得税。

企业 5 年共需缴纳企业所得税 $= 4\,500 \times 15\% \times 5 = 3\,375$(万元)

税后利润 $= 4\,500 \times 5 - 3\,375 = 19\,125$(万元)

方案二的税后利润比方案一税后利润增加了 1 550 万元(19 125−17 575)。因此,承明公司应选择方案二,即在上海设立高科技企业。

四、企业设立时就业人员选择的企业所得税筹划

为了缓解社会就业压力,扶持残疾人员、退役士兵、失业人员和高校毕业生的就业,鼓励企业招聘上述人员,政府出台了一系列税收优惠政策,通过减免增值税、城市维护建设税、教育费附加、地方教育附加和企业所得税。在企业组建初期,合理规划就业人员配置、合理选择就业人员类型的比重都可以达到筹划企业所得税的目的。

(一) 重点群体的主要税收优惠政策

1. 安置残疾人员企业所得税税收优惠政策

根据《财政部 国家税务总局关于安置残疾人员就业有关企业所得税优惠政策问题的通知》(财税〔2009〕70 号)的规定,企业安置残疾人员的,在按照支付给残疾职工工资据实扣除的基础上,在计算应纳税所得额时,可以按照支付给残疾职工工资的 100% 加计扣除。企业享受安置残疾职工工资的 100% 加计扣除应同时具备以下四个条件:

(1) 依法与安置的每位残疾人签订了 1 年以上(含 1 年)的劳动合同或服务协议,并且安置的每位残疾人在企业实际上岗工作。

(2) 为安置的每位残疾人按月足额缴纳了企业所在区县人民政府根据国家政策规定的基本养老保险、基本医疗保险、失业保险和工伤保险等社会保险。

(3) 定期通过银行等金融机构,实际支付了安置的每位残疾人不低于企业所在区县适用的,经省级人民政府批准的最低工资标准的工资。

(4) 具备安置残疾人上岗工作的基本设施。

2. 退役士兵创业就业税收优惠政策

根据《财政部 税务总局关于延长部分税收优惠政策执行期限的公告》(财税〔2022〕4 号)文件规定,将部分政策的执行期延长至 2023 年 12 月 31 日,其中一项就是有关扶持退役士兵就业创业的优惠政策。根据《财政部 税务总局 退役军人部关于进一步扶持自主就业退役士兵创业就业有关税收政策的通知》(财税〔2019〕21 号)文件规定,企业招用自主就业退役士兵,与其签订 1 年以上期限劳动合同并依法缴纳社会保险费的,自签订劳动合同并缴纳社会保险当月起,在 3 年内按实际招用人数予以定额依次扣减增值税、城市维护建设税、教育费附加、地方教育附加和企业所得税优惠。定额标准为每人每年 6 000 元,最高可上浮 50%,各省、自治区、直辖市人民政府可根据本地区实际情况在此幅度内确定具体定额标准。

3. 重点群体创业就业税收优惠政策

根据《关于进一步支持和促进重点群体创业就业有关税收政策的通知》(财税〔2019〕22 号)的规定,企业招用建档立卡贫困人口,以及在人力资源社会保障部门公共就业服务机构登记失业半年以上且持《就业创业证》或《就业失业登记证》(注明"企业吸纳税收政策")的人员,与其签订 1 年以上期限劳动合同并依法缴纳社会保险费的,自签订劳动合同并缴纳社会保险当月起,在 3 年内按实际招用人数予以定额依次扣减增值税、城市维护建设税、教育

费附加、地方教育附加和企业所得税优惠。定额标准为每人每年 6 000 元,最高可上浮 30%,各省、自治区、直辖市人民政府可根据本地区实际情况在此幅度内确定具体定额标准。

(二) 就业人员选择的企业所得税筹划

案例 2-6

爱德商贸公司主要经营物流仓储,准备于 2022 年 3 月成立,公司准备招收员工 50 人, 请对爱德公司就业人员结构进行税收筹划。

【解析】

方案一:社会上招收 50 名员工

爱德商贸公司没有享受任何税收优惠。

方案二:拟招收残疾人员、失业下岗人员和退役士兵各 5 名,其他人员招收 35 人

(1) 招收 5 名残疾人员。

如果招收 5 名残疾人员,残疾人月平均工资 4 000 元,同时满足《财政部 国家税务总局 关于安置残疾人员就业有关企业所得税优惠政策问题的通知》(财税〔2009〕70 号)中残疾人 员加计扣除的四个条件。

残疾人工资可以加计扣除额=0.4×5×12=24(万元)

每年少缴纳企业所得税=24×25%=6(万元)

(2) 招收 5 名失业半年以上且持《就业创业证》或《就业失业登记证》人员。

招收 5 名在人力资源社会保障部门的公共就业服务机构登记失业半年以上且持《就业 创业证》或《就业失业登记证》人员。

爱德商贸公司 3 年内依次扣减增值税、城市维护建设税、教育费附加、地方教育附加和 企业所得税合计 3 万元(0.6×5)。

(3) 招收 5 名退役士兵。

招收 5 名退役士兵,与 5 名退役士兵签订 1 年以上期限劳动合同并依法缴纳社会保 险费。

爱德商贸公司 3 年内依次扣减增值税、城市维护建设税、教育费附加、地方教育附加和 企业所得税合计 3 万元(0.6×5)。

在方案二中爱德商贸公司优先招收残疾人员、失业下岗人员和退役士兵各 5 名后,每年 少缴纳增值税、城市维护建设税、教育费附加、地方教育附加和企业所得税 12(6+3+3)万 元;预计三年共少缴纳增值税、城市维护建设税、教育费附加、地方教育附加和企业所得税 36 万元,所以应当选择方案二。

企业可以将社会责任与税收筹划结合通盘考虑,尽可能多地安置残疾人、下岗失业人员 和退役士兵,可以享受税收优惠待遇,达到社会、企业、残疾人、退役士兵和下岗失业人员多 赢的目的。但是,企业聘用残疾人、退役士兵和下岗失业人员应结合企业自身的生产经营特 点及长远发展的需要,不能为了少缴纳税款而影响企业的正常经营。企业在安排在职人员 时需要考虑的其他因素很多,对就业人员的筹划并不是企业考虑的唯一方面。因此,企业应 根据其自身情况,综合考虑各个方面的因素。

第二节　设立环节的个人所得税税收筹划

一、企业所得税纳税义务人与个人所得税纳税义务人的选择

个人创业可以选择的组织形式主要有个体工商户、个人独资企业、合伙企业和有限责任公司(独资公司)。选择、比较企业组织形式时,如果其他因素相同,决定投资决策的关键就是个人作为投资者要承担的税收。个体工商户、个人独资企业投资人、合伙企业个人合伙人无需缴纳企业所得税,而是以生产经营所得为计税依据,按照5%～35%的超额累进税率,缴纳个人所得税,并且于每年3月31日前应进行年度汇算清缴的纳税申报。

上述四种投资方式中,一般来讲,在收入相同的情况下,有限责任公司(独资公司)与个体工商户、个人独资企业、合伙企业的税负相比,有限责任公司(独资公司)的税负最重,但是有限责任公司(独资公司)是法人单位,比较容易开展业务,可以享受国家的税收优惠政策。

要注意的是,个人独资企业与有限责任公司(独资公司)是不同的,虽然都是一个自然人作为投资人,但是个人独资企业需要对企业债务承担无限责任,以个人为主体纳税的企业,不缴纳企业所得税;而有限责任公司(独资公司)仅对企业的债务以其认缴的出资额为限承担有限责任,以法人为主体纳税的公司,缴纳企业所得税。

案例 2-7

王先生准备创办一家企业,预计2021年应税所得额为60万元,若该企业能够享受税法关于微型企业普惠性所得税减免政策,企业账册健全,采用查账征收方式征收所得税。为减少所得税税款的缴纳,王先生是成立个人独资企业还是成立有限责任公司(独资公司)?

【解析】

方案一:设立个人独资企业

根据年度经营所得个人所得税税率表,可以计算个人所得税应纳税额。

个人所得税应纳税额＝60×35%－6.55＝14.45(万元)

方案二:设立有限责任公司(独资公司)

按照税法规定,企业可以享受微型企业普惠性所得税减免政策,即年应纳税所得额不超过100万元的部分,减按12.5%计入应纳税所得额,按20%的税率缴纳企业所得税。

企业所得税应纳税额＝60×12.5%×20%＝1.5(万元)

王先生个人分配股息＝60－1.5＝58.5(万元)

个人所得税应纳税额＝58.5×20%＝11.7(万元)

两税合计＝1.5＋11.7＝13.2(万元)

显然,与方案一设立个人独资企业相比,方案二设立公司制企业少缴税1.25万元(14.45－13.2)。当全年应纳税所得额为60万元时,设立有限责任公司比设立个人独资企业的税负轻,其主要原因是微型企业普惠性所得税减免政策,对于不超过100万元的应纳税所

得额的实际所得税税率只有 2.5%（12.5%×20%）的缘故。

在进行公司组织形式的选择时，应在综合权衡企业的经营风险、经营规模、管理模式及筹资额等因素基础上，选择税负较小的组织形式。

二、个体工商户、个人独资企业与有限责任公司的选择

通过企业组织形式的选择，采取成立个人独资企业的方式进行税收筹划，是一种常用的合法节税手段。个人独资企业和个体工商户一样，都是根据经营所得缴纳个人所得税，那么是否可以选择个体工商户的企业形式进行税收筹划呢？

个体工商户是一种重要的市场参与主体，我国现存的个体工商户体量是非常大的，虽然可以准确地核算收入，但是常会由于个体户记账不全而导致没有办法百分之百地准确核算。个体工商户纳税和个人独资企业征收方式一致，都采用核定征收和查账征收两种税收征收制度。

1. 核定征收

核定征收是指因纳税人会计账簿不健全，资料残缺难以查账，或者计税依据明显偏低等其他原因，导致难以确定纳税人应纳税额时，由税务机关采用合理的方法依法核定应纳税额的一种征收方式。该方式适用于规模较小，不具备建账条件的企业，如个人独资企业、个体工商户等，一般可以细分为三种方式，即定期定额、核定应税所得率、核定应纳税所得额。

1）定期定额

定期定额征收是指税务机关依照法律、行政法规的规定，对个体工商户在一定经营地点、一定经营时期、一定经营范围内的应纳税经营额（包括经营数量）或所得额（以下简称定额）进行核定，并以此为计税依据，确定其应纳税额的一种征收方式。对虽设置账簿，但账目混乱或成本资料、收入凭证、费用凭证残缺不全，难以查账的个体工商户，税务机关可以实行定期定额征收。

定期定额征收方式不计算经营所得，而是直接根据不同档位的收入征收一笔税金，只要收入保持在一定金额内，税金不变，均为一个固定值。个体工商户实行定期定额征收的个人所得税可以按照换算后的附征率，依据增值税的计税依据实行附征。"个人所得税附征率"即"核定征收率"，应当按照法律、行政法规的规定和当地实际情况，分地域、行业进行换算。具体计算公式如下：

$$应缴纳个人所得税＝收入总额×个人所得税附征率$$

由此可见，定期定额核定的是经营额或所得额，不是具体的税种或税额。同时，定期定额是有标准的，不是所有的个体工商户都可以按定期定额方式纳税。

2）核定应税所得率

核定应税所得率征收是指个体工商户生产经营所得采取核定应税所得率方式计算缴纳个人所得税。核定应税所得率是按照经营项目来确定的。个体工商户经营多业的，无论其经营项目是否单独核算，均应根据其主营项目行业确定其适用的应税所得率。根据核定应

税所得率计算的应纳税所得额计算分两种情形。

第一,如果能准确核算收入总额时:

$$应纳税所得额＝收入总额×应税所得率$$

第二,能准确核算成本费用时:

$$应纳税所得额＝成本费用支出额÷(1－应税所得率)×应税所得率$$

3) 核定应纳税所得额

核定应纳税所得额征收是指在正常生产经营条件下,对纳税人生产的应税产品查实核定产量和销售额,然后依照税法规定的税率征收税款的征收方式。

根据核定应税所得率计算出来的应纳税所得额和核定应纳税所得额均需按照经营所得个人所得税税率表计算应交个人所得税,即应纳税所得额适用5％～35％的超额累进税率计算缴纳个人所得税。

$$应缴纳个人所得税额＝应纳税所得额×五级超额累进税率－速算扣除数$$

◎ **案例 2-8**

个体工商户陈晨 2018 年在江苏省南京市设立了生产设备安装服务中心,主要从事建筑行业的设备安装服务,为小规模纳税人,按月申报纳税,能正确核算(查实)收入总额,但不能正确核算成本费用总额,税务局批准该公司收入总额按照核定应税所得率7％的核定方式计算缴纳个人所得税。2022 年 3 月该安装服务取得不含税营业收入 30 万元,均开具增值税专用发票,请分析陈晨 2022 年 3 月的税收情况。

【解析】

应纳税所得额＝30×7％＝2.1(万元)

应缴纳个人所得税＝2.1×5％＝0.105(万元)

应缴纳增值税＝30×1％＝0.3(万元)

应缴纳增值税附加税＝0.3×12％[①]×50％＝0.018(万元)

税负率＝(0.105＋0.3＋0.018)÷30×100％＝1.41％

个体工商户陈晨的税负率为 1.41％,可见采取核定征收方式时,个体工商户税负是比较低的。

2. 查账征收

查账征收方式下,应纳税所得额是每一纳税年度的收入总额,减除成本、费用及损失后的余额,适用5％～35％的超额累进税率计算缴纳个人所得税。个体业主的工资不作为成本、费用扣除,但可以扣除生计费用每年 60 000 元。查账征收方式适用查账征收个体工商户的会计账簿、凭证、核算制度健全,能够如实核算,反映生产经营成果,正常计算应纳税款的纳税人。

---

① 本书中增值税附加税率为 12％。其中,城市维护建设税率为 7％,教育费附加率为 3％,地方教育附加率为 2％。

《个体工商户建账管理暂行办法》第三条规定，符合下列情形之一的个体工商户，应当设置复式账：

（1）注册资金在 20 万元以上的。

（2）销售增值税应税劳务的纳税人月销售额在 40 000 元以上的；从事货物生产的增值税纳税人月销售额在 60 000 元以上的；从事货物批发或零售的增值税纳税人月销售额在 80 000 元以上的。

（3）省税务机关确定应设置复式账的其他情形。

近年来，国家高度重视小微企业、个体工商户发展，出台了一系列税费扶持政策，持续加大减税降费力度，助力小微企业和个体工商户降低经营成本、缓解融资难题。个体户需要纳税的税种主要有增值税、城市维护建设税、教育费附加、地方教育附加、水利建设基金、个人所得税、房产税、土地使用税等。个体工商户一般为增值税的小规模纳税人，法定征收税率为 3%。目前适用优惠征收率为 1%，同时可以享受"六税二费"减半征收。个体工商户的经营者将其个人名下的房屋、土地权属转移至个体工商户名下，或个体工商户将其名下的房屋、土地权属转回原经营者个人名下，免征契税。个体工商户在职职工人数在 30 人（含）以下，暂免征收残疾人就业保障金。

有关税法对退役军人创业也有相关税收优惠规定。自主就业退役士兵从事个体经营的，自办理个体工商户登记当月起，在 3 年（36 个月，下同）内按每户每年 12 000 元为限额，依次扣减其当年实际应缴纳的增值税、城市维护建设税、教育费附加、地方教育附加和个人所得税。限额标准最高可上浮 20%，各省、自治区、直辖市人民政府可根据本地区实际情况在此幅度内确定具体限额标准。

从事个体经营的随军家属，自办理税务登记事项之日起，其提供的应税服务 3 年内免征增值税，3 年内免征个人所得税。必须持有师以上政治机关出具的可以表明其身份的证明，一名随军家属可以享受一次免税政策。

从事个体经营的军队转业干部，自办理税务登记事项之日起，其提供的应税服务 3 年内免征增值税，同时 3 年内免征个人所得税。自主择业的军队转业干部必须持有师以上部队颁发的转业证件。

建档立卡贫困人口、持《就业创业证》（注明"自主创业税收政策"或"毕业年度内自主创业税收政策"）或《就业失业登记证》（注明"自主创业税收政策"）的人员，从事个体经营的，自办理个体工商户登记当月起，在 3 年（36 个月，下同）内按每户每年 12 000 元为限额依次扣减其当年实际应缴纳的增值税、城市维护建设税、教育费附加、地方教育附加和个人所得税。限额标准最高可上浮 20%，各省、自治区、直辖市人民政府可根据本地区实际情况在此幅度内确定具体限额标准。

3. 企业组织形式选择的税收筹划

随着税收现代化服务的不断推进，核定征收程序流于形式。这也使得个体工商户的企业为"税收洼地"。个体工商户是否有支出、是否开具发票不影响个体工商户所得税的计算，因此，个体工商户可能不向上游企业索取发票，将导致上游企业藏匿收入，少缴增值税和消费税。同时,核定的税额未能反映企业的实际纳税能力,造成国家税源的损失,容易滋生税收腐败等问题。逐步实现取消核定征收,能减少税源损失、保证了税收的公平性。

核定征收政策愈发紧缩,有些地方甚至取消了核定征收。国家税务总局北京市海淀区税务局,自2019年1月1日起设置账簿的个体工商户终止定期定额征收方式,个体工商户征收方式统一为查账征收,全面取消核定征收需要废止或修改一些涉税文件,过程比较复杂。当然在数智控税时代,查账征收是大势所趋。

◎ 案例 2-9

2022年1月,王平和妻子准备以个体工商户的组织形式申领营业执照,从事断桥铝门窗销售业务,销售断桥铝门窗的同时也提供安装服务。预计全年销售门窗的应纳税所得额为120万元,安装服务的应纳税所得额为20万元。王平的妻子还负责会计核算,预计账册健全,采用查账征收方式征收所得税。请为王平夫妇进行税收筹划。

【解析】

方案一:成立个体工商户

账册健全的个体工商户的生产经营所得适用5%～35%的五级超额累进税率,平时预缴,全年汇算清缴。根据《国家税务总局关于落实支持微型企业和个体工商户发展所得税优惠政策有关事项的公告》(国税〔2021〕第8号)的规定,对个体工商户经营所得年应纳税所得额不超过100万元的部分,在现行优惠政策基础上,再减半征收个人所得税。个体工商户不区分征收方式,均可享受。

全年预缴个人所得税＝(120＋20)×35%－6.55＝42.45(万元)

申请退还应减免的税款＝(100×35%－6.55)×(1－50%)＝14.225(万元)

实际缴纳税款＝42.45－14.225＝28.225(万元)

实际净利润＝(120＋20)－28.225＝111.775(万元)

方案二:成立两个个人独资企业

若王平和妻子成立两个个人独资企业,王平负责销售门窗,妻子负责安装门窗。假设全年的应纳税所得额不变,个人独资企业生产经营所得适用5%～35%的五级超额累进税率,平时预缴,全年汇算清缴。

王平全年预缴个人所得税＝120×35%－6.55＝35.45(万元)

王平妻子预缴个人所得税＝20×20%－1.05＝2.95(万元)

夫妻二人合计缴纳税款＝35.45＋2.95＝38.4(万元)

实际税后所得＝140－38.4＝101.6(万元)

方案三:成立有限责任公司,假设当年税后利润全部作为股息分红

从该企业的情况,成立有限责任公司,经过判断符合微型企业条件,可以享受微型企业所得税优惠政策。

全年应缴纳企业所得税＝100×12.5%×20%＋(140－100)×50%×20%＝6.5(万元)

股息所得应缴纳个人所得税＝(140－6.5)×20%＝26.7(万元)

合计缴纳所得税税款＝26.7＋6.5＝33.2(万元)

实际税后所得=140-33.2=106.8(万元)

由此可见,方案一缴纳的所得税最少,实际净利润最多,应选择方案一,王平和妻子成立个体工商户。方案三中成立有限责任公司企业所得税较少,但是由于分红,股息所得按20%缴纳个人所得税的税额较大,公司如果不分红的话,税负较低,王平需要综合权衡。

对于那些经营风险不大、经营活动投入资本较少的企业,可以先选择个体工商户的组织形式。做大做强后的个体工商户可以通过"个转企"转为有限公司。"个转企"就是注册的个体工商户(不含港、澳、台地区居民申办的个体工商户)升级为企业(包括个人独资企业、合伙企业、公司制企业)。转型升级后的企业类型一般应为有限责任公司,特殊情况下也可转型升级为合伙企业、个人独资企业。"个转企"不是简单的更名,而是通过优化内部流程,解决企业发展延续性的问题。

"个转企"的依据(以江苏省为例),参照国家工商总局《关于深入贯彻落实科学发展观积极促进经济发展方式加快转变的若干意见》《江苏省工商局关于发挥职能作用支持个体工商户转变为企业组织形式的登记指导意见》等有关政策的规定:已登记注册的个体工商户,在现有生产经营条件的基础上,已形成较大规模,并有转型升级为企业意愿的,可以申请办理"个转企"。

"个转企"后,在法律责任方面,原先由个体工商户承担的无限责任,转为以出资额为限的有限责任。在资金方面,企业也比个体户更容易获得贷款,而且贷款额度也比较大。在影响力方面,企业比个体户更容易进行市场定位,信誉度更高,也更容易获取社会资源,拓展了企业的上升空间;此外,面对眼下的招工难现状,由于企业可以参加劳动保险、养老保险、医疗保险,也比个体户更能吸引和留住人才;同时个体户可以继续使用之前的字号,有利于保留多年积攒的品牌,打造企业文化。

实施"个转企"的流程主要包括个体工商户持相关材料到所在地分局领取《个体工商户转变为企业组织形式申请书》,经分局审查通过后,办理个体工商户注销手续。个体工商户持审查通过的《个体工商户转变为企业组织形式申请书》及个体工商户注销通知书,到行政服务中心工商窗口,办理名称预先登记,并由工商窗口负责"个转企"材料指导,直至新设立企业登记完成。

市场监督管理局规定,对升级企业免征企业注册登记费、营业执照工本费;升级企业在不违反相关法律法规的禁止规定、不影响其他企业名称权的前提下,个体工商户转变为企业可以继续使用转企前个体工商户名称中的字号;实行"无障碍准入"的登记程序,优化准入流程,提高登记效能;个体工商户经营场所不变,转企后企业的住所使用证明材料可免予提交。同时,转型前个体工商户的登记档案与转型后企业登记档案合并保存,以保证登记档案的连续性。"个转企"登记完成后,市场监督管理局在可核发《营业执照》的同时一并核发《个体工商户转变为企业组织形式登记证明》。

在进行税收筹划的时候,中小企业选择何种经营组织模式,需要根据实际的经营需求,在确保业务顺利开展的基础上,进行降低税负或者递延纳税的操作,才能确保获得最大的经济利益。

第三节　设立环节的增值税税收筹划

一、增值税纳税人身份的选择

税法对不同身份或类型的纳税人在税负上的差别待遇,为企业通过纳税人身份或类型的选择进行税收筹划提供了可能。对增值税纳税人身份选择的税收筹划,可以通过比较相同情况下企业选择一般计税方法纳税人和简易计税方法纳税人身份时其净利润的高低来筹划。在销售价格、货物成本、期间费用保持不变的情况下,可以利用增值税的无差别平衡点增值率和抵扣率来判断税负高低。

(一)增值税纳税人身份筹划原理

年应征增值税销售额未超过简易计税方法纳税人标准的自然人按简易计税方法纳税人纳税;非企业性单位和不经常发生应税行为的企业可自行选择是否按简易计税方法纳税人纳税。年应征增值税销售额超过标准以及新开业的纳税人有固定的经营场所,会计核算健全,能准确提供销项税额、进项税额的,可作为一般计税方法纳税人。在对纳税人身份的筹划上,主要是一般计税方法纳税人与简易计税方法纳税人身份的选择,以及避免成为增值税纳税人,如表2-2所示。

表 2-2　增值税纳税人的销售额标准

类别	销售额标准
简易计税方法纳税人	年应征增值税销售额≤500 万元(不含税销售额)
一般计税方法纳税人	年应征增值税销售额>500 万元(不含税销售额)

两类纳税人的税收待遇有所不同。一般计税方法纳税人采用一般计税方法,可以领购和使用增值税专用发票,凭借发票进行进项税额抵扣;简易计税方法纳税人采用简易计税方法,不得使用增值税专用发票进行进项税额抵扣。税收政策的差异客观上使得一般计税方法纳税人和简易计税方法纳税人在计税方法适用税率以及发票使用等方面存在诸多差异,这些差异的存在为增值税纳税人通过选择不同的纳税人身份进行税收筹划提供了可能性。

1. 增值率

增值率被定义为产品或劳务的售价与成本之差与成本的比率,一般介于 0 到 1 之间。企业在一般纳税人或是小规模纳税人身份下的应缴纳增值税税额就可能出现差异。增值税是对增值额征税,不同的企业商品及劳务的价值增值情况不尽相同,如有的企业是高新技术企业,其产品的增值率很大,很小一部分的投入就能带来很大的产出;而有的企业是劳动密集型企业,技术含量有限,其产品的增值率不高。在销售额既定的情况下,简易计税方法纳税人的应缴税款就已经确定了,但一般计税方法纳税人的应缴税款还需要根据可抵扣的进项税额来确定,即可抵扣的进项税额越大,应缴税款就越少;反之,则应缴税款就越多。或者说其增值率越高,应缴税款就越多。在一般计税方法纳税人与简易计税方法纳税人进行税负比较时,增值率就是一个关键因素。在一个特定的增值率下,一般计税方法纳税人与简易计税方法纳税人应缴的税款数额相同,我们把这个特定的增值率称为"无差别平衡点增值率"。当货物或劳务的增值率低于无差别平衡点增值率时,一般计税方法纳税人的税负低于简易计税方法纳税人;当货物或劳务的增值率高于无差别平衡点增值率时,一般计税方法纳税人的税负高于简易计税方法纳税人。

无差别平衡点增值率可分为不含税销售额无差别平衡点增值率与含税销售额无差别平衡点增值率。

1) 不含税销售额无差别平衡点增值率

假设某商品生产过程中,A 为增值率,S 为不含税销售额,P 为不含税购进额,并假定一般计税方法纳税人的适用税率为 9%;简易计税方法纳税人的征收率为 1%[①]。

一般计税方法纳税人的增值率 $A = \dfrac{S-P}{S}$

一般计税方法纳税人应缴纳增值税 $= S \times 9\% - P \times 9\% = S \times A \times 9\%$

简易计税方法纳税人应缴纳增值税 $= S \times 1\%$

当两种纳税人的纳税额相等时,即

$$S \times A \times 9\% = S \times 1\%$$

计算后可得:$A = 11.11\%$

当货物或劳务的增值率低于无差别平衡点增值率 11.11% 时,一般计税方法纳税人的税负低于简易计税方法纳税人,即作为一般计税方法纳税人可以节税。当货物或劳务的增值率高于无差别平衡点增值率 11.11% 时,一般计税方法纳税人的税负高于简易计税方法纳税人,即作为简易计税方法纳税人可以节税。

同理,可计算出一般计税方法纳税人销售发生税率为 13% 或 9% 或 6% 的商品或者应税行为与简易计税方法纳税人销售征收率为 1% 或 5% 的商品或者应税行为的无差别平衡点增值率,如表 2-3 所示。企业可以按照本企业的实际购销情况,根据以上标准做出选择。

表 2-3　无差别平衡点增值率(不含税销售额)

一般计税方法纳税人税率	简易计税方法纳税人征收率	无差别平衡点增值率
13%	1%	7.692%
9%	1%	11.11%
6%	1%	16.67%
13%	5%	38.46%
9%	5%	55.56%
6%	5%	83.33%

① 《财政部 税务总局关于支持个体工商户复工复业增值税政策的公告》(财税〔2020〕13 号)规定:除湖北省,其他省、自治区、直辖市的增值税小规模纳税人,适用 3% 征收率的应税销售收入,减按 1% 征收率征收增值税;适用 3% 预征率的预缴增值税项目,减按 1% 预征率预缴增值税。因此,本书中小规模纳税人的增值税征收率选取 1%。

2）含税销售额无差别平衡点增值率

设某商品生产过程中，A 为增值率，S 为含税销售额，P 为含税购进额，并假定一般计税方法纳税人的适用税率为 9%，简易计税方法纳税人的征收率为 1%。

一般计税方法纳税人的增值率 $A = \dfrac{S - P}{S}$

一般计税方法纳税人应缴纳增值税 $= S \times \dfrac{9\%}{1 + 9\%} - P \times \dfrac{9\%}{1 + 9\%} = S \times A \times \dfrac{9\%}{1 + 9\%}$

简易计税方法纳税人应缴纳增值税 $= S \times \dfrac{1\%}{1 + 1\%}$

当两种纳税人的纳税额相等时，即

$$S \times A \times \frac{9\%}{1 + 9\%} = S \times \frac{1\%}{1 + 1\%}$$

计算后可得：$A = 11.99\%$

因此，可以得出以下结论：

（1）当货物或劳务的增值率低于无差别平衡点增值率 11.99% 时，一般计税方法纳税人的税负低于简易计税方法纳税人，即作为一般计税方法纳税人可以节税。

（2）当货物或劳务的增值率高于无差别平衡点增值率 11.99% 时，一般计税方法纳税人的税负高于简易计税方法纳税人，即作为简易计税方法纳税人可以节税。

同理，可计算出一般计税方法纳税人销售发生税率为 13% 或 9% 或 6% 的商品或者应税行为与简易计税方法纳税人销售征收率为 1% 或 5% 的商品或者应税行为的无差别平衡点增值率，如表 2-4 所示。

表 2-4　无差别平衡点增值率（含税销售额）

一般计税方法纳税人税率	简易计税方法纳税人征收率	无差别平衡点增值率
13%	1%	8.61%
9%	1%	11.99%
6%	1%	17.49%
13%	5%	41.39%
9%	5%	57.67%
6%	5%	84.13%

企业可以按照本企业的实际购销情况，根据以上标准做出选择。

需要说明的是，关于无差别平衡点含税销售额增值率的计算过程隐含了一个假设条件，即企业作为一般纳税人其所有的进项税均可抵扣销项税，并且进项税额的税率与一般计税方法纳税人税率是一致的。企业在现实的经营过程中，由于各种原因，其增值税进项税并不是总能全部予以抵扣的，如企业没有妥善保管取得的增值税专用发票，或取得的发票未通过国税局认证，或无法取得增值税专用发票等。在取得的增值税专用发票的税率与一般计税方法纳税人税率可能不一致时，税收筹划往往要从抵扣率指标上进行分析。

🎯 **案例 2-10**

居民企业美加超市的年零售含税销售额为 900 万元,其会计核算制度比较健全,符合一般计税方法纳税人条件,适用 13% 的增值税税率。预计该超市 2022 年购货不含税金额为 480 万元,可取得增值税专用发票。增值税附加税税率为 12%,该企业如何进行增值税纳税人身份的筹划才能减轻增值税税负?

【解析】

方案一:选择一般计税方法纳税人身份

该企业购入食品价税合计 $= 480 \times (1 + 13\%) = 542.4$(万元)

应缴纳增值税 $= 900 \times 13\% \div (1 + 13\%) - 480 \times 13\% = 41.14$(万元)

应缴纳增值税附加税 $= 41.14 \times 12\% = 4.937$(万元)

税后利润 $= [900 \div (1 + 13\%) - 480 - 4.937] \times (1 - 25\%) = 233.64$(万元)

含税增值率 $= (900 - 542.4) \div 900 \times 100\% = 39.73\%$

该企业的增值率较高,超过无差别平衡点增值率 8.61%(含税增值率),所以成为简易计税方法纳税人可比一般计税方法纳税人减少增值税税款缴纳。

因此,该企业可以分设成两个零售企业,均设为独立核算单位。假定分设后两个企业的年含税销售额均为 450 万元,它们都符合简易计税方法纳税人的条件,适用 1% 的征收率。

方案二:选择简易计税方法纳税人身份

两个零售企业购入食品价税合计 $= 480 \times (1 + 13\%) = 542.4$(万元)

两个零售企业销售食品价税合计 $= 900$(万元)

两个零售企业应缴纳增值税 $= 900 \times 1\% \div (1 + 1\%) = 8.91$(万元)

两个零售企业应缴纳增值税附加税 $= 8.91 \times 12\% = 1.069$(万元)

两个企业税后利润合计 $= [900 \div (1 + 1\%) - 542.4 - 1.069] \times (1 - 25\%)$
$\qquad\qquad = 260.71$(万元)

通过纳税人身份的转变,该企业的净利润增加了 27.07 万元(260.71 − 233.64)。

2. 抵扣率

对于一般计税方法纳税人与简易计税方法纳税人的缴税孰多孰少这一问题,还可以从抵扣率的角度来分析。增值率被定义为产品或劳务的进项税额与产品或劳务的销售额的比率。在销售额既定的情况下,简易计税方法纳税人应缴税款可以确定。一般计税方法纳税人可抵扣的进项税额越多,即抵扣率越大,其应缴税款就越少;反之,亦然。在一个特定的抵扣率下,一般计税方法纳税人与简易计税方法纳税人应缴税额相同,这个特定的抵扣率称为"无差别平衡点抵扣率"。当抵扣率低于无差别平衡点抵扣率时,一般计税方法纳税人的税负高于简易计税方法纳税人;当抵扣率高于无差别平衡点抵扣率时,一般计税方法纳税人的税负低于简易计税方法纳税人。

无差别平衡点抵扣率可分为不含税销售额无差别平衡点抵扣率和含税销售额无差别平衡点抵扣率。

1) 不含税销售额无差别平衡点抵扣率

设 B 为抵扣率,S 为不含税销售额,P 为不含税的购进税额,并假定一般计税方法纳税人适用的税率为 9%,简易计税方法纳税人适用征收率为 1%。

一般计税方法纳税人的抵扣率 $B = \dfrac{P}{S}$

一般计税方法纳税人应缴纳增值税 $= S \times 9\% - P \times 9\% = S \times (1-B) \times 9\%$

简易计税方法纳税人应缴纳增值税 $= S \times 1\%$

当两种纳税人纳税额相等时,即

$$S \times (1-B) \times 9\% = S \times 1\%$$
$$B = 88.89\%$$

因此,可以得出以下结论:

(1) 当抵扣率低于无差别平衡点抵扣率 88.89% 时,一般计税方法纳税人的税负高于简易计税方法纳税人,即作为简易计税方法纳税人可以节税。

(2) 当抵扣率高于无差别平衡点抵扣率 88.89% 时,一般计税方法纳税人的税负低于简易计税方法纳税人,即作为一般计税方法纳税人可以节税。

企业可以按照本企业的实际购销情况,根据以上情况做出选择。

同理,可计算出一般计税方法纳税人销售发生税率为 13% 或 6% 的商品或者应税行为与简易计税方法纳税人销售征收率为 1% 或 5% 商品或者应税行为的无差别平衡点抵扣率,如表 2-5 所示。

表 2-5 无差别平衡点抵扣率(不含税销售额)

一般计税方法纳税人税率	简易计税方法纳税人征收率	无差别平衡点抵扣率
13%	1%	92.31%
9%	1%	88.89%
6%	1%	83.33%
13%	5%	61.54%
9%	5%	44.44%
6%	5%	16.67%

◎ 案例 2-11

琳达公司为生产卫生洁具企业。预计 2022 年琳达公司的年不含税销售额为 850 万元,不含税购进额为 500 万元,购货适用税率 13%。公司账册健全,符合一般纳税人的条件。如何筹划才能减轻琳达公司增值税税负?

【解析】

琳达公司的抵扣率 $= 500 \div 850 \times 100\% = 58.82\%$,小于表 2-5 中的无差别平衡点抵扣率 92.31%,应选择小规模纳税人节税。具体计算比较如下。

方案一:选择申请一般纳税人

应缴纳增值税 $= 850 \times 13\% - 500 \times 13\% = 45.5$(万元)

方案二：选择申请小规模纳税人

分别成立两个小规模纳税人，生产企业年应税销售额 400 万元，批发企业年应税销售额 450 万元。

应缴纳增值税＝850×1%＝8.5(万元)

可见，方案二比方案一少缴纳增值税 37 万元(45.5－8.5)。

2) 含税销售额无差别平衡点抵扣率

设 B 为抵扣率，S 为含税销售额，P 为含税购进税额，并假定一般计税方法纳税人适用的税率为 9%，简易计税方法纳税人适用征收率为 1%。

一般计税方法纳税人的抵扣率 $B = \dfrac{P}{S}$

一般计税方法纳税人应缴纳增值税 $= S \times \dfrac{9\%}{1+9\%} - P \times \dfrac{9\%}{1+9\%}$

$$= S \times (1-B) \times \dfrac{9\%}{1+9\%}$$

简易计税方法纳税人应缴纳增值税 $= S \times \dfrac{1\%}{1+1\%}$

当两种纳税人纳税额相等时，即

$$S \times (1-B) \times \dfrac{9\%}{1+9\%} = S \times \dfrac{1\%}{1+1\%}$$

$$B = 88.01\%$$

因此，可以得出以下结论：

(1) 当企业所从事货物或应税行为抵扣率低于无差别平衡点抵扣率 88.01% 时，一般计税方法纳税人的税负高于简易计税方法纳税人，即作为简易计税方法纳税人可以节税。

(2) 当企业所从事货物或应税行为抵扣率高于无差别平衡点抵扣率 88.01% 时，一般计税方法纳税人的税负低于简易计税方法纳税人，即作为一般计税方法纳税人可以节税。

同理，可计算出一般计税方法纳税人销售发生税率为 13% 或 6% 的商品或者应税行为与简易计税方法纳税人销售征收率为 5% 的商品或者应税行为的无差别平衡点抵扣率，如表 2-6 所示。

表 2-6　无差别平衡点抵扣率(含税销售额)

一般计税方法纳税人税率	简易计税方法纳税人征收率	无差别平衡点抵扣率
13%	1%	91.39%
9%	1%	88.01%
6%	1%	82.51%
13%	5%	58.61%
9%	5%	42.31%
6%	5%	15.87%

企业可以按照本企业的实际购销情况,根据以上情况作出选择。

(二) 增值税纳税人身份筹划要点

增值税纳税人应根据自身业务增值率或抵扣率的情况判断哪种身份会减轻增值税税负。一般而言,可以根据以下两个结论进行选择。

1. 增值率高或抵扣率低的企业可选择简易计税方法纳税人身份

如果企业所从事货物或应税行为的增值率较高或抵扣率较低,可以选择做简易计税方法纳税人,此时的税负较轻。纳税人可以通过企业拆分等手段,使自己符合简易计税方法纳税人的资格要求。

2. 增值率低或抵扣率高的企业可选择一般计税方法纳税人身份

如果企业所从事货物或应税行为的增值率较低或抵扣率较高,可以选择做一般计税方法纳税人,此时的税负较轻。纳税人可以通过企业合并、提高自身财务核算水平等手段,使自己符合一般计税方法纳税人的资格要求。

(三) 增值税纳税人身份筹划应注意的问题

在进行一般计税方法纳税人与简易计税方法纳税人身份筹划时,还需要注意以下问题:

(1) 企业财务利益最大化要求。一般计税方法纳税人要有健全的会计核算制度,因而需要培养和聘用专业会计人才,需要投入较多的财力、物力和精力,这会增加中小企业纳税人的成本。企业在选择纳税人身份时,要考虑成本效益原则。

(2) 企业客户的类型和企业所处的生命周期。创业初期,企业客户的要求决定了企业进行税收筹划的空间大小。如果企业产品的上游客户和下游客户多为一般计税方法纳税人,不存在进项税额抵扣问题的制约,企业申请成为一般计税方法纳税人才有利于节税。如果企业客户多为简易计税方法纳税人或者消费者个人,不受进项税额抵扣的限制,则申请为小规模纳税人的简易纳税方式有利于节税。企业进入成长期后,随着规模的扩大,如果商品或服务的增值额相对比较大,但上游的客户为小规模纳税人,下游客户以自然人消费者为主,若企业申请为一般规模纳税人税负会比较重,此时可以考虑分立为两个或多个小规模纳税人。

二、避免成为增值税纳税人

凡在境内发生应税交易且销售额达到增值税起征点的单位和个人,以及进口货物的收货人,为增值税的纳税人。其中,单位是指企业、行政单位、事业单位、军事单位、社会组织及其他单位;个人是指个体工商户和自然人。根据税法的相关规定,增值税起征点为季销售额45万元,发生应税行为的销售额未达到增值税起征点的,免征增值税;达到起征点的,全额计算缴纳增值税。因此,简易计税方法纳税人需要注意增值税免税政策的规定,即每月不含税销售额不超过15万元,免征增值税。每月不含税销售额超过15万元,可考虑将企业分拆,具体税收筹划案例参见第三章。

第四节　设立环节的消费税税收筹划

一、企业合并设立的消费税纳税人税收筹划

消费税针对特定纳税人征收,同时消费税的征收环节具有单一性,在生产、进口流通或消费的某一环节征收,卷烟和超豪华小汽车除外,因此在设立环节,如果企业间的经营业务为应税消费品的上下游关系,则可以采用上下游企业合并的办法进行税收筹划,通过扩大经营范围,达到递延缴纳税款或节税的目的,以降低消费税税负。

例如,当两家企业之间存在应税消费品的连续生产业务,即一家企业需要购买另一家企业的产品作为原材料以进行连续生产,两家企业生产的产品都为消费税应税消费品时,两家企业是否合并的选择能够影响这两家企业所缴纳的消费税税额。若两家企业分设,则提供原材料的企业需要就原材料缴纳消费税,购买原材料进行连续生产的企业也要就其最终产品缴纳消费税,应缴纳税额则为两家企业缴纳税额的总和;若两家企业合并,则提供原材料的环节无须缴纳,企业只需要按最终产品计算缴纳消费税,因而两家企业的合并可以实现递延缴纳税款甚至减少应纳消费税的效果。

案例 2-12

江美公司是一家药酒生产企业,2022 年 3 月准备从海明公司购进粮食白酒 10 吨,不含税售价为 5 元每斤,白酒作为原材料全部用于生产药酒。预测该批白酒生产的药酒不含税销售额为 15 万元。海明公司白酒质量较好,长期为江美公司供货。白酒适用的消费税税率为 20%,定额税率为 0.5 元/500 克(或 500 毫升);江美公司生产药酒适用 10% 的消费税税率,如何筹划才能减轻企业的消费税税负?

【解析】

方案一:采购海明公司的白酒作为原材料

江美公司销售药酒应缴纳消费税 $= 15 \times 10\% = 1.5$(万元)

海明公司销售白酒应缴纳消费税 $= (10 \times 2\,000 \times 0.5 + 10 \times 2\,000 \times 5 \times 20\%) \div 10\,000$
$$= 3(万元)$$

应纳消费税合计 $= 1.5 + 3 = 4.5$(万元)

方案二:江美公司合并海明公司并将其作为白酒生产车间

现行消费税法规定,纳税人生产的应税消费品在销售时纳税;纳税人自产自用的应税消费品,用于连续生产应税消费品的,不纳税。因此,江美公司合并海明公司后,原来江美公司从海明公司购入白酒的行为将转变为企业内部原材料的转移行为,将自产自用的应税消费品用于连续生产应税消费品不需要缴纳消费税,可以实现递延缴纳消费税税款。

江美公司合并海明公司后,海明公司作为江美公司的白酒生产车间,海明公司无需缴纳消费税。

江美公司销售药酒应缴纳的消费税 $= 15 \times 10\% = 1.5$(万元)

海明公司作为江美公司的白酒生产车间,生产的应税消费品白酒对于江美公司来说实际上是用于连续生产另一种应税消费品药酒的原料,因此不需要缴纳消费税。可见,江美公司通过合并海明公司扩大经营范围,可以节约消费税税款 3 万元(4.5－1.5)。

二、设立独立核算的销售机构消费税纳税人的税收筹划

应税消费品的生产销售环节是征收消费税的主要环节,因为消费税实行单一环节征收,所以在生产销售环节征收以后,在流通环节无须再缴纳消费税。因此,消费税税收筹划的关键在于降低出厂环节的计税价格。纳税人通过自设独立核算销售部门销售自产应税消费品,以企业出厂销售价格作为计税基础计算消费税。

案例 2-13

森美公司是一家酿酒企业,主要生产粮食白酒,其产品销售给全国各地的批发商。2022 年 1 月,公司准备成立一个经销部负责面对本市客户销售。对经销部实行"物流分类管理,财务统一核算"的管理方法。预计经销部在本市销售粮食白酒 12 万斤,共 2 万箱,公司准备按照给其他批发商 200 元/箱的价格与经销部结算,经销部再按 250 元/箱的价格对外销售。白酒消费税税率为 20％,请帮助森美公司做节约消费税的税收筹划方案。

【解析】

方案一:设立不独立核算的经销部

按照相关法规的规定,纳税人通过自设非独立核算经销部销售自产应税消费品,应当按经销部对外销售额和销售量缴纳消费税。

应缴消费税＝12×0.50＋250×2×20％＝106(万元)

方案二:设立独立核算的经销部

设立独立核算的经销部,单独核算其销售额,经销部就可以按照给其他批发商 200 元/箱的价格计算缴纳消费税。如果该公司将经销部独立出来成立销售子公司,财务核算改为经销公司独立核算,就可以避免补缴税款的情况出现。

应缴消费税＝12×0.50＋200×2×20％＝86(万元)

显然,方案二设立独立核算的经销部,关联企业转让定价减少了消费税的缴纳,与方案一相比少交消费税 20 万元(106－86)。

此外,要注意的是,企业也不能一味地降低转让定价,应将转让定价控制在合理合法的范围内。因为税收征收管理法规定,企业与其关联企业之间的业务往来,应当按照独立企业之间的业务往来收取或支付价款、费用,不按照独立企业之间的业务往来收取或者支付价款费用,减少其应纳税收入或所得额的,税务机关有权进行合理调整。因此,企业在进行税收筹划时,应注意独立销售部门的费用和销售价格的确定,以免产生税收风险。

第三章

中小企业投资融资环节的税收筹划

企业为了获得更多利润会不断地扩大再生产,或合并或分立。不同的投资方案有不同的税收待遇,投资影响因素的复杂多样性决定了投资方案的不唯一性,企业在投资活动中要充分考虑税收影响,从而选择税负最合理的投资方案。

融资是企业进行一系列生产经营活动的前提条件,融资对企业理财经营业绩的影响是通过资本结构的变动而发生作用的。融资活动的税收筹划要关注资本结构变动如何影响企业业绩和税负,即企业应当如何进行资本结构配置,才能既达到节税的目的,又助推企业价值的创造。

第一节　对外投资活动的税收筹划

在中小企业的日常经营活动中,投资和再投资是企业生产和扩大生产所必须经历的阶段,不进行适当的投资活动,企业就难以取得预期的经济效益。按投资的方向分类有对内投资和对外投资。对内投资是指企业把资金投在企业内部,形成各固定资产、无形资产和其他资产的投资。对外投资是指企业把资金投向企业外部,包括兴建子公司或购买股权进行权益性投资和购买债券等债权性投资。广义投资包括对内投资和对外投资,狭义投资仅指对企业外部的投资。投资如果按投资方式分类,可以分为直接投资和间接投资。不同的投资规模,不同的投资地区、投资行业、投资项目等形成不同的结构,都会给企业带来不同的税后收益,对企业的税收负担有着较大的影响。因此,中小企业在投资时,要考虑到税收因素对投资进行税收筹划,本节所称的投资为狭义的对外投资。

一、投资项目的选择

在"大众创业、万众创新"的浪潮下,对中小企业而言,选择投资项目是企业投资的重要工作。项目不同,税收待遇也不同。企业要根据自身的优缺点,测算投资的现金流出和现金流入的净现值等财务指标,对投资项目进行评估,紧扣税法的规定,考虑税收因素后才可以选择恰当的投资项目。

企业投资项目的税收筹划一般按照以下步骤:

(1) 根据企业自身情况,合理选择投资项目。

（2）测算不同投资项目下企业需缴纳的税收种类和相应的税负总水平。

（3）预测不同投资方案下企业可能获得的投资税后收益。

（4）对比不同投资方案的投资收益率和该方案所要承担的税负，选择最佳的投资方案。

案例 3-1

居民企业阳华公司位于 C 市的经济开发区，在郊区拥有一栋闲置的厂房。经过评估机构评估，厂房的评估价值为 4 000 万元人民币，厂房账面折余价值为 700 万元。现在江明公司欲在该地段投资设立一家分公司，打算将阳华公司原有的厂房进行改造，江明公司所经营的项目经认定是符合国家重点扶持的公共基础设施项目。江明公司的投资可行性研究表明，将投入 7 000 万元作为注册资本，投资期限 15 年。预计投产后当年开始取得经营收入并盈利，第 1～第 3 年的每年税前利润为 200 万元，第 4～第 6 年的每年税前利润为 800 万元，第 7～第 15 年的每年税前利润为 1 800 万元。现在有两个方案可供阳华公司选择。

方案一：将厂房租给江明公司，每年收取租金 600 万元（不含税金额），每年计提折旧 40 万元，租期 15 年，15 年后处置该厂房的现金净流量为 100 万元。

方案二：阳华公司以该厂房折合 50% 的股权投资入股，共同投资江明公司的该项目。

假设阳华公司要求的投资报酬率为 8%，阳华公司和江明公司适用的企业所得税税率为 25%，不考虑印花税。年金现值系数 $(P/A, 8\%, 3) = 2.577\ 1$、$(P/A, 8\%, 6) = 4.622\ 9$、$(P/A, 8\%, 7) = 5.206\ 4$、$(P/A, 8\%, 15) = 8.559\ 5$，复利现值系数 $(P/F, 8\%, 15) = 0.315\ 2$，请用净现值法为阳华公司进行税收筹划。

【解析】

方案一：将厂房租给江明公司

阳华公司首先要就租金收入缴纳增值税附加税，交纳房产税，然后该租金收入扣除相应的税费后，应并入企业的收入总额，缴纳企业所得税。每年折旧抵税 20 万元（$80 \times 25\%$）。

每年应缴纳增值税 $= 600 \times 5\% = 30$（万元）

每年应缴纳增值税附加税 $= 30 \times 12\% = 3.6$（万元）

每年应缴纳房产税 $= 600 \times 12\% = 72$（万元）

每年应缴纳企业所得税 $= (600 - 3.6 - 72 - 40) \times 25\% = 121.1$（万元）

每年现金净流量 $= 600 - 3.6 - 72 - 40 - 30 - 121.1 = 333.3$（万元）

15 年后现金净流量的现值之和 $= 333.3 \times (P/A, 8\%, 15) + 100 \times (P/F, 8\%, 15)$

$$= 333.3 \times 8.559\ 5 + 100 \times 0.315\ 2$$

$$= 2\ 884.40（万元）$$

方案二：厂房折合 50% 的股权投资公共基础设施项目

由于该项目符合国家重点扶持的公共基础设施项目的认定资格，享受从开始取得收入年度起，第 1～第 3 年免征企业所得税、第 4～第 6 年减半征收企业所得税的优惠政策。

第 1～第 3 年中，新项目的每年税前利润为 200 万元，无需缴纳企业所得税，税后利润为 200 万元。

第 4～第 6 年中，新项目的每年税后利润 $= 800 \times (1 - 25\% \times 50\%) = 700$（万元）

第7~第15年中,新项目的每年税后利润=1 800×(1-25%)=1 350(万元)

表3-1反映了阳华公司在今后15年内的利润情况和项目投资收益情况。

表3-1 阳华公司的利润和投资收益情况 单位:万元/年

年度	新项目税前利润	新项目所得税	新项目税后利润	投资收益
第1~第3年	200	0	200	100
第4~第6年	800	100	700	350
第7~第15年	1 800	450	1 350	675

阳华公司在今后15年中分得的投资收益为符合条件的居民企业权益性投资收益无需缴纳企业所得税。

阳华公司在今后15年投资收益的净流量现值合计金额计算如下:

$$净流量现值=100×(P/A,8\%,3)+350×[(P/A,8\%,6)-(P/A,8\%,3)]+$$
$$675×[(P/A,8\%,15)-(P/A,8\%,7)]$$
$$=100×2.577\ 1+350×(4.622\ 9-2.577\ 1)+$$
$$675×(8.559\ 5-5.206\ 4)$$
$$=3\ 237.08(万元)$$

从以上两种方案的对比可以看出,方案二的净现值3 237.08万元大于方案一的净现值2 884.40万元,如果仅从现金净流量现值的大小来决定取舍,应选择方案二。

创业投资企业从事国家需要重点扶持和鼓励的创业投资,可以按投资额的一定比例抵扣应纳税所得额。创业投资企业抵扣应纳税所得额,是指创业投资企业采取股权投资方式投资于未上市的中小高新技术企业2年以上的,可以按照其投资额的70%在股权持有满2年的当年抵扣该创业投资企业的应纳税所得额;当年不足抵扣的,可以在以后纳税年度结转抵扣。

《国家税务总局关于实施创业投资企业所得税优惠问题的通知》(国税发〔2009〕87号)规定,创业投资企业投资的中小高新技术企业,除应按照科技部、财政部、国家税务总局《高新技术企业认定管理办法》(国科发火〔2016〕32号)的规定,即通过高新技术企业认定,还应符合职工人数不超过500人,年销售(营业)额不超过2亿元,资产总额不超过2亿元的条件。

案例3-2

居民企业成阳创业投资有限公司(以下简称成阳公司)拟2022年1月用银行存款2 400万元对外部企业进行股权投资。备选的有华明、通星两家高新技术企业,其中华明公司尚未上市,职工人数为450人,年销售额为2.4亿元,资产总额为1.2亿元;通星公司为上市公司,职工人数为2 000人,年销售额为2.4亿元,资产总额为1.5亿元。成阳公司2024年预计取得应纳税所得额为1 000万元,2025年预计取得所得额为1 500万元。若成阳公司盈利状况较好,企业所得税税率为 25%,请为成阳公司的创业投资进行税收筹划。

【解析】

方案一:成阳公司将银行存款 2 400 万元投资到华明企业

成阳公司以股权方式把 2 400 万元投资到华明企业,投资 2 年时可以抵扣应纳税所得额。

抵扣应纳税所得额＝2 400×70%＝1 680(万元)

2024 年应纳税所得额＝1 000－1 680＝－680(万元),当年无需交纳企业所得税。

2025 年应纳税所得税＝(1 500－680)×25%＝205(万元)

方案二:成阳公司将银行存款 2 400 万元投资到通星公司

成阳公司以股权方式把 2 400 万元投资到通星公司(2 年),通星公司已经上市,成阳公司的创业投资额不享受税收优惠。

2024—2025 年应缴纳所得税额＝(1 000＋1 500)×25%＝625(万元)

成阳公司应选择方案一,即以股权方式投资到未上市的中小高新技术企业 2 年,实现节税 420 万元(625－205)。

二、直接投资的税收筹划

企业投资方式分为直接投资和间接投资。直接投资是指以货币资产和非货币资产投入企业,参与企业生产经营活动,获取一定利润;间接投资是指对股票与债券等金融资产的投资,购买企业发行的股票和公司债券,间接参与企业的利润分配。直接投资是通过投资资产形成各种形式的企业实体股权,投入生产经营实现对被投资企业控制的交易,该交易实质上就是股权收购,企业作为收购企业,购买被收购企业的股权,实现对被收购企业的控制。

股权支付形式也就是直接投资的形式,一般分为两类,即股权支付和非股权支付。股权支付是指企业重组中购买、换取资产的一方支付的对价中,以本企业或其控的股权股份作为支付的形式,不涉及流转税且暂不确认所得税。非股权支付是指以本企业的现金,银行存款,应收款项,本企业或其控股企业股权和股份以外的有价证券、存货、固定资产、其他资产、承担债务等作为支付形式。

不同的出资方式税收待遇不同,采用货币资金非股权支付方式不涉及流转税和所得税确认;采用存货非股权支付方式,需要确认存货视同销售的增值税、城市维护建设税、教育费附加和处置存货的所得税;采用专利权、专利技术等无形资产非股权支付方式,需要确认转移专利权、专利技术的印花税,专利权、专利技术的增值税、城市维护建设税、教育费附加和处置无形资产涉及的所得税;采用房产与土地使用权等非股权支付方式,需要确认房产、土地使用权的印花税,房产、土地使用权的增值税、城市维护建设税、教育费附加,房产、土地使用权的土地增值税和处置房产、土地使用权涉及的所得税。

1. 货币性资产投资的税收筹划

货币性资产投资是指投资方以现金、银行存款等货币性资产作为对价购买被投资企业的全部或部分股权。企业以货币资金进行股权投资时,企业所得税适用一般性税务处理,根据

《财政部 国家税务总局关于企业重组业务企业所得税处理若干问题的通知》(财税〔2009〕59号)规定,企业股权收购重组交易应按以下原则处理:

(1) 被收购方应确认股权、资产转让所得或损失。

(2) 收购方取得股权或资产的计税基础应以公允价值为基础确定。

(3) 被收购企业的相关所得税事项原则上保持不变。

转让股权的一方可通过留存收益和资本公积转增股本,增加股权转让成本的方式,增加企业所得税应缴纳所得税额的扣减金额,从而实现税收筹划节税的目的。

案例 3-3

艾尔公司拟在2022年1月收购贝莎公司的全资子公司海衡公司30%的股权。经双方约定,艾尔公司以现金1 500万元购买海衡公司30%的股权。海衡公司的注册资本为3 000万元,未分配利润为200万元。海衡公司的资产、负债的账面价值和计税基础一致。艾尔公司、贝莎公司和海衡公司适用的企业所得税税率均为25%,请对该项投资业务进行税收筹划。

【解析】

方案一:按上述方案运作以现金1 500万元购买股权

(1) 企业所得税税款的缴纳。根据税法有关规定,贝莎公司转让全资子公司海衡公司30%股权,转让方贝莎公司需要按照转让所得缴纳企业所得税。转让所得为转让收入减去取得转让所得发生成本的差额,作为应纳税所得额计算缴纳企业所得税。

贝莎公司应缴纳企业所得税＝(1 500－3 000×30%)×25%＝150(万元)

作为受让方的艾尔公司不需要缴纳企业所得税,作为受资方的海衡公司不需要缴纳企业所得税。

(2) 印花税税款的缴纳。根据税法规定,进行股权转让时,转让双方都需要缴纳印花税,并且适用税率需按照所载金额的0.5‰贴花。同一凭证,由两方或者两方以上当事人签订并各执一份的,应当由各方就所执的一份各自全额贴花。对于转让方贝莎公司和受让方艾尔公司所订立的股权转让合同,转让方贝莎公司和受让方的艾尔公司均需要按照合同金额的0.5‰计算缴纳印花税。

贝莎公司缴纳印花税＝1 500×0.5‰＝0.75(万元)

艾尔公司缴纳印花税＝1 500×0.5‰＝0.75(万元)

因此,贝莎公司缴纳税款合计额150.75万元(150＋0.75);艾尔公司缴纳税款0.75万元;海衡公司的税负为0,三家公司缴纳税款合计额151.5万元(150.75＋0.75)。

方案二:先将未分配利润200万元全额增加注册资本,再股权转让

税法规定,股权转让时,转让方的股权转让所得可以按照实收资本的账面价值予以扣除。因此,可以考虑将被收购企业的未分配利润全部转增为实收资本,以此增加转让所得时的扣除基数,从而减少转让方的应纳税所得额。本例中,在海衡公司股权转让前,将未分配利润200万元全额增加注册资本,并进行注册资本的变更登记。值得注意的是,海衡公司利用未分配利润转增资本需要缴纳印花税。

（1）企业所得税税款的缴纳。根据税法的规定，国内居民企业将未分配利润转增资本无需缴纳企业所得税。海衡公司转增资本后，贝莎公司转让海衡公司股权其应纳税所得额为转让收入 1 500 万元扣除成本（实收资本 3 200 万元与股权比例 30% 的乘积）后的差额。同样，作为受让方的艾尔公司无须缴纳企业所得税。

贝莎公司应缴纳企业所得税＝（1 500－3 200×30%）×25%＝135（万元）

（2）印花税税款的缴纳。对于转让方贝莎公司和受让方艾尔公司所订立的股权转让合同，转让方贝莎公司和受让方的艾尔公司均需要按照合同金额的 0.5‰ 计算缴纳印花税。海衡公司利用未分配利润转增注册资本金，需要对资金账簿贴花按照 0.25‰ 计算缴纳印花税。

贝莎公司缴纳印花税＝1 500×0.5‰＝0.75（万元）

艾尔公司缴纳印花税＝1 500×0.5‰＝0.75（万元）

海衡公司应缴纳印花税＝200×0.25‰＝0.05（万元）

因此，贝莎公司缴纳税款额合计 135.75 万元（135＋0.75）；艾尔公司缴纳税款 0.75 万元；海衡公司缴纳税款 0.05 万元，三家公司缴纳税款额合计 136.25 万元（135＋0.75＋0.05）。

方案二与方案一相比三家公司税收合计少缴纳税款 14.95 万元（151.5－136.55），其中贝莎公司少缴纳税款 15 万元（150.75－135.75），艾尔公司的税负没有变化，海衡公司多缴纳税款 0.05 万元。所以，综合三家整体情况，应当选择方案二。

2. 非货币性资产投资的税收筹划

非货币性资产投资，是指投资方以存货、固定资产、无形资产、长期股权投资等货币性资产作为对价购买被投资企业的全部或部分股权。一般而言，从被投资企业的角度考虑，选择非货币性资产投资要优于货币资金投资。其原因如下：一是非货币性资产投资中的设备，其折旧费可以在税前扣除，无形资产的摊销费也可以作为管理费用在税前扣除，缩小所得税税基。二是非货币性资产在产权变动时，必须进行资产评估。如果通过资产评估，能够适当高估设备、无形资产的价值，则投资企业可以节省投资成本，对被投资企业而言可以通过多列折旧费用和摊销费用，缩小所得税税基，达到减轻税负的目的。

企业所得税特殊性税务处理根据财税〔2009〕59 号文件第五条规定，企业重组同时符合下列五个条件的，适用特殊性税务处理规定：

（1）具有合理的商业目的，且不以减少、免除或者推迟缴纳税款为主要目的。

（2）被收购、合并或分立部分的资产或股权比例符合文件规定的比例。

（3）企业重组后的连续 12 个月内不改变重组资产原来的实质性经营活动（经营的持续性）。

（4）重组交易对价中涉及股权支付金额符合文件规定的比例。

（5）企业重组中取得股权支付的原主要股东，在重组后连续 12 个月内，不得转让所取得的股权。

《关于促进企业重组有关企业所得税处理问题的通知》（财税〔2014〕09 号）关于特殊性税务处理条件规定如下：自 2014 年 1 月 1 日起，针对股权收购，收购企业购买的股权不低于被收购企业全部股权的 50%，且收购企业在该股权收购发生时的股权支付金额不低于其交易支付总额的 85%，交易各方对其交易中的股权支付部分可以选择按以下规定处理。

（1）被收购企业的股东取得收购企业股权的计税基础，以被收购股权的原有计税基础确定。

（2）收购企业取得被收购企业股权的计税基础，以被收购股权的原有计税基础确定。

（3）收购企业、被收购企业的原有各项资产和负债的计税基础和其他相关所得税事项保持不变。

◉ 案例 3-4

艾尔公司拟在 2022 年 1 月收购贝莎公司的全资子公司海衡公司 30% 的股权。经双方约定，艾尔公司以市场价值 1 500 万元的房产购买海衡公司 30% 的股权，该非自建房产账面价值为 600 万元。海衡公司的注册资本为 3 000 万元，未分配利润为 300 万元。艾尔公司、贝莎公司和海衡公司适用的企业所得税税率均为 25%，请对该项投资业务进行税收筹划。

【解析】

方案一：艾尔公司以市场价值 1 500 万元房产购买海衡公司 30% 的股权

（1）企业所得税税款的缴纳。

艾尔公司非货币性资产交换过程中，由于其房产的公允价值与账面价值不一致，需按照转让所得计算缴纳企业所得税。

艾尔公司应缴纳企业所得税 = (1 500 − 600) × 25% = 225（万元）

根据《关于企业重组业务企业所得税处理若干问题的通知》的规定，企业资产收购过程中被收购方转让资产（股权）占企业总资产（股权）不足 50% 的，不符合免税收购条件，被收购方需转让损益。由于贝莎公司转让海衡公司的股权为 30%，低于 50% 的税法规定，贝莎公司按照公允价值确认转让收入，计算缴纳所得税。

贝莎公司应缴纳企业所得税 = (1 500 − 3 000 × 30%) × 25% = 150（万元）

（2）增值税税款的缴纳。

根据增值税相关规定，艾尔公司转让不动产需要按照 9% 的税率计算增值税的销项税额。

艾尔公司转让不动产产生的销项税额 = 1 500 × 9% = 135（万元）

受让方海衡公司接受不动产产生了进项税额。

海衡公司接受不动产产生的进项税额 = 1 500 × 9% = 135（万元）

从全部的股权重组各方来看，增值税并未实际增加税负总额。

（3）印花税税款的缴纳。

根据印花税的规定，转让方贝莎公司和艾尔公司所订立的股权转让合同，双方均需要按照合同金额的 0.5‰ 分别计算缴纳印花税。

贝莎公司缴纳印花税 = 1 500 × 0.5‰ = 0.75（万元）

艾尔公司缴纳印花税 = 1 500 × 0.5‰ = 0.75（万元）

（4）契税税款的缴纳。

根据契税的规定，贝莎公司需要按照 3% 的税率计算缴纳契税，其中契税的计税依据为受让不动产的公允价值。

贝莎公司契税应纳税额＝1 500×3%＝45(万元)

(5) 土地增值税税款的缴纳。

根据土地增值税的规定,房地产作价入股暂免征收土地增值税,所以贝莎公司无须缴纳土地增值税。

方案二:艾尔公司以拟置换出去的房产出资设立一家全资的子公司D公司。2022年1月海衡公司吸收合并D公司,艾尔公司取得海衡公司30%的股权

(1) 企业所得税税款的缴纳。

方案二设计的股权收购符合特殊性税务处理的五个条件,特别是符合收购企业购买的股权不低于被收购企业全部股权的50%,且收购企业在该股权收购发生时的股权支付金额不低于其交易支付总额的85%,因此股权支付对应的股权转让所得暂不征收企业所得税。由于艾尔公司的股东分立出全资成立D公司,前后股权结构并未发生改变,表明艾尔公司、D公司的资产负债计税基础在收购前后没有发生任何变化,没有产生资产、负债转让的损益。因此,不产生企业所得税。

同时,艾尔公司转让D公司100%股权取得对海衡公司30%的股权,所以股权收购中艾尔公司、贝莎公司、海衡公司、D公司四方均不涉及缴纳企业所得税。

(2) 其他税款的缴纳。

增值税方面,根据现行增值税相关规定,本例中企业资产转让行为,不属于增值税征税范围,不征收增值税。印花税方面,根据现行印花税相关规定,合并、分立中新的资金账启用需按记载金额贴花,原先已经贴花的无须再次缴纳印花税。本次合并、分立并没有增加实收资本,所以无印花税产生。契税方面,根据现行契税相关规定,分立中,分立后的公司承受原公司的房产土地的股东身份没有变化的情况下免征契税;合并中,两家主体合并为一家且原股东未发生变化,受让方受让的房产土地免征契税,所以在此次合并中海衡公司和D公司均免征契税。土地增值税方面,与契税类似,根据税法有关规定,针对合并、分立过程中产生的房屋、土地产权变更不征收土地增值。

方案二比方案一少缴纳各种税款421.5万元(225＋150＋0.75＋0.75＋45)。

纳税人分步收购企业资产,收购时间间隔满足超过12个月的条件才可以采用特殊性税务处理,还可以享受免征企业所得税的优惠政策。

案例3-5

居民企业艾尔公司拟在2022年1月投资贝莎公司,艾尔公司支付给贝莎公司的对价包括公允价值为2 500万元的股票(账面价值1 500万元)和500万元的银行存款。贝莎公司全部资产和负债的账面价值合计为3 200万元,全部资产和负债的公允价值为3 000万元。艾尔公司、贝莎公司的企业所得税税率25%。请对上述业务进行税收筹划。

【解析】

方案一:一次性支付贝沙公司3 000万元

一次性支付给贝莎公司对价3 000万元,艾尔公司股权支付比例为83.33%(2 500÷

3 000×100%),小于85%,不符合特殊性税务处理规定。

(1) 企业所得税税款的缴纳。

艾尔公司应缴纳企业所得税=(2 500−1 500)×25%=250(万元)

贝莎公司转让全部资产和负债的所得额=3 000−3 200=−200(万元)<0

贝莎公司不需要缴纳企业所得税,产生的亏损200万元不能由艾尔公司弥补。

(2) 增值税税款的缴纳。

本例中资产转让行为,符合现行增值税相关规定,不属于增值税征税范围,因此,不征收增值税。

(3) 印花税税款的缴纳。

贝莎公司缴纳印花税=3 000×0.5‰=1.5(万元)

方案二:艾尔公司投资贝莎公司分两次进行,两次投资的时间间隔超过12个月

税法规定,企业在收购发生前后连续12个月内分步对其资产、股权进行交易,应根据实质重于形式原则将上述交易作为一项企业重组交易进行处理。

第一次,艾尔公司以500万元购买贝莎公司账面价值和公允价值均为500万元的资产及负债。

第二次,12个月后,艾尔公司以公允价值2 500万元的股票购买贝莎公司剩余的全部资产及负债。剩余的全部资产及负债的账面价值为2 700万元(3 200−500),公允价值为2 500万元(3 000−500)。

(1) 企业所得税税款的缴纳。

根据现行企业所得税相关规定,企业在重组发生前后连续12个月内分步对其资产、股权进行交易,应根据实质重于形式的原则,上述交易将作为一项企业重组交易进行处理。因此,第一次交易和第二次交易的时间必须间隔12个月以上才可以按照特殊税务政策处理。

第一次,艾尔公司以货币资金购买贝莎公司部分资产和负债,属于一般税务处理,没有产生财产转让所得或损失,艾尔公司不需要缴纳税款。贝莎公司转让资产和负债的账面价值和公允价值一致,也不需要缴纳企业所得税。

12个月后,贝莎公司将剩余资产和负债100%转让给艾尔公司,艾尔公司支付对价的形式都是股权。贝莎公司转让资产的比例超过50%、股权支付比例超过85%,符合特殊性税务处理规定,艾尔公司不需要缴纳企业所得税,贝莎公司资产转让所得的亏损200万元(2 500−2 700),可以由艾尔公司弥补亏损。

(2) 增值税税款的缴纳。

本例中的资产转让行为,不属于增值税征税范围,不征收增值税。

(3) 印花税税款的缴纳。

贝莎公司各自缴纳印花税=3 000×0.5‰=1.5(万元)

方案二与方案一相比,艾尔公司少缴纳企业所得税250万元。同时,方案二中贝莎公司资产和负债转让产生的亏损可以由收购后的艾尔公司弥补,可以进一步降低艾尔公司的企业所得税税负。所以应当选择方案二。

要注意的是,如果仅考虑企业所得税税负,而为延期收购资产影响生产经营的选择是不可取的。

3. 多种出资方式选择的税收筹划

在非股权支付方式股权收购中,如果适用企业所得税一般税务处理,企业以现金方式投资,则没有税收问题。如果企业以非货币性资产对外投资,有流转税、所得税等问题,需要详细进行分析。按现行企业所得税法规定,以非货币性资产对外投资,均需缴纳企业所得税,其所得税额的多少主要取决于资产作价的高低,如果应税所得相同,所得税税收也相同。因此,区分不同资产投资的税收筹划差异,主要体现在流转税的税收筹划方面。

案例 3-6

中国居民企业成莎公司为一般规模纳税人,2022 年 1 月准备与明阳公司联合投资,在上海注册成立企业海阳公司,注册资本为 3 000 万元,成莎公司出资 1 200 万元,占 40%;明阳公司出资 1 800 万元投入,占 60%。

成莎公司有三种出资方式:

方案一,以货币资金 1 200 万元作为注册资本。

方案二,以自产产品作价 1 200 万元作为注册资本。假设该批自产产品的购进价格为 900 万元,进项税额 100 万元。

方案三,以闲置的机器设备作价 1 200 万元作为注册资本。该设备原价为 2 000 万元,已经提取折旧 800 万元。

若不考虑增值税附加税和印花税,帮助企业进行税收筹划。

【解析】

方案一：货币资金 1 200 万元用于投资

以货币资金 1 200 万元作为注册资本,在投资时无需缴税。

方案二：自产产品用于投资

将自产产品用于投资,属于视同销售货物。

应缴纳增值税 $=1\,200\div(1+13\%)\times13\%-100=38.05$(万元)

将自产产品用于投资,应缴纳企业所得税。

应缴纳企业所得税 $=[1\,200\div(1+13\%)-900]\times25\%=40.49$(万元)

纳税合计 78.54 万元(38.05+40.49)。

方案三：机器设备用于投资

机器设备作为注册资本投入。根据按现行企业所得税法规定,企业以使用过的设备对外投资,属于非货币资产交换,应缴纳增值税和企业所得税,但由于增值额和所得额等于 0,没有产生税收事项。所以,仅仅从税收的角度考虑,方案一为最优方案。方案二中因为用于自产产品的投资有增值额,还需要承担增值税及相应的增值税附加税。

三、间接投资的税收筹划

间接投资方式依据投资对象的不同,分为国债投资、股票投资、外汇投资、基金投资等。

间接投资方式需要考虑的税收因素较少,一般只涉及股息或利息的所得税和证券交易缴纳的印花税。在间接投资方式中,投资者还要关注投资收益与投资风险之间的关系。

案例 3-7

居民企业盛明公司 2022 年 1 月投资计划中,总投资为 500 万元,现有两个投资项目,投资期限都是 1 年,企业所得税税率为 25%,企业目前处于盈利期。现有两个投资方案:

方案一,投资购买国债,年利率为 4.08%。

方案二,投资购买国家重点建设债券,年利率为 5.2%。

请对上述两个投资方案进行税收筹划。

【解析】

方案一:投资购买国债

国债利息收入=500×4.08%=20.4(万元)

企业所得税法规定国债利息收入为免税收入,无需交纳企业所得税。

方案二:投资国家重点建设债券

国家重点建设债券利息收入=500×5.2%=26(万元)

应缴纳企业所得税税额=26×25%=6.5(万元)

税后建设债券利息收益=26-6.5=19.5(万元)

与方案一相比,盛明公司少获得利息收入 0.9 万元(20.4-19.5),故选择方案一,投资购买国债。

企业在进行投资时,不能单纯看名义利率的高低,应当看税后收入的高低。因此,可以通过计算国债的年利率降低到哪个程度,国债税后利息收入低于其他债券税后利息收入,以此作为筹划依据。

以一般企业为例,假设 T 为企业投资金额,A 为国债的年利率,B 为其他债券的年利率,则国债税后利息收入$=T\times A$,其他债券税后利息收入$=T\times B\times(1-25\%)$。

令国债税后利息收入=其他债券税后利息收入,则

$$T\times A = T\times B\times(1-25\%)$$

$$\frac{A}{B}=0.75$$

由此可见:

(1)国债利率与其他债券利率的比例为 0.75 $\left(\dfrac{A}{B}=0.75\right)$,国债税后收益等于其他债券税后收益,此时既可以选择购买国债,也可以选择购买其他债券。

(2)国债利率与其他债券利率的比例小于 0.75 $\left(\dfrac{A}{B}<0.75\right)$,其他债券税后收益高于国债税后收益,应当选择购买其他债券。

(3)国债利率与其他债券利率的比例大于 0.75 $\left(\dfrac{A}{B}>0.75\right)$,国债税后收益高于其他

债券税后收益,应当选择购买国债。

在案例[3-7]中,国债利率与其他债券利率的比例为 0.78(4.08%÷5.2%)大于 0.75,应当选择购买国债,这与税收筹划结论一致。

四、投资规模和投资结构的税收筹划

企业要把握外部经营环境的变化,根据自身运营能力量体裁衣确定投资规模。在投资规模的确定中也不可避免地涉及税收问题,如在所得税方面,不同的组织形式交纳的所得税不同;在增值税方面,增值税一般纳税人和小规模纳税人身份不同、计税方法不同,应缴纳的增值税款也不同。又如,如果是民间投资,都需按照税收筹划的思路测算后进行选择。

为配合国家经济政策,对不同地区、行业、用途、性质的投资项目给予不同的税收待遇。不同的投资结构必然形成不同的应税收益,不同的应税收益构成又会影响企业的纳税负担。企业在进行投资决策时,必须充分考虑投资结构对投资收益的影响,充分了解各类地区、行业及不同用途、性质项目的各种税收优惠政策,尽可能选择具有优惠待遇的地区、行业、项目进行投资,以实现最大限度的投资收益。

需要指出的是,纳税成本是企业为计税、缴税等事项所发生的各项成本费用。纳税通常会给企业带来或加重投资扭曲风险、经营损失风险和纳税支付现金不足风险,形成的纳税成本损失作为潜在的机会成本并不能直接通过会计核算资料得到,因为这些成本损失是否必然会发生以及程度如何通常也是难以确定的。纳税成本大小是企业合理安排投资结构、进行税收筹划、减轻纳税负担过程中必须充分考虑的重要内容。因此,纳税成本对企业的影响更大。

第二节　融资活动的税收筹划

企业要及时、足额满足持续经营活动中产生的资金需求,需要通过各种渠道和方式有效筹集资金。融资活动是企业资金运动的起点,决定了企业资金规模和生产经营规模。融资活动也是企业一系列生产经营活动的前提条件,融资决策的优劣直接影响到企业生产经营的业绩。企业融资方式主要有向金融机构借款、向非金融机构或企业借款、内部融资、自我积累、向社会发行债券或股票、租赁等。不同的融资渠道和方式、融资条件、资本结构对企业税负存在差异,需要企业在融资决策中进行税收筹划,实现股东收益最大化的税收筹划目标。

一、融资活动税收筹划的一般原理

企业从事生产经营活动所需要的资金来源于负债和所有者投入,相应地,融资分为负债融资和权益融资。负债融资的财务杠杆效应主要体现在节税和提高权益资本收益率方面,融资行为对中小企业经营成果的影响主要是借助因资本结构变动产生的杠杆作用进行的。

资本结构是企业长期债务资本与权益资本之间的比例构成关系。中小企业融资的税收筹划需要考虑以下两个方面的问题：一是资本结构的变动对企业经营绩效与整体税负的影响；二是融资方式的选择在优化资本结构和减轻税负方面对企业和所有者税后利润最大化的影响。

融资结构是由企业融资方式决定的，不同的融资方式形成不同的税前、税后资金成本。一般而言，自我积累方式融资所承受的税收负担要重于向金融机构借款所承受的税收负担，向金融机构借款融资所承受的税收负担要重于企业间拆借所承受的税收负担，企业间拆借的税收负担要重于企业内部集资的税收负担。

一般而言，企业向内部职工借款和企业之间拆借资金，涉及的人员和机构较多，为寻求降低融资成本和实现税收筹划提供了运作空间。向金融机构借款时，企业可以利用与金融机构的长期业务往来关系，寻求一定规模的税负减轻；自我积累方式融资税收负担难以转嫁与分摊，难以实现税收筹划。

二、负债融资方式的税收筹划

(一) 借款用途的税收筹划

企业的借款用途不一，有的作为流动资金用于日常生产经营活动，有的作为资本支出用于添置固定资产和无形资产，有的还可以作为资本运作用于对外投资。企业在借款时，要根据自身实际情况，按税法对不同借款费用的处理规定，在合法和有效的前提下做好税收筹划，降低融资成本。

企业在生产经营活动中发生的合理的、不需要资本化的借款费用，准予扣除。企业为购置、建造固定资产、无形资产和经过 12 个月以上的建造才能达到预定可销售状态的存货发生借款的，在有关资产购置、建造期间发生的合理的借款费用，应当作为资本性支出计入有关资产的成本，后期通过摊销或折旧的方式在计算企业所得税税前扣除。

⊙ 案例 3-8

根据居民企业明华公司 2022 年度财务收支计划，当年资金缺口 4 000 万元，拟通过 1 年期的银行借款来弥补资金缺口。公司当年除了正常的生产经营，为了提高管理的信息化水平，拟请某软件公司为本公司开发应用软件，软件开发期预计为 1 年，当年末即可投入使用，支付软件费用 2 000 万元，软件的使用期限为 2 年。假定公司当年及以后两年的年息税前利润为 4 000 万元，银行 1 年期的贷款利率为 10%；公司企业所得税税率为 25%，不享受企业所得税减免优惠期。已知复利现值系数分别为 $(P/F, 10\%, 1) = 0.909\ 1$，$(P/F, 10\%, 2) = 0.826\ 4$，$(P/F, 10\%, 3) = 0.751\ 3$，请对明华公司银行借款的用途进行税收筹划。

【解析】

方案一：流动资金名义借款

当年扣除借款费用后的应纳税所得额＝4 000－4 000×10%＝3 600(万元)

第一年应缴纳企业所得税＝3 600×25%＝900(万元)

第二年应缴纳企业所得税＝4 000×25%＝1 000(万元)

第三年应缴纳企业所得税＝4 000×25％＝1 000（万元）

第一年现金净流量的现值＝（4 000－400－900）×0.909 1＝2 454.57（万元）

第二年现金净流量的现值＝（4 000－1 000）×0.826 4＝2 479.2（万元）

第三年现金净流量的现值＝（4 000－1 000）×0.751 3＝2 253.9（万元）

三年现金净流量的现值合计＝2 454.57＋2 479.2＋2 253.9＝7 187.67（万元）

方案二：组合名义借款

企业在借款合同中注明2 000万元用于购置软件，另外2 000万元用于流动资金，购置软件的专门借款费用200万元（2 000×10％）不能在税前直接扣除，计入无形资产成本。该借款费用将分两年期随着无形资产的摊销分别第二和第三年在所得税税前扣除，每年摊销的费用为100万元（200÷2）。

第一年扣除借款费用后的应纳税所得额＝4 000－2 000×10％＝3 800（万元）

第一年应缴纳企业所得税＝3 800×25％＝950（万元）

借款产生200万元的利息支出作为现金流出在第一年发生，因此，在计算现金流量的现值时，200万元全部放在第一年，形成无形资产摊销产生的抵税作用分别发生在第二和第三年，每年各100万元。

第二和第三年的应税所得＝4 000－100＝3 900（万元）

第一年现金净流量的现值＝（4 000－400－950）×0.909 1＝2 409.12（万元）

第二年现金净流量的现值＝（4 000－3 900×25％＋100）×0.826 4＝2 582.5（万元）

第三年现金净流量的现值＝（4 000－3 900×25％＋100）×0.751 3＝2 347.81（万元）

三年现金净流量现值合计＝2 409.12＋2 582.5＋2 347.81＝7 339.43（万元）

经比较可知，以组合名义借款比以流动资金的名义借款，三年现金净流量的现值多151.76万元（7 339.43－7 187.67），因为以组合名义借款的利息可以提前在税前扣除，获得资金的时间价值。

本例中，两种借款利息支出都是企业现金流出，但是作用不同。本例中利用了借款用途不同，由于经营性流动资金借款的利息可以费用化，可在税前扣除，减少企业所得税支出；专门借款购置长期资产的利息费用需要资本化，不可在税前扣除，通过折旧摊销形式影响所得税支出。

（二）借款利息的税收筹划

1. 向职工借款利息的税收筹划

企业在生产经营活动中，由于各种原因难以继续向银行贷款，向其他企业贷款的利率虽然较低，但需要提供担保，贷款条件和银行基本相当，并非最佳选择。企业如果选择找社会上的个人贷款，支付的超过银行同期贷款利率的利息不能扣除，超出的利息作为纳税调整增加额会增加企业所得税负担。因此，向企业内部职工借款是企业融资的一个重要渠道，可以通过提高工资、薪金的方式间接支付部分利息，使得超过银行贷款利率部分的利息能够得以在企业所得税税前扣除。根据现行企业所得税政策，企业发生的合理的工资薪金支出，准予扣除。

根据《国家税务总局关于企业向自然人借款的利息支出企业所得税税前扣除问题的通

知》(国税函〔2009〕777 号)的规定,企业向股东或其他与企业有关联关系的自然人借款的利息支出,应根据《企业所得税法》第 46 条及《财政部 国家税务总局关于企业关联方利息支出税前扣除标准有关税收政策问题的通知》(财税〔2008〕121 号)的规定,计算企业所得税扣除额。企业向股东或其他与企业有关联关系的自然人以外的内部职工或其他人员借款的利息支出,其借款情况同时符合以下条件的,其利息支出在不超过按照金融企业同期同类贷款利率计算的数额部分,准予扣除:①企业与个人之间的借贷是真实、合法、有效的,并且不具有非法集资目的或其他违反法律、法规的行为;②企业与个人之间签订了借款合同。企业在扣除自然人借款利息时应注意不能超过同期同类贷款利率,如果超过,应考虑通过税收筹划转化为其他可以扣除的成本或费用。

案例 3-9

居民企业纳税人阳华公司 2022 年需要资金 100 万元添置非标准设备用于生产,拟向 10 位职工签订借款合同,借款总额为 100 万元,约定年利率为 15%。阳华公司可以提供的当地最高同期同类银行贷款利率为 6%。请为阳华公司提出税收筹划方案。

【解析】

方案一:向职工借款,借款合同利率为 15%,个人利息所得 15 万元

阳华公司需要支付年度利息=100×15%=15(万元)

企业所得税前准予扣除的利息=100×6%=6(万元)

不得在企业所得税前扣除的利息=15-6=9(万元)

该利息在以后年度也不能扣除,因此,企业需要为此多缴纳企业所得税。

多缴纳企业所得税=9×25%=2.25(万元)

阳华公司代扣代缴职工个人个人所得税=15×20%=3(万元)

债权人按借款合同实际所得额=15-3=12(万元)

方案二:向职工借款,借款合同利率为 6%,个人利息所得 6 万元

阳华公司需要支付年度利息=100×6%=6(万元)

利息 6 万元可以在企业所得税前金额扣除。

阳华公司代扣代缴职工个人个人所得税=6×20%=1.2(万元)

与方案一相比,方案二债权人少交的个人所得税 1.8 万元(3-1.2),是阳华公司少支付的利息为 9 万元(15-6)和个人所得税税率 20%的乘积,这主要是因为借款方式不同存在利率差形成的。

经协商,少支付的利息可以采取其他方式转移给职工。例如,通过提供职工工资的方式支付部分利息,使得全部贷款利息均可以在税前扣除。如阳华公司与债权人个人签订劳务合同,债权人个人为阳华公司提供咨询劳务或者其他劳务,每人每月领取 800 元劳务报酬,一年即可领取 96 000 元(800×12×10),超过了 90 000 元,因此,阳华公司完全可以在一年内将少付的 90 000 元利息以劳务报酬的形式发放给借款的职工,每人每月领取 800 元劳务报酬不需要缴纳个人所得税,则可以避免多缴纳企业所得税,同时也为债权人少代扣代缴个人所得税 18 000 元。

2. 关联企业借款利息的税收筹划

公司融资时,采取债务融资的方式显然比股东投资的方式在税法上有利,股东可以利用这一点设计将部分资金采取借贷的方式投入公司,以减轻税收负担。当然,这种税收筹划的方法必须保持在一定的限度内,否则税务机关有权进行调整。根据《财政部 国家税务总局关于企业关联方利息支出税前扣除标准有关税收政策问题的通知》(财税〔2008〕121 号)的规定,在计算应纳税所得额时,企业实际支付给关联方的利息支出,不超过以下规定比例和《企业所得税法》及其实施条例有关规定计算的部分,准予扣除,超过的部分不得在发生当期和以后年度扣除。企业实际支付给关联方的利息支出,其接受关联方债权性投资与其权益性投资比例为:金融企业为 5∶1;其他企业为 2∶1。

企业如果能够按照《企业所得税法》及其实施条例的有关规定提供相关资料,并证明相关交易活动符合独立交易原则的,或者该企业的实际税负不高于境内关联方的,其实际支付给境内关联方的利息支出,在计算应纳税所得额时准予扣除。

企业同时从事金融业务和非金融业务,其实际支付给关联方的利息支出,应按照合理方法分开计算;没有按照合理方法分开计算的,一律按其他企业的比例计算准予税前扣除的利息支出。企业自关联方取得的不符合规定的利息收入应按照有关规定缴纳企业所得税。

案例 3-10

居民纳税企业兴通公司、星华公司于 2008 年 1 月共投资 1 000 万元设立阳明公司。兴通公司权益性投资 400 万元,占 40% 股份;星华公司权益性投资 600 万元,占 60% 股份。2021 年 10 月,阳明公司估计 2022 年度需要资金 1 500 万元,三方高层讨论,形成两个方案:

方案一,签订投资协议,2021 年 1 月,兴通公司和星华公司准备向阳明公司增加 1 500 万元货币资金投资,其中兴通公司出资 600 万元,星华公司出资 900 万元。

方案二,签订借贷协议,2021 年 1 月,阳明公司以 8% 年利率从兴通公司借款 600 万元,以 8% 年利率从星华公司借款 900 万元,兴通公司、星华公司、阳明公司均为非金融企业;银行同期贷款利率为 8%。

假定:

(1) 阳明公司可以提供税法规定的相关资料以证明其与关联方兴通公司和星华公司之间借款交易符合独立交易原则。

(2) 兴通公司、星华公司、阳明公司企业所得税税率均适用 25%。

若不考虑印花税,如何税收筹划降低阳明公司的企业所得税税负?

【解析】

方案一:兴通公司、星华公司向阳明公司增加投资

兴通公司和星华公司向阳明公司增加 1 500 万元投资,阳明公司就无需向兴通公司和星华公司支付利息。兴通公司和星华公司获得的从公司分回的利润也无需补缴税款,但是没有减轻阳明公司的税负。

方案二:阳明公司向兴通公司、星华公司借款

(1) 2022 年阳明公司对兴通公司利息处理。

由于阳明公司与兴通公司税负相同,且阳明公司可以提供资料证明其借款活动符合独立交易原则,阳明公司实际支付给兴通公司的利息支出,不超过规定的债资比例和税法及其实施条例有关规定计算的部分,准予扣除,超过的部分不得在发生当期和以后年度扣除。

阳明公司接受兴通公司的债权性投资和权益性投资分别为 600 万元和 400 万元,其比例为 1.5∶1 小于规定的 2∶1,并且其约定年利率 8% 等于金融机构同期贷款利率 8%,故对支付给兴通公司借款利息可以全额税前扣除。

可税前扣除的借款利息=600×8%=48(万元)

阳明公司支付兴通公司利息也为 48 万元。

阳明公司支付利息抵税额=48×25%=12(万元)

(2) 2022 年阳明公司对星华公司利息处理。

阳明公司接受星华公司的债权性投资可以提供税法规定的相关资料以证明其符合独立交易原则,阳明公司接受兴通公司的债权性投资和权益性投资分别为 900 万元和 600 万元,其比例为 1.5∶1 小于规定的 2∶1,并且其约定年利率 8% 等于金融机构同期贷款利率 8%,故对支付给星华公司借款利息可以全额税前扣除。

支付星华公司借款利息=900×8%=72(万元)

阳明公司支付兴通公司利息也为 72 万元。

阳明公司支付利息抵税额=72×25%=18(万元)

方案二中,阳明公司共少交企业所得税 30 万元(12+18)。

(三) 偿还方式的税收筹划

在长期借款融资中,借款偿还方式的不同也会导致不同的税收待遇,从而同样存在税收筹划的空间。

案例 3-11

居民企业华明公司 2022 年因引进专利进行生产技术改造,拟从银行贷款 2 000 万元,年利率为 10%,借款期限为 5 年,5 年后还清全部本息。调研后,公司可选择的方案主要有三种:

方案一,到期一次还本付息;

方案二,每年偿还等额的本金和利息;

方案三,分期付息,到期还本。每年支付等额利息 200 万元,并在第 5 年年末一次性还本。

假设贴现率为 10%,(P/A,10%,5)=3.790 8,(P/F,10%,5)=0.620 9,请从税收筹划的角度选择最优方案。

【解析】

方案一:到期一次还本付息

第 5 年年末支付的利息额=2 000×10%×5=1 000(万元)

在汇算清缴前未取得发票的成本费用,不能在企业所得税税前扣除。尽管到期一次还本付息的利息费用应遵循权责发生制原则,会计核算时均已经计入财务费用,但不可以税前列支。企业在第 5 年年末支付利息时,才会取得银行开具的直接收费金融服务的发票,此时才可以列支利息费用 1 000 万元(2 000×10％×5)。

利息支出抵税的现值为＝1 000×25％×(P/F, 10％, 5)

＝250×0.620 9＝155.23(万元)

到期一次性还本付息额＝2 000＋1 000＝3 000(万元)

到期一次性还本付息的现值＝3 000×(P/F, 10％, 5)

＝3 000×0.620 9＝1 862.7(万元)

现金净流出量的现值＝1 862.7－155.23＝1 707.47(万元)

方案二：每年偿还等额的本金和利息

合计 5 年还款额＝2 000×10％×5＋2 000＝3 000(万元)

每年的还款额＝3 000÷5＝600(万元)

每年利息支出额＝2 000×10％＝200(万元)

利息支出抵税的现值＝200×25％×(P/A, 10％, 5)

＝50×3.790 8＝189.54(万元)

每年偿还等额的本金和利息的现值＝600×(P/A, 10％, 5)

＝600×3.790 8＝2 274.48(万元)

现金净流出量的现值＝2 274.48－189.54＝2 084.94(万元)

方案三：分期付息,到期还本

利息支出抵税的现值＝200×25％×(P/A, 10％, 5)

＝50×3.790 8＝189.54(万元)

每年支付等额利息 200 万元,并在第 5 年年末一次性还本 2 000 万元的现值

＝200×(P/A, 10％, 5)＋2 000×(P/F, 10％, 5)

＝200×3.790 8＋2 000×0.620 9＝1 999.96(万元)

现金净流出量的现值＝1 999.96－189.54＝1 810.42(万元)

从抵税效应来看,方案一的抵税效应最小。由于三种偿还方式的年偿还额不同,现金净流出的现值存在差异,方案一的现金净流出的现值最小,方案三次之,方案二现金净流出的现值最大。因此,在抵税效应不同、现金流出的现值不同的情况下,应选择现金净流出的现值最小的方案,所以方案一是最优方案。

三、租赁方式的税收筹划

租赁是指出租人根据与承租人签订的租赁契约,以收取一定的租金为条件,将租赁资产在规定期限内交给承租人使用,其所有权仍属于出租人的一种经济行为。租赁从承租人融资的角度来看,大致可以分为融资性租赁和经营性租赁两大类。

(一) 融资租赁方式的税收筹划

融资租赁也称金融租赁或资本租赁,是指当企业需要筹措生产设备资金时,租赁公司按其要求购入所需生产设备并租赁给该企业,从而将"融资"与"融物"结合起来的一种租赁方式。融资租赁是出现最早、应用最广的融资方式,采用这种租赁形式,企业可获得租赁公司

的设备使用权,实际上也就是获得了企业购置设备所需的资金,所以这是一种将资金筹措和设备租赁结合在一起的融资方法。

融资租赁除了具备融资方式灵活的特点,还具备融资期限长,还款方式灵活、压力小的特点。中小企业通过融资租赁所享有资金的期限可达3年,远远高于一般银行贷款期限。在还款方面,中小企业可根据自身条件选择分期还款,极大地减轻了短期资金压力,防止中小企业本身就比较脆弱的资金链发生断裂。融资租赁虽然以其门槛低、形式灵活等特点非常适合中小企业解决其自身融资难题,但是它却不适用于所有的中小企业。融资租赁比较适合生产、加工型中小企业,特别是那些有良好销售渠道、市场前景广阔,但是出现暂时困难或者需要及时购买设备扩大生产规模的中小企业。此外,税法规定,以融资租赁方式租入固定资产发生的租赁费支出,按照规定构成融资租赁租入固定资产价值的部分应当提取折旧费用,分期扣除。

融资租赁的形式一般有出售回租、转租赁、委托租赁和分成租赁。

1. 出售回租

出售回租又称售后回租、回租赁等,是指物件的所有权人首先与租赁公司签订买卖合同,将物件卖给租赁公司,取得现金。物件的原所有权人作为承租人,与该租赁公司签订回租合同,将该物件租回。承租人按回租合同还完全部租金,并付清物件的残值以后,重新取得物件的所有权。

2. 转租赁

转租赁是指以同一物件为标的物的多次融资租赁业务。在转租赁业务中,上一租赁合同的承租人同时又是下一租赁合同的出租人,称为转租人。转租人向其他出租人租入租赁物件再转租给第三人,转租人以收取租金差为目的。租赁物品的所有权归第一出租人。

3. 委托租赁

委托租赁是指出租人接受委托人的资金或租赁标的物,根据委托人的书面委托,向委托人指定的承租人办理融资租赁业务。在租赁期内租赁标的物的所有权归委托人,出租人只收取手续费,不承担风险。

4. 分成租赁

分成租赁是一种结合投资的某些特点的创新性租赁形式。租赁公司与承租人之间在确定租金水平时,是以租赁设备的生产量与租赁设备相关收益来确定租金,而不是以固定或者浮动的利率来确定租金,设备生产量大或与租赁设备相关的收益高,租金就高;反之,则低。

🎯 **案例 3-12**

常明公司2022年准备扩大再生产,需要1000万元购建一条生产线,该固定资产投产后每年可增加息税前利润800万元,不包括固定资产折旧费用。假设该固定资产按平均年限法计提折旧,折旧年限为5年,不考虑残值。该企业有两种方案可供选择:

方案一,借款购买固定资产。从银行借款1000万元,年利率为8%,每年年末付息,借款期限为5年。

方案二,融资租赁固定资产。每年年末支付租金240万元,最低租赁付款额为1 200万元,最低租赁付款额现值为1 000万元。

常明公司适用的企业所得税税率为25%,请为常明公司获得生产线的方式做出税收筹划。

【解析】

方案一：银行借款购买固定资产

每年利息＝1 000×8%＝80(万元)

年折旧额＝1 000÷5＝200(万元)

每年税前利润＝800－200－1 000×8%＝520(万元)

每年应缴纳所得税＝520×25%＝130(万元)

每年净利润＝520－130＝390(万元)

方案二：融资租赁固定资产

每年要确认的融资租赁利息费用：

第1年的利息费用＝1 000×8%＝80(万元)

第2年的利息费用＝(1 000+80－240)×8%＝67.2(万元)

第3年的利息费用＝(1 000+80－240+67.2－240)×8%＝53.4(万元)

第4年的利息费用＝(1 000+80－240+67.2－240+53.4－240)×8%＝38.4(万元)

第5年的利息费用＝(1 000+80－240+67.2－240+53.4－240+38.4－240)×8%
　　　　　　　＝22.4(万元)

方案二的税后利润的计算,如表3-2所示。

表3-2 方案二的税后利润计算　　　　　　　　单位：万元

项 目	第1年	第2年	第3年	第4年	第5年
新增利润	800	800	800	800	800
折旧	－200	－200	－200	－200	－200
利息费用	－80	－67.2	－53.4	－38.4	－22.4
利润总额	520	532.8	546.4	561.6	577.6
所得税	130	133.2	136.6	140.4	144.4
税后利润	390	399.6	409.8	421.2	433.2

与方案一相比,方案二除了第一年的税后收益与方案一相等之外,后4年每年的税后收益均比方案一高,因此应选择方案二。

上述案例说明企业通过融资租赁,可以迅速获取所需资产,这样做相当于获取了一笔分期付款的贷款。从税收的角度来看,支付的租金利息可以在所得税前扣除,减少应纳税所得额,减少了企业的应缴纳所得税费用,税收抵免作用明显。同时,融资租入的固定资产视为自有,可以计提折旧,折旧具有企业抵减所得税作用,固定资产折旧的期限更短,比加速折旧法计提折旧速度快。

(二) 经营租赁方式的税收筹划

经营租赁也称服务性租赁或管理租赁,是指租赁公司购入企业临时需要的设备(大中型通用设备、加工机械、运输车辆等),提供给多个承租企业使用的租赁方式。利用经营租赁可以解决企业短期的、临时性的资产需求问题。经营租赁有以下特征:①租赁物件的选择由出租人决定;②租赁物件一般是通用设备或技术含量很高、更新速度较快的设备;③租赁目的主要是短期使用设备;④出租人既提供租赁物件,同时又提供必要的服务;⑤出租人始终拥有租赁物件的所有权,并承担有关的一切利益与风险;⑥租赁期限短,中途可解除合同;⑦租赁物件的使用有一定的限制条件。经营租赁的租金一般比融资租赁低,但其维修、保养等由出租人负担。

根据《企业所得税法》的规定,以经营租赁方式租入固定资产发生的租赁费支出,按照租赁期限均匀扣除,支付的租金利息也可按照规定在所得税前扣除,这减少了纳税基数,降低了税负,使税收抵免作用更为明显。并且当出租人和承租人属于关联企业时,若一方赢利较高,而另一方赢利较少或亏损时,赢利较少或亏损方可以利用租赁形式把某些不重要的设备租赁给赢利方,通过收取较高的租赁费或租赁期满后由赢利方以高价购入的方式使利润流向亏损方,从而获得税收上的好处。尤其是在关联双方适用税率有差别的情况下,使利润流向税率较低的一方,筹划节税效果更显著。

🎯 案例 3-13

居民企业达海集团公司有 2 家控股子公司,预计 2022 年子公司善阳公司应纳税所得额为 5 000 万元,预计子公司德林公司经营不善,产品技术创新程度不高,将亏损 800 万元。善阳、德林公司适用的企业所得税税率均为 25%。若不考虑增值税和印花税,请对善阳、德林公司进行税收筹划。

【解析】

方案一:按上述方案正常纳税

善阳公司盈利 5 000 万元,德林公司亏损 800 万元。

善阳公司应缴纳所得税 = $5\,000 \times 25\% = 1\,250$(万元)

德林公司亏损 800 万元,不缴纳所得税。

方案二:德林公司租赁善阳公司的生产流水线

集团公司经过税收筹划,做出经营性调整,将善阳公司的先进生产流水线出租给德林公司,并向德林公司收取 400 万元的租赁费。该生产线预计每年将会盈利 1 000 万元。

善阳公司应缴纳所得税 = $(4\,000 - 1\,000 + 400) \times 25\% = 850$(万元)

德林公司应纳税所得额 = $-800 + 1\,000 - 400 = -200$(万元),德林公司亏损 200 万元,不缴纳所得税。

方案二与方案一相比,整个集团少交纳企业所得税 400 万元($1\,250 - 850$),故选择方案二。通过企业集团内部租赁业务的税收筹划,租赁业务起到了弥补亏损的作用,通过转嫁税负,减轻了集团的税收负担。

企业在生产经营过程中需要大量固定资产,如果企业资金不足,可以采用贷款购买和租赁等方式取得固定资产。如果贷款购买固定资产,贷款产生的不超过同期同类贷款利率计算的利息可以在企业交纳所得税前扣除。外部租赁固定资产的租金可以在企业所得税前扣除。购入的固定资产可以通过摊销折旧的方式分期扣除固定资产成本。

◎ 案例 3-14

居民纳税企业林达运输公司为了进一步拓展业务范围,拟在 2022 年准备新增一批运输车辆,预计以后未来 5 年每年运输收入会增加 600 万元,林达运输公司想添置的运输车辆的价值共 800 万元,但是资金不足,有以下两种方案可供选择:

方案一,向银行借款 800 万元购买车辆,借款利率 6%;

方案二,租赁车辆,租赁期 5 年,每年需支付 180 万元的租金。

若该批车辆采用直线法计提折旧,预计 5 年后净残值为 0,企业所得税税率为 25%,请对林达运输公司新增一批运输车辆进行税收筹划。

【解析】

方案一:向银行借款购买车辆

每年支付的利息费用＝800×6%＝48(万元)

每年税前可以扣除的折旧＝800÷5＝160(万元)

每年税前会计利润＝600－48－160＝392(万元)

每年缴纳的企业所得税＝392×25%＝98(万元)

每年税后会计利润＝600－98＝502(万元)

方案二:租赁车辆

每年税前会计利润＝600－180＝420(万元)

每年缴纳的企业所得税＝420×25%＝105(万元)

每年税后会计利润＝600－105＝495(万元)

方案一与方案二相比,每年税后利润增加 7 万元(502－495),5 年共增加税后利润 35(7×5)万元,所以应当选择方案一,向银行借款购买车辆。

四、权益融资的税收筹划

权益资本是企业经营的主要资本来源。在股份有限公司中,权益资金的融资方式主要有发行普通股和留存收益两种。由于普通股股利从税后利润中支付,不具有抵税作用。一般情况下,公司以发行普通股股票的方式融资所承受的税负要重于以债务资金融资的税负。公司可以通过少发放现金股利的办法,保留更多的税后利润,以满足公司发展对资金的需求。如果公司能将留存利润投资于报酬率更高的项目,这将给公司的股东带来更多的好处。但是外部融资会增加融资成本,而留存利润融资不必动用现金支付融资费用。因此,留存利润融资对公司来说是一种非常有益的融资方式。但从税收筹划角度看,自我积累的方式将资金占有和使用融为一体,难以进行税收筹划。从税负和经营的效益上看,自我积累的资金无法抵税的特点对企业而言税负却是最重的。

资本结构是指企业各种长期资金来源的构成及其比例关系,通常指的是长期债务成本和权益资本各占多大的比例,企业在进行融资活动时,要充分考虑税收因素,因为不同的融资渠道对税收的影响程度不一样的。权益资本使用上具有长期性,无固定利息负担,使用起来比较安全;借入资金到期要还本付息,若企业不能按期还本付息,还有破产的危险。但从债务资本成本角度上看,权益资金的成本是股息,是从企业的税后利润支付;而债务资本的成本是利息,可以计入财务费用减少了应纳税所得额,从而减少企业应缴纳所得税,带来税收节约效应,从节税角度考虑,企业负债比例越大,节税效果越明显。企业息税前投资收益率高于负债成本率,增加负债额度、提高负债的比例就会带来权益资本收益率提高的效应。但是随着负债比例的上升,相应影响将来的投融资的财务风险,因此,并不是负债比例越高越好。当节税效应超过融资风险成本的增加,企业的所有者权益将会下降,导致企业最终利益的损失,因此,权益资本与负债资本规模的大小,资本结构合理与否不仅影响企业资金成本率、财务风险和权益收益,而且一定程度地影响企业的税收负担。合理安排企业资本结构可以起到节税效果。

案例 3-15

常海公司根据市场调查,认为医疗高科技产品的市场销售前景良好,公司决定进行高科技产品的生产线建设,整个生产线建设需要资金 12 000 万元。假设该公司的资本结构满足企业既可以通过负债融资也可以通过权益融资,企业所得税税率为 25%,随着负债融资比例的上升,负债融资的成本也会上升。根据本公司的实际情况制定了 5 种融资方案,5 种方案的息税前利润都为 1 200 万元。现有以下 5 个融资方案可供选择:

方案一,全部所需资金 12 000 万元都采用权益融资方式,向社会公开发行股票,每股计划发行价格为 1 元(下同),共筹集 12 000 万股;

方案二,向社会公开发行 6 000 万股,向银行借款 6 000 万元,年利率 6%;

方案三,向社会公开发行 4 000 万股,向银行借款 8 000 万元,年利率 9%;

方案四,向社会公开发行 3 000 万股,向银行借款 9 000 万元,年利率 10%;

方案五,向社会公开发行 2 400 万股,向银行借款 9 600 万元,年利率 12%。

请从税收角度分析,为常海公司确定筹资方案。

【解析】

根据上述方案,计算出资本结构备选方案,如表 3-3 所示。

表3-3 资本结构备选方案

项 目	方案一	方案二	方案三	方案四	方案五
负债权益筹资比率	0	1∶1	2∶1	3∶1	4∶1
负债成本率	—	6	9	10	12
负债额(万元)	0	6 000	8 000	9 000	9 600
所有者权益资本额(万元)	12 000	6 000	4 000	3 000	2 400

（续表）

项　目	方案一	方案二	方案三	方案四	方案五
息税前投资收益率	10%	10%	10%	10%	10%
普通股股数（万股）	12 000	6 000	4 000	3 000	2 400
年息税前利润额（万元）	1 200	1 200	1 200	1 200	1 200
减：负债利息成本	—	360	720	900	1 152
年税前利润（万元）	1 200	840	480	300	48
所得税税率	25%	25%	25%	25%	25%
年应缴纳所得税额（万元）	300	210	120	75	12
年税后净利润（万元）	900	630	360	225	36
税前权益资本收益率	10%	14%	12%	10%	2%
税后权益资本收益率	7.5%	5.25%	3%	7.5%	1.5%
普通股每股收益（元）	0.075	0.105	0.09	0.075	0.015

从表 3-3 可以看出，随着企业负债比例的不断提高，企业融资的成本在不断提高，负债成本率也在不断提高。但是随着负债占比的增加，税前利润和税后利润越来越小，权益资本收益率呈现正态分布状态。方案二和方案三由于利用了负债融资，在其财务杠杆作用下，税前权益资本收益率及普通股每股收益额无论税前或税后的水平均超过未使用负债筹资方式的方案一，充分体现出负债的杠杆效应。为什么方案四和方案五也用了负债融资方式，其权益资本收益率却呈现下降趋势？该例中蕴含着这样的规律：随着负债总额的增加，负债比率的提高，利息成本呈现上升趋势，税前权益资本收益率及普通股每股收益额也并非总是与负债比率的升降呈正向关，而是有个临界点，超过该临界点，其则表现为反方杠杆效应。

为此，借鉴企业资本结构决策中的理财方法，利用每股收益相等时的融资无差别点，分析企业融资税收筹划最佳方案的一般方法。所谓融资无差别点，是指两种融资方式下，每股净利润相等时的息税前利润点，它所要解决的问题是，息税前利润是多少时，采用哪种融资方式更有利。其具体计算公式为：

[（融资无差别点－融资方式甲的年利息）×（1－税率）]÷融资方式甲下普通股股份数
＝[（融资无差别点－融资方式乙的年利息）×（1－税率）]÷融资方式乙下普通股股份数

我们比较方案甲和方案乙，将上表中的有关数据代入公式（此处以方案一和方案二为例），负债融资与权益融资的无差别点为：

[（融资无差别点－0）×（1－25%）]÷12 000＝[（融资无差别点－360）×（1－25%）]÷6 000

计算求得融资无差别点为 720 万元。

可以得出以下结论：

（1）当息税前利润为 720 万元时，采取方案一全额权益融资与混合融资给企业带来的收益相等的。

（2）当息税前利润大于720万元时，采取部分负债融资和部分权益融资的混合融资会给企业带来抵税的节税效应，即本例中的方案二和方案三均有明显的节税效应。

（3）当息税前利润小于720万元时，采取全额权益融资的会给企业带来权益性收益。

本例中的息税前利润为1 200万元大于720万元，所以采取负债融资方式有利于所有者权益的充分维护和不断增长。在息税前收益率大于等于负债成本率的前提下，负债比率越大，财务杠杆作用越大，其节税效应越明显，对应的财务风险也相应增大。方案二和方案三中，息税前收益率10%大于负债成本率6%、9%，获得了负债经营的税收节约效应，权益资本收益率和普通股每股收益额也在不断提高，说明税收效应处于明显的优势。方案四息税前收益率等于负债成本率，负债节税效应正好抵销筹资风险成本，没有能够增加权益资本的收益。此后随着负债在权益中占比的上升，负债节税效应超过筹资风险成本的增加，债务成本抵税作用带来的收益增加效应已经受到削弱，导致所有者权益下降，影响了企业的最终收益，因此方案四与方案五、方案四与方案二和方案三相比，权益资本收益率呈现递减趋势。

因此，只有当企业息税前投资收益率高于负债成本率时，增加负债比例才能提高企业的整体效益，否则，就会降低企业的整体效益。企业融资的税收筹划必须基于所有者权益的充分维护和不断增长，并在此前提下控制负债的规模和筹资成本，在相对意义上实现最理想的节税效果。

第四章

中小企业采购环节的税收筹划

采购环节是企业经营活动的关键环节,采购过程的税收对企业涉税项目筹划起基础性作用。本章针对企业的采购环节,主要从供应商的选择、采购免税农产品和固定资产、采购服务和加工劳务进行增值税、消费税、契税和车辆购置税等税种方面,讨论中小企业如何合理地进行税收筹划。

第一节　采购货物供应商选择的税收筹划

我国现行的增值税纳税人分为一般纳税人和小规模纳税人,根据《国家税务总局关于扩大小规模纳税人自行开具增值税专用发票试点范围等事项的公告》(国税公告〔2019〕8 号)和《国家税务总局关于增值税发票管理等有关事项的公告》(国税公告〔2019〕33 号)的相关规定,一般纳税人取得增值税发票(包括增值税专用发票、机动车销售统一发票、收费公路通行费增值税电子普通发票)后,可以自愿使用增值税发票选择确认平台查询、选择用于申报抵扣、出口退税或者代办退税的增值税发票信息。增值税小规模纳税人(其他个人除外)发生增值税应税行为,需要开具增值税专用发票的,可以自愿使用增值税发票管理系统自行开具。选择自行开具增值税专用发票的小规模纳税人,税务机关不再为其代开增值税专用发票。由于两类纳税人的适用税率和税款抵扣制度各不相同,从何种渠道进货,将直接影响到增值税的税负。从一般纳税人处购进货物时,可以索取增值税专用发票,可以按照13%的税率抵扣进项税额;从小规模纳税人企业购货取得增值税专用发票时,可以按照1%的征收率抵扣进项税额,如果小规模纳税人开具的是普通发票,则不能抵扣进项税额。可见,进货渠道的不同,导致可抵扣比例不同,从而影响企业实际税收负担。

一、一般纳税人对采购货物供应商选择的税收筹划

一般纳税人在采购货物、劳务、服务、无形资产或者不动产时,可以选择不同增值税纳税人身份的供应商。总体上,共有三种类型:第一,向一般纳税人采购;第二,向小规模纳税人采购,可取得增值税专用发票;第三,向小规模纳税人采购,只取得增值税普通发票。作为供应商的小规模纳税人为了留住客户,往往给予一定程度的价格优惠,因此,我们可以从税负、净现金流和税后净利润的角度,对不同进货方案进行计算和分析,最终选择最有利于企业的

筹划方案。

（一）销售利润的计算

若购买方以实现税后利润最大化为税收筹划目标，则可以采用税后利润法，即比较选择不同供应商的税后利润的大小，进而选择税后利润最大的方案。在一般情况下，在实际交易中，小规模纳税人为了留住顾客，应考虑在价格上给予多少优惠才能弥补没有给予采购方增值税专用发票的损失，这里存在一个价格优惠临界点。

价格优惠临界点，就是在未来商品售价相同的情况下，从小规模企业购进货物后形成的销售净利润或者现金净流量与一般纳税人企业购进货物后的销售净利润或现金净流量相等时的进货价格。本节主要从销售净利润的视角分析一般规模纳税人选择供应商的依据。已知企业销售净利润的计算公式为：

$$销售净利润＝(不含税销售额－不含税购进额－其他费用－实际缴纳的增值税附加税)$$
$$×(1－企业所得税税率)$$

假设增值税附加税税率为 12%，企业所得税税率为 25%，则企业销售净利润的计算公式为：

$$销售净利润＝(不含税销售额－不含税购进额－其他费用－实际缴纳的增值税×12\%)×(1－25\%)$$

假设某企业的销售货物的不含税收入为 S，销售货物的税率为 T，F 为其他费用，企业采购的供应商可以选择一般纳税人和小规模纳税人，其销售净利润的计算将分为以下三种情形。

1. 向一般纳税人采购时销售净利润的计算

假设 P_1 为向一般纳税人采购取得专用发票的含税成本，T_1 为采购货物的税率，则向一般纳税人采购时，销售净利润 L_1 计算如下：

$$L_1 = \left[S - \frac{P_1}{1+T_1} - F - \left(S \times T - P_1 \frac{T_1}{1+T_1} \right) \times 12\% \right] \times (1-25\%)$$

2. 向小规模纳税人采购取得增值税专用发票时销售净利润的计算

假设 P_2 为向小规模纳税人采购取得专用发票的含税成本，T_2 为采购货物的征收率，则向小规模纳税人采购时，销售净利润 L_2 计算如下：

$$L_2 = \left[S - \frac{P_2}{1+T_2} - F - \left(S \times T - P_2 \frac{T_2}{1+T_2} \right) \times 12\% \right] \times (1-25\%)$$

3. 向小规模纳税人采购取得增值税普通发票时销售净利润的计算

假设 P_3 为向小规模纳税人采购取得普通发票的含税成本，采购货物的征收率为 1%，则向小规模纳税人采购时，销售净利润 L_3 计算如下：

$$L_3 = [S - P_3 - F - (S \times T \times 12\%)] \times (1-25\%)$$

（二）销售净利润平衡点价格比的计算

采购价格税收筹划的方法是通过比较不同方案的销售净利润，选择销售净利润最大的方案为最佳方案，针对上述三种采购情形，形成两两组合，计算每个组合的平衡点价格比。

1. 向一般纳税人采购取得专用发票和向小规模纳税人采购取得增值税专用发票的价格比较分析

根据不同情况下的税后利润,计算税后利润均衡点价格比。令 $L_1 = L_2$,可以计算出税后利润均衡点价格比,得到:

$$\frac{P_1}{P_2} = \frac{(1 + T_1) \times (1 - 12\% \times T_2)}{(1 + T_2) \times (1 - 12\% \times T_1)}$$

第一种情形:向一般纳税人采购取得 13% 增值税专用发票。

此时 $T_1 = 13\%$,$T_2 = 1\%$,代入税后利润均衡点计算公式得:

$$\frac{P_1}{P_2} = \frac{(1 + 13\%) \times (1 - 12\% \times 1\%)}{(1 + 1\%) \times (1 - 12\% \times 13\%)} = 1.135$$

可以得出以下结论:

(1) 当向一般规模纳税人采购价格是小规模纳税人采购价格的 1.135 倍时,从一般规模纳税人处采购和从开具增值税专用发票的小规模纳税人处采购,其税后利润是一样的。

(2) 当向一般规模纳税人采购与向小规模纳税人采购的采购价格比大于 1.135 时($P_1 : P_2 > 1.135$),则向开具增值税专用发票的小规模纳税人采购,产生的税后利润较大,应当选择向小规模纳税人采购。

(3) 当向一般规模纳税人采购与向小规模纳税人采购的采购价格比小于 1.135 时($P_1 : P_2 < 1.135$),应当选择向一般规模纳税人采购。

第二种情形:向一般纳税人采购取得 9% 增值税专用发票。

此时 $T_1 = 9\%$,$T_2 = 1\%$,代入税后利润均衡点计算公式得:

$$\frac{P_1}{P_2} = \frac{(1 + 9\%) \times (1 - 12\% \times 1\%)}{(1 + 1\%) \times (1 - 12\% \times 9\%)} = 1.089\,7$$

可以得出以下结论:

(1) 当向一般规模纳税人采购价格是小规模纳税人采购价格的 1.089 7 倍时,无论是向一般规模纳税人,还是向开具增值税专用发票的小规模纳税人采购,其税后利润是一样的。

(2) 当向一般规模纳税人采购与向小规模纳税人采购的采购价格比大于 1.089 7 时($P_1 : P_2 > 1.089\,7$),则向开具增值税专用发票的小规模纳税人采购,产生的税后利润较大,应当选择向小规模纳税人采购。

(3) 当向一般规模纳税人采购与向小规模纳税人采购的采购价格比小于 1.089 7 时($P_1 : P_2 < 1.089\,7$),应当选择向一般规模纳税人采购。

第三种情形:向一般纳税人采购取得 6% 增值税专用发票。

此时 $T_1 = 6\%$,$T_2 = 1\%$,代入税后利润均衡点计算公式得:

$$\frac{P_1}{P_2} = \frac{(1 + 6\%) \times (1 - 12\% \times 1\%)}{(1 + 1\%) \times (1 - 12\% \times 6\%)} = 1.056$$

可以得出以下结论:

(1) 当向一般规模纳税人采购价格是向小规模纳税人采购价格的 1.056 倍时,无论是向一般规模纳税人,还是向开具增值税专用发票的小规模纳税人采购,其税后利润是一样的。

(2) 当向一般规模纳税人采购与向小规模纳税人采购的采购价格比大于 1.056 时 ($P_1 : P_2 > 1.056$),则向开具增值税专用发票的小规模纳税人采购,产生的税后利润较大,应当选择向小规模纳税人采购。

(3) 当向一般规模纳税人采购与向小规模纳税人采购的采购价格比小于 1.056 时 ($P_1 : P_2 < 1.056$),应当选择向一般规模纳税人采购。

2. 向一般纳税人采购取得专用发票和向小规模纳税人采购取得普通发票的价格比较分析

令 $L_1 = L_3$,可以计算出税后利润均衡点价格比,得到:

$$\frac{P_1}{P_3} = \frac{(1 + T_1)}{(1 - 12\% \times T_1)}$$

第一种情形:向一般纳税人采购取得 13% 增值税专用发票。

此时 $T_1 = 13\%$,代入税后利润均衡点计算公式得:

$$\frac{P_1}{P_3} = \frac{(1 + 13\%)}{(1 - 12\% \times 13\%)} = 1.148$$

可以得出以下结论:

(1) 当一般规模纳税人采购价格是小规模纳税人采购价格的 1.148 倍时,无论是从一般纳税人,还是从开具增值税专用发票的小规模纳税人处采购,其税后利润是一样的。

(2) 当向一般规模纳税人采购与向小规模纳税人采购的采购价格比大于 1.148 时 ($P_1 : P_3 > 1.148$),则向开具增值税专用发票的小规模纳税人采购,产生的税后利润较大,应当选择向小规模纳税人采购。

(3) 当向一般规模纳税人采购与向小规模纳税人采购的采购价格比小于 1.148 时 ($P_1 : P_3 < 1.148$),应当选择向一般规模纳税人采购。

第二种情形:向一般纳税人采购取得 9% 增值税专用发票。

此时 $T_1 = 9\%$,代入税后利润均衡点计算公式得:

$$\frac{P_1}{P_3} = \frac{(1 + 9\%)}{(1 - 12\% \times 9\%)} = 1.102$$

可以得出以下结论:

(1) 当一般规模纳税人采购价格是小规模纳税人采购价格的 1.102 倍时,无论是从一般纳税人,还是从开具增值税专用发票的小规模纳税人处采购,其税后利润是一样的。

(2) 当向一般规模纳税人采购与向小规模纳税人采购的采购价格比大于 1.102 时 ($P_1 : P_3 > 1.102$),则向开具增值税专用发票的小规模纳税人采购,产生的税后利润较大,应当选择向小规模纳税人采购。

(3) 当向一般规模纳税人采购与向小规模纳税人采购的采购价格比小于 1.102 时 ($P_1 : P_3 < 1.102$),应当选择向一般规模纳税人采购。

第三种情形：向一般纳税人采购取得 6% 增值税专用发票。

此时 $T_1 = 6\%$，代入税后利润均衡点计算公式得：

$$\frac{P_1}{P_3} = \frac{(1+6\%)}{(1-12\%\times 6\%)} = 1.068$$

（1）当一般规模纳税人采购价格是小规模纳税人采购价格的 1.068 倍时，无论是从一般纳税人，还是从开具增值税专用发票的小规模纳税人处采购，其税后利润是一样的。

（2）当向一般规模纳税人采购与向小规模纳税人采购的采购价格比大于 1.068 时（$P_1 : P_3 > 1.068$），则向开具增值税专用发票的小规模纳税人采购，产生的税后利润较大，应当选择向小规模纳税人采购。

（3）当向一般规模纳税人采购与向小规模纳税人采购的采购价格比小于 1.068 时（$P_1 : P_3 < 1.068$），应当选择向一般规模纳税人采购。

3. 向小规模纳税人采购取得专用发票和向小规模纳税人采购取得普通发票的价格比较分析

令 $L_2 = L_3$，可以计算出税后利润均衡点价格比，得到：

$$\frac{P_2}{P_3} = \frac{(1+T_2)}{(1-12\%\times T_2)}$$

此时 $T_2 = 1\%$，代入上式得：

$$\frac{P_2}{P_3} = \frac{(1+1\%)}{(1-12\%\times 1\%)} = 1.011$$

可以得出以下结论：

（1）当向开具增值税专用发票的小规模纳税人采购价格与开具普通发票小规模纳税人采购价格之比为 1.011 时，无论是从取得增值税专用发票的小规模纳税人，还是从只开具增值税普通发票的小规模纳税人处采购，其税后利润是一样的。

（2）当向一般规模纳税人采购与向小规模纳税人采购的采购价格比大于 1.011 时（$P_2 : P_3 > 1.011$），则向开具增值税普通发票的小规模纳税人采购，产生的税后利润较大，此时应当选择向开具增值税普通发票的小规模纳税人采购。

（3）当向一般规模纳税人采购与向小规模纳税人采购的采购价格比小于 1.011 时（$P_2 : P_3 < 1.011$），应当选择向开具增值税专用发票的小规模纳税人采购。

不同情况税后利润均衡点价格比汇总，如表 4-1 所示。

表 4-1　不同情况税后利润均衡点价格比汇总表

项　目	增值税专用发票 价格 P_2,税率 1%	增值税普通发票 价格 P_3
增值税专用发票 价格 P_1,税率 13%	$P_1 : P_2 = 1.135$	$P_1 : P_3 = 1.148$

（续表）

项　目	增值税专用发票 价格 P_2，税率 1%	增值税普通发票 价格 P_3
增值税专用发票 价格 P_1，税率 9%	$P_1 : P_2 = 1.0897$	$P_1 : P_3 = 1.102$
增值税专用发票 价格 P_1，税率 6%	$P_1 : P_2 = 1.056$	$P_1 : P_3 = 1.068$
增值税专用发票 价格 P_2，税率 1%	—	$P_2 : P_3 = 1.011$

（三）一般纳税人采购货物供应商选择的税收筹划案例

案例 4-1

德鸿公司为增值税一般纳税人，主要从事传感器产品的生产，适用 13% 的增值税税率，2022 年 3 月拟采购 1 吨原材料用于产品的生产，该产品预估销售价格为 40 000 元（含税）。在采购时，德鸿公司有三个供应商可以选择：

方案一，A 公司为一般规模纳税人，开具增值税专用发票，增值税税率为 13%，含税价为 36 000 元；

方案二，B 公司为小规模纳税人，开具增值税专用发票，增值税税率为 1%，含税价为 34 000 元；

方案三，C 公司为开具普通发票的小规模纳税人，税价合计为 33 000 元。

假设德鸿公司所在地增值税附加税税率为 12%，企业所得税税率为 25%，试分析德鸿公司应选择从哪家企业购入货物？

【解析】

设 A 公司的含税采购价格为 P_1，B 公司的采购价格为 P_2，C 公司的采购价格为 P_3，则 $P_1 = 36\,000$，$P_2 = 34\,000$，$P_3 = 33\,000$。

$\dfrac{P_1}{P_2} = \dfrac{36\,000}{34\,000} = 1.06$，小于对应的价格平衡点 1.135，选择 A 公司比选择 B 公司能够给德鸿公司带来更多的销售净利润。

$\dfrac{P_1}{P_3} = \dfrac{36\,000}{33\,000} = 1.09$，小于对应的价格平衡点 1.148，选择 A 公司比选择 C 公司能够给德鸿公司带来更多的销售净利润。

$\dfrac{P_2}{P_3} = \dfrac{34\,000}{33\,000} = 1.0303$，大于对应的价格平衡点 1.011，选择 A 公司比选择 B 公司能够给德鸿公司带来更多的销售净利润。

因此德鸿公司应当选择 A 公司，从而能够给德鸿公司带来更多的销售净利润。下面对三家供应商的采购进行销售净利润的分析，以验证选择 A 公司的结论是正确的。

方案一：以一般纳税人 A 公司为进货方

应缴纳增值税＝40 000÷(1＋13％)×13％−36 000÷(1＋13％)×13％＝460.18(元)

应缴纳增值税附加税＝460.18×12％＝55.22(元)

应缴纳企业所得税＝[40 000÷(1＋13％)−36 000÷(1＋13％)−55.22]×25％＝871.15(元)

税后净利润＝[40 000÷(1＋13％)−36 000÷(1＋13％)−55.22]×(1−25％)
　　　　＝2 613.44(元)

当期净现金流量＝40 000−36 000−460.18−55.22−871.16＝2 613.44(元)

方案二：以能开具增值税专用发票的小规模纳税人B公司作为进货方

应缴纳增值税＝40 000÷(1＋13％)×13％−34 000÷(1＋1％)×1％＝4 265.14(元)

应缴纳增值税附加税＝4 265.14×12％＝511.82(元)

应缴纳企业所得税＝[40 000÷(1＋13％)−34 000÷(1＋1％)−511.82]×25％
　　　　＝305.76(元)

税后净利润＝[40 000÷(1＋13％)−34 000÷(1＋1％)−511.82]×(1−25％)＝917.29(元)

当期净现金流量＝40 000−34 000−4 265.14−511.82−305.76＝917.29(元)

方案三：以只能开具普通发票的小规模纳税人C公司作为进货方

应缴纳增值税＝40 000÷(1＋13％)×13％＝4 601.76(元)

应缴纳增值税附加税＝4 601.76×12％＝552.21(元)

应缴纳企业所得税＝[40 000÷(1＋13％)−33 000−552.21]×25％＝461.51(元)

税后净利润＝[40 000÷(1＋13％)−33 000−552.21]×(1−25％)＝1 384.52(元)

当期净现金流量＝40 000−33 000−4601.76−552.21−461.51＝1 384.52(元)

比较三种方案的税后收益，得到2 613.44＞1 384.52＞917.29，可知从A进货获利最多，应选择A公司。

如果在采购时，供应商都能提供增值税专用发票，企业还是可以利用税后利润均衡点价格比较法选择供货渠道。

案例 4-2

森德有限公司为增值税一般纳税人，2022年3月计划外购一批货物，供应商的选择有以下两个方案：

方案一，从增值税一般纳税企业光华公司购入，该货物的不含税价为40万元，增值税税率为13％，进项税额为5.2万元。

方案二，从小规模纳税企业启明公司购入，开具增值税专用发票，增值税税率为1％，不含税价为39.43万元，进项税额为0.394 3万元。

假设用该批货物生产的产品当月全部销售，售价50万元。已知企业增值税税率为13％，增值税附加税税率为12％。请为森德公司进行税收筹划。

【解析】

假设光华公司的含税采购价格为P_1，则P_1＝40＋5.2＝45.2(万元)

假设启明公司的含税采购价格为P_2，则P_2＝39.43＋0.394 3＝39.824 3(万元)

$\dfrac{P_1}{P_2}=\dfrac{45.2}{39.824\,3}=1.135$，等于对应的价格平衡点 1.135，选择光华公司和启明公司作为供应商给森德公司带来相同的销售净利润。

两家公司均可以作为供应商是否是正确的结论？本例通过对销售净利润的分析，加以验证。

方案一：从增值税一般纳税企业光华公司购货

应缴增值税=50×13％-5.2=1.3（万元）

增值税附加税=1.3×12％=0.156①（万元）

企业所得税=（50-40-0.156）×25％=2.461（万元）

应缴纳税额合计=1.3+0.156+2.461=3.917（万元）

本月税后净利润=（50-40-0.156）×（1-25％）=7.38（万元）

现金流出总额=40+5.2+3.917=49.117（万元）

方案二：从小规模纳税企业启明公司购货

应缴增值税=50×13％-0.394 3=6.105 7（万元）

增值税附加税=6.105 7×12％=0.732 684（万元）

企业所得税=（50-39.43-0.732 684）×25％=2.459 329（万元）

应缴纳税额合计=6.105 7+0.732 684+2.459 329=9.297 713（万元）

本月税后净利润=（50-39.43-0.732 684）×（1-25％）=7.377 987（万元）

现金流出总额=39.43+0.394 3+9.297 713=49.122 013（万元）

对上述两个方案，如果我们运用管理会计学的思想，运用税后净利润和现金流量进行分析，结论会告诉我们：两种方案的本月税后净利润和现金净流量相等，从两种企业购买货物没有区别，似乎两家采购商可以任意选择，但是单一从节税额的视角选择供货方，应该作出从一般纳税人购进的决定。那么这样的选择是否正确呢？

正确的做法应该是从现金净流量、价格折让临界点和其他因素等多方面综合考虑。为什么呢？本例中存在着价格折让临界点的问题，方案二的购入额 39.82 万元正处于价格临界点的价位上。本例中考虑销售收入、进货成本、增值税、城市维护建设税、教育费附加和企业所得税，经过测算，会发现两个方案销售净利润和现金净流量相等。所以，选择一般纳税人和选择小规模纳税人没有差别。对两个方案进行比较会发现，在购进环节多支付的（或节约）的价格等于在纳税环节节约（多）缴纳的税金，即方案一的购进环节多付出现金5.38 万元（45.2-39.82），纳税环节少缴税金 5.38 万元（9.30-3.92）；方案二的购进环节少付出现金 5.38 万元，纳税环节多缴税金 5.38 万元。

若考虑货币资金价值因素，选择小规模纳税人则更合理。除了税收的因素，我们还应该重视另一个重要问题，那就是货币是有时间价值的，经过一定时间的投资再投资，货币的总额会有所变化。方案二在采购环节中现金流出量比方案一少 5.38 万元（45.2-39.82），这部分资金是在下月初申报缴税时流出的，相当于在不增加任何筹资成本、使用费用的情况下，

---

① 为了便于分析，后续得出结论时，对方案一和方案二中的数据四舍五入取两位有效小数。

增加了企业投资和再投资的流动资金。从这个角度来看,选择小规模企业更有利于企业节约开支。

这个例子说明,税收筹划仅用某一方面的效益标准,很难评价筹划结果的好与坏。需要从筹划面对的整个购销全过程来比较,要用综合效益指标进行比较,单方面、阶段性的比较不能说明问题,有时很可能会得出错误的结论。

二、小规模纳税人对采购货物供应商选择的税收筹划

小规模纳税人在采购货物或服务时,可以选择不同纳税人身份的供应商。其概括起来有三种类型,同上述一般纳税人选择供应商纳税人身份的类型。

对于小规模纳税人来说,无论是从增值税一般纳税人购进货物、劳务、服务、无形资产或者不动产,还是从小规模纳税人购进货物、劳务、服务,都不能抵扣进项税额。所以,小规模纳税人在选择供应商时,主要考虑购进货物、劳务、服务、含税价格的高低,选择提供价格最低的供应商就可以了。

第二节　采购免税农产品的税收筹划

一、免税农产品的相关税收政策

税法意义上的农业是指种植业、养殖业、林业、牧业、水产业。农业生产者包括从事农业生产的单位和个人;农产品是指初级农产品,具体范围由财政部、国家税务总局确定。销售农产品符合免税条件时,农业生产者销售的自产农产品免征增值税,但其他生产者销售的农产品不享受免税待遇。同时,根据《增值税暂行条例》第八条和《财政部　税务总局　海关总署关于深化增值税改革有关政策的公告》(财政部　税务总局　海关总署公告〔2019〕39 号)第2 条规定,购进农产品,除了取得增值税专用发票或者海关进口增值税专用缴款书的情况,取得农产品销售发票或收购发票的,自 2019 年 4 月 1 日后,纳税人购进农产品的当期,应遵从农产品抵扣的一般规定,按照 9% 计算抵扣进项税额。如果购进农产品用于生产或者委托加工 13% 税率货物,则在生产领用当期,再加计抵扣 1 个百分点。准予抵扣进项税额计算公式如下:

$$进项税额 = 买价 \times 扣除率$$

由于准予抵扣的进项税额是按照农产品销售发票或收购发票上注明的农产品买价(含税价格)计算而得,计算抵扣税额的基数不同为纳税人采购农产品提供了增值税筹划的空间。

二、采购免税农产品的税收筹划案例

案例 4-3 ━━━━━━━━━━━━━━

某市的企业佳美食品公司为增值税一般纳税人,其主营业务是将收购的农成品新鲜山

药经过分类、清洗、消毒、加工等工序加工成为山药粉和山药粉丝。该公司采购山药可以从批发企业购入,也可以从种植大户购入。山药粉和山药粉丝适用的增值税税率为 13%。2022 年 1 月拟购进一批新鲜山药价税合计为 65 400 元,加工成山药粉和山药粉丝后不含税销售价格为 100 000 元,若深加工环节没有可以抵扣的进项税额,请对佳美食品公司购买山药业务进行税收筹划。

【解析】

方案一:批发商处购入

山药从批发商处购入时,批发商开具的增值税专用发票上列明的山药价款为 60 000 元,增值税税额为 5 400 元。

应缴纳增值税 $= 100\ 000 \times 13\% - [5\ 400 + 60\ 000 \times (10\% - 9\%)] = 7\ 000$(元)

增值税附加税 $= 7\ 000 \times 12\% = 840$(元)

企业所得税递减额 $= 840 \times 25\% = 210$(元)

方案二:从种植大户购入农产品山药,购入金额为 65 400 元

应缴纳增值税 $= 100\ 000 \times 13\% - 65\ 400 \times (9\% + 1\%) = 6\ 460$(元)

增值税附加税 $= 6\ 460 \times 12\% = 775.2$(元)

企业所得税递减额 $= 775.2 \times 25\% = 193.8$(元)

从上面的分析可以看出,从种植大户购入山药进行生产再加工比向山药批发商购买会增加利润 16.2 元(210－193.8),主要是由于增值税附加税少缴纳,具有抵减所得税作用的缘故。同时少缴纳增值税的金额为 540 元(7 000－6 460),其根本原因是计算山药的进项税额的依据不同产生的。方案二的计算基数比方案一的基数多 5 400 元(65 400－60 000),使得进项税额多抵扣 540 元(5 400×10%),从而多抵减企业所得税 16.2 元(540×12%×25%)。因此,当采购农产品价格相同时,应选择采购农业生产者的农产品,要比向一般纳税人采购可以抵扣更多的增值税。

上述案例是站在采购企业的立场来进行税收筹划的。如果农业生产者自身对产品进行深加工使其增值以后再出售,就无法享受免税待遇。如何让农产品在销售环节既能够享受免税待遇,又能对初级农产品进行加工使其增值?

案例 4-4

仍以[案例 4-3]为例,如果佳美食品公司作为一般纳税人购入新鲜山药后加工成粉丝,需要两道工序,第一道工序,将新鲜山药进行加工处理还将发生加工成本为 3 370 元,其中主要是分类、清洗、消毒、清洗整理的人工费 1 000 元,辅料、电费和其他费用等 2 370 元;第二道工序,将山药投放生产车间深加工成粉丝。假设佳美食品公司采购新鲜山药,只有一个选择,从种植大户购入。种植大户因为达不到增值税起征点或每季度 45 万元,可以免征增值税。如果不考虑深加工环节的进项税额,请对其进行税收筹划。

【解析】

方案一:种植大户将深加工后的山药以 68 770 元进行出售

种植大户确认的售价 $= 65\ 400 + 3\ 370 = 68\ 770$(元)

种植大户要购置设备,雇佣个人进行加工,才能以 68 770 元的价格进行出售。但是,深加工的山药已不属于免税产品,还要缴纳所得税,实际上深加工的种植大户的最后收入达不到 68 770 元。说明种植大户进行深加工农业产品的决策的结果是不理想的。这既有不能享受税收优惠的原因,也有增值率太低的因素。

方案二:从种植大户购入农产品山药,购入金额为 65 400 元

佳美食品公司应缴纳增值税＝100 000×13％－65 400×(9％+1％)＝6 460(元)

增值税附加税＝6 460×12％＝775.2(元)

企业所得税递减额＝775.2×25％＝193.8(元)

方案三:种植大户将山药以 66 400 元的价格直接出售给佳美公司

工厂收购山药前雇用种植大户进行分类、清洗、消毒、清洗整理,支付给种植大户人工费 1 000 元。

经过税收筹划,通过改变收购农产品的方式,种植大户原来 65 400 元的山药可得收入 66 400 元,工厂雇用种植大户进行整理,收回后可以直接进入车间进行深加工。

佳美食品公司应缴纳增值税＝100 000×13％－66 400×(9％+1％)＝6 360(元)

增值税附加税＝6 360×12％＝763.2(元)

应缴纳企业所得税递减额＝763.2×25％＝190.8(元)

从方案三看出收购方式的流程再造使得种植大户参与深加工增收了 1 000 元,佳美公司增值税的可抵扣进项税额多抵扣 100 元,少交增值税 100 元(6 460－6 360),少交所得税 3 元(193.8－190.8)。

如果一个企业的产品生产流程既包括农业生产、加工和工业生产加工两个环节,同时两个环节又没有分开核算,此时应按照商品的农产品的增值额合并计征增值税。企业可以将农业生产加工和工业生产加工环节分离出来,设立农产品生产单位进行直接收购或初级加工,再由加工环节的企业从农产品生产单位购入所需原料。这样的好处是,设立农产品生产单位(亦称农业生产基地)销售自产农产品可以免征增值税,加工企业也可根据农业生产基地开具的普通发票(或者收购凭证)计算、抵扣进项税额,实现降低税负的目的。

在实际操作过程中,要特别注意两点:

(1) 产品生产单位必须按照独立企业之间的正常售价销售产品给加工企业,不能为增加进项税额擅自抬高售价,从而产生税务风险。

(2) 设立单位所增加的费用必须小于或远远小于所带来的收益。在考虑成本收益的情况下,新设立独立核算单位进行原料收购及初加工活动,有利于增加进项税额的抵扣,可以降低增值税税负。

🎯 案例 4-5 ━━━━━━━━━━━━━━━━━━━━━━━━━━━━━━

江苏某市的黄晶水蜜桃罐头生产公司为一般纳税人,公司生产水果罐头的主要流程如下:通过种植黄桃树来生产黄桃,将采摘的出来的黄桃果部分销售,大部分果品经过挑选、切块、挖核、去皮、漂洗、预煮、修整、装罐、排气、封罐、杀菌、冷却等工序制作成水果罐头,销售给各大超市或直接通过销售网络销往全国。按照现行增值税法的相关规定,销售黄桃罐

头适用的增值税税率为 13%,该公司的进项税额来源主要有购进农业生产资料的进项税额和公司水费、电费和修理用配件等按规定可以进行抵扣的进项税额。2021 年全年公司购进农业生产资料允许抵扣的进项税额为 12 万元,其他水电费、农器具修理用配件等的进项税额为 8 万元,全年黄桃罐头不含税销售收入为 600 万元,暂不考虑其他税种。2021 年公司应缴纳增值税税额 $= 600 \times 13\% - (12 + 8) = 58$(万元),增值税税负率 $= 58 \div 600 \times 100\% = 9.67\%$。请思考应如何进行税收筹划以减轻公司增值税税收负担?

【解析】

从公司的客观情况来看,该公司税负高的原因在于公司可抵扣的进项税额太小。因此,公司进行税收筹划的关键在于如何增加进项税额的抵扣。

公司可以采取以下税收筹划方案:公司将整个生产流程分成两部分,即黄桃种植园和罐头加工厂两个部分。其中,黄桃种植园主要负责种植黄桃并采摘整理分类,罐头加工厂负责对黄桃精加工成水果罐头再销售。黄桃种植园和罐头加工厂均实行独立核算。分开后,黄桃种植园属于农产品生产单位,其销售的新鲜水果黄桃按规定可以免征增值税,加工厂从种植园购入的黄桃加工可以在领用时抵扣 10%(9% + 1%)的进项税额。

假定黄桃种植园销售给罐头加工厂的黄桃售价为 250 万元,加工为水果罐头的售价为 600 万元,其他资料不变。

应缴纳增值税 $= 600 \times 13\% - (250 \times 10\% + 8) = 45$(万元)

增值税税负率 $= 45 \div 600 \times 100\% = 7.5\%$

由此可见,该税收筹划方案的实施取得了良好的收益,方案实施后比实施前节省增值税税额 13 万元(58 - 45),增值税税负下降了 4.1%(11.6% - 7.5%)。此外还节省了增值税附加税。

需要注意的是,由于黄桃种植园与罐头加工厂存在关联关系,黄桃种植园必须按照独立企业之间的正常售价给罐头加工厂,否则税务机关将依法进行查处。

第三节　采购固定资产的税收筹划

固定资产是指企业为生产产品、提供劳务、出租或者经营管理而持有的、使用时间超过 12 个月的,价值达到一定标准的非货币性资产,包括房屋、建筑物、机器、机械、运输工具以及其他与生产经营活动有关的设备、器具、工具等。固定资产是企业的劳动手段,也是企业赖以生产经营的主要资产。本节主要分析采购机器机械等设备类固定资产、车辆和房产类固定资产的税收筹划。

一、采购设备类固定资产的税收筹划

(一) 一般纳税人采购设备类固定资产的税收筹划

企业何时购置固定资产? 从税收筹划的视角来看,主要是要考虑与企业购置固定资产相关的税收优惠政策,企业在优惠期外购置,可以使企业在高税率下多抵减应纳税所得额。例如,企业在税收优惠期的最后 1 年购置,就没有等到下一年度再购置划算,因为优惠期内的税率要低于正常的税率,而企业在高税率下购置固定资产后其折旧可以多抵减计税收入,从而减少企业的税收成本。所以,企业应根据自身所处的税收优惠期时间点,判断何时购置最为划算,要充分利用固定资产折旧的税收挡板作用。固定资产折旧方法和折旧年限的税收筹划在第五章有详细阐释。

纳税人向谁购置固定资产? 由于税收政策的不同,纳税人采购固定资产时还需要考虑进货的渠道。

1. 一般纳税人采购设备类固定资产供应商的选择

一般纳税人从其他一般纳税人购进设备可以抵扣设备不含税价格 13% 的增值税进项税额;从小规模纳税人处购进设备时,若取得增值税专用发票可按设备不含税价格的 1% 征收率计算的进项税额予以抵扣,若取得增值税普通发票则无法抵扣增值税。一般情况下,从其他一般纳税人处购进设备价格要高于从小规模纳税人购进设备的价格,因此,一般纳税人选择采购设备对象时,需要综合考虑采购设备价格和抵扣税额筹划进货设备的渠道。

2. 一般纳税人采购设备类固定资产的税收筹划原理

若采购设备企业以利润最大化为目标,在收付实现制原则下可以采用净现金流出量法,比较不同采购设备来源的净现金流出量的大小,最终选择净现金流出量小的方案为最优方案。

在采购设备时,从现金流量的角度看,公司购置设备支付的含税采购价格为流出量;增值税专用发票的进项税额当期可抵扣增值税,同时也减少了相应的增值税附加税形成了现金流入量;设备的不含税采购价格形成设备成本可以折旧的方式分期在企业所得税前扣除,在设备的使用生命周期内少缴企业所得税形成了现金流入量。因此在设备采购时现金净流量的计算公式为:

$$现金净流量 = 含税采购价格 - 进项税额 - 增值税附加税 - 折旧递减所得税额$$

假设购进的设备为设备动产,为了便于比较,选取的购进价格均为含税价格,企业所得税税率均设为 25%,增值税附加税税率为 12%。一般规模纳税人税率为 13%,小规模纳税人税率为 1%。

1) 向一般纳税人采购设备并开具增值税专用发票现金净流出量的计算

假设购进的设备为设备动产,含税价格为 X 元,则:

设备入账价值为 $\dfrac{X}{1+13\%}$ 元

可抵扣的进项税额为 $\dfrac{X}{1+13\%} \times 13\%$ 元

增值税附加税费为 $\dfrac{X}{1+13\%} \times 13\% \times 12\%$ 元

折旧可抵扣企业所得税为 $\dfrac{X}{1+13\%} \times 25\%$ 元

$$净现金流出 = X - \frac{X}{1+13\%} \times 13\% - \frac{X}{1+13\%} \times 13\% \times 12\% -$$

$$\frac{X}{1+13\%} \times 25\% = 0.65X(元)$$

2）向小规模纳税人采购设备并开具增值税专用发票现金净流出量的计算

假设购进的设备为设备动产，含税价格为 Y 元，则：

公司购入设备的入账价值为 $\frac{Y}{1+1\%}$ 元

可抵扣的进项税额为 $\frac{Y}{1+1\%} \times 1\%$ 元

增值税附加税费为 $\frac{Y}{1+1\%} \times 1\% \times 12\%$ 元

因折旧可在企业所得税前扣除，则

折旧可抵扣企业所得税为 $\frac{Y}{1+1\%} \times 25\%$ 元

$$净现金流出 = Y - \frac{Y}{1+1\%} \times 1\% - \frac{Y}{1+1\%} \times 1\% \times 12\% - \frac{Y}{1+1\%} \times 25\%$$

$$= 0.741Y(元)$$

选择从一般纳税人处购置设备与从小规模纳税人处购置设备的净现金流出相等，即临界点为

$$Y = \frac{0.65}{0.741} \times X = 87.66\% \times X$$

可以得出以下结论：

（1）当小规模纳税人设备含税售价低于一般纳税人含税售价的 87.66% 时，从小规模纳税人处购置有利。

（2）当小规模纳税人设备含税售价等于一般纳税人售价（含税）的 87.66% 时，从小规模纳税人或一般纳税人处购置均可。

（3）当小规模纳税人设备含税售价高于一般纳税人售价（含税）的 87.66% 时，从一般纳税人处购置有利。

3）一般纳税人采购设备类固定资产的税收筹划案例

🎯 **案例 4-6**

德隆公司从事汽车配件的生产，为增值税一般纳税人，2022 年 3 月计划购置一批小型生产设备。经过前期调研，初步确定在两个设备供应商中选择，供应商增值税一般纳税人德鸿公司的设备含税报价为 113 万元，供应商增值税小规模纳税人乙公司的设备含税报价为 97.85 万元，乙公司的征收率为 1%，两个供应商均可以开具增值税专用发票。如果德隆公司适用的增值税税率为 13%，增值税附加税税率为 12%，企业所得税税率为 25%，不考虑资金的时间价值及设备的预计净残值和印花税。请从现金净流出量角度分析，德隆公司究竟从

哪家企业采购设备更有利?

【解析】

小规模纳税人设备含税售价与一般纳税人含税售价的价格比 86.6%(97.85÷113×100%),小于临界点 87.66%,德隆公司应选择从小规模纳税人乙公司处购入。下面进行计算验证。

方案一:从德鸿公司购入设备

进项税额=113÷(1+13%)×13%=13(万元)

增值税附加税=13×12%=1.56(万元)

企业所得税额=113÷(1+13%)×25%=25(万元)

现金净流出量=113-13-1.56-25=73.44(万元)

方案二:从乙公司购入设备

进项税额=97.85÷(1+1%)×1%=0.969(万元)

增值税附加税=0.969×12%=0.116(万元)

折旧抵减企业所得税额=97.85÷(1+1%)×25%=24.22(万元)

购入设备现金净流出量=97.85-0.969-0.116-24.22=72.54(万元)

从现金净流出量角度分析,德隆公司从小规模纳税人处购入设备更合算,节约现金流出量 0.9 万元(73.44-72.54)。

实务中,公司在选择供应商时,除了考虑纳税因素,还应综合售后服务等因素,选择最优的方案。从现金流量的视角来看,确定供应商后,要在合同中明确货款结算方式,及时从供应商处获得增值税专用发票,避免垫支现金缴纳增值税。

(二)小规模纳税人采购设备类固定资产的税收筹划

1. 小规模纳税人采购设备类固定资产的供应商的选择

小规模纳税人在采购设备时,可以选择不同身份的购货对象,主要有两种类型:一是从其他一般纳税人处购进设备,取得增值税专用发票;二是从其他小规模纳税人处购进设备,取得征收率为 1% 的增值税专用发票或其他小规模纳税人开具的普通发票。

2. 小规模纳税人采购设备类固定资产的税收筹划案例

对小规模纳税人来说,无论是从增值税一般纳税人处采购设备,还是从小规模纳税人处采购设备,都不能抵扣进项税额。因此,小规模纳税人在选择采购设备对象时,主要考虑采购设备含税价格的高低,选择价格最低的采购设备对象就可以了。

由于小规模纳税企业购入设备类固定资产不能抵扣进项税额的天然缺陷,在实务中,可以利用企业间关联关系,改变采购的主体,通过租赁的方式既可获得设备的使用权,同时转移进项税额的抵扣。

案例 4-7

兴宏公司投资成立阳橙公司和南和公司两个子公司。南和公司为新成立的小规模纳税人,生产所需的机器设备采取对外租赁的方式经营。2022 年 1 月,南和公司拟采购新设备,供应商报价为含税价格 113 万元,预计该设备使用期限为 5 年。如果不采购新设备,继续租赁设备生产产品,年租金将高达 28 万元。在考虑设备是否购买的问题,集团进行了前期调研,提出了由阳橙公司购买新设备后租赁给南和公司使用的方案,租赁期为 5 年,年租赁费为 20 万元。如果不考虑资金的时间价值及设备的预计净残值,阳橙公司为一般纳税人,南和公司是否能够接受该建议?

【解析】

运用现金净流量法的原理来进行方案的选择。

方案一:南和公司租赁设备

南和公司为小规模纳税人,无论出租方关于租金是否开具增值税专用发票,都无法抵扣进项税额,同时租金作为成本,具有抵减所得税作用。

5 年中南和公司现金净流出量合计 $=28×5×(1-25\%)=105$(万元)

方案二:不接受建议,南和公司购买设备

南和公司为小规模纳税人,无论供应商是否开具增值税专用发票,均无法抵扣进项税额。

5 年中南和公司现金净流出量合计 $=113-113×25\%=84.75$(万元)

方案三:接受建议,阳橙公司购买设备后租赁给南和公司,每年收取租金 20 万元,共收取 5 年

5 年中阳橙公司现金流入量主要有:租金收入、租金收入产生的增值税的销项税额、折旧递减企业所得税税额这三个现金流入。

5 年中阳橙公司现金流入量合计 $=5×20+5×20×13\%+100×25\%=138$(万元)

5 年中阳橙公司现金流出量主要有:购买设备支出,租金收入交纳企业所得税共两个项目。

阳橙公司现金流入量合计 $=113+5×20×25\%=138$(万元)

阳橙公司现金净流入量 $=138-138=0$

5 年中南和公司现金净流量合计 $=5×20×(1-25\%)=75$(万元)

从现金净流量的分析来看,与方案二相比,方案一现金流出量较大,方案一肯定不可行。方案二和方案三相比,南和公司现金净流量节约 9.75 万元(84.75-75)。但从兴宏公司集团主体来看,阳橙公司购入设备获得了进项税额的抵扣,节省了集团的增值税的应缴纳税额。因此,考虑企业间的关联关系,调整采购设备的主体,集团获得节税收益,选择方案三。值得注意的是,实务中阳橙公司给出的租金不能过低,否则有关联方转移利润的税收风险。

纳税人采购固定资产除了采购时机的选择、采购渠道的选择,还要充分利用购置固定资产时的税收优惠政策。我国《企业所得税法》第 34 条和《企业所得税法实施条例》第 100 条规定,企业购置环境保护、节能节水、安全生产等专用设备的,该专用设备投资额的 10% 可以从企业当年的应缴纳税额中抵免;当年不足抵免的,可以在以后 5 个纳税年度结转抵免。

纳税人需要注意的是,根据《财政部 税务总局 国家发展改革委 工业和信息化部 环境保护部关于印发节能节水和环境保护专用设备企业所得税优惠目录(2017 年版)的通知》

(财税〔2017〕71号)规定,专用设备应在《环境保护专用设备企业所得税优惠目录》(2017)、《节能节水专用设备企业所得税优惠目录》(2017)和《安全生产专用设备企业所得税优惠目录》(2008)的规定范围内;享受企业所得税优惠的企业,应当实际购置并自身实际投入使用;企业购置的专用设备在5年内转让或出租,应当停止享受企业所得税优惠,并补缴已经抵免的企业所得税税款。

案例 4-8

三荷公司为居民纳税企业,为扩大生产规模,2021年12月拟购买设备生产节能新产品,计划投资额为1 500万元。预计公司2022—2024年度应纳税所得额分别为280万元、360万元和400万元。该公司在购买设备上如何进行税收筹划?

【解析】

方案一:购买在企业所得税优惠目录内的节能设备

企业允许抵免的专用设备投资额=1 500×10%=150(万元)

2022年应缴纳企业所得税=100×12.5%×20%+180×20%×50%=20.5(万元)

2022年能得到抵免20.5万元,则当年缴纳企业所得税为0。

2023年应缴纳企业所得税=360×25%=90(万元)

2023年能得到抵免90万元,则当年实际缴纳企业所得税为0。

2024年应缴纳企业所得税=400×25%=100(万元)

2024年能得到企业所得税抵免额=150-20.5-90=39.5(万元)

2024年实际缴纳企业所得税=100-39.5=60.5(万元)

2022—2024年一共应缴纳企业所得税=60.5(万元)

方案二:购买不在企业所得税优惠目录内的节能设备

如果公司购买节能设备,但是设备不在节能节水专用设备企业所得税优惠目录内,该专用设备投资额的10%不可以从企业当年的应缴纳税额中抵免。

2022—2024年一共应缴纳企业所得税
=100×12.5%×20%+180×50%×20%+(360+400)×25%=210.5(万元)

综上所述,按方案一购买节能设备比方案二购买不在节能节水专用设备企业所得税优惠目录内的节能设备使企业3年少缴企业所得税共计为150万元(210.5-60.5),实质上就是企业允许抵免的专用设备投资额150万元(1 500×10%)节约了企业税收。

二、采购车辆的税收筹划

在中华人民共和国境内购置汽车、有轨电车、汽车挂车、排气量超过150毫升的摩托车(以下统称"应税车辆")的单位和个人,需要按照规定缴纳车辆购置税。对于企业而言,购置车辆时税收筹划的重点是增值税和车辆购置税。为了便于说明原理和纳税人的普遍适用性,以下内容重点考虑购置车辆时车辆购置税的税收筹划。

(一)车辆购置税的相关税收政策

纳税人购买自用应税车辆的计税价格,为纳税人实际支付给销售者的全部价款,此价款依据纳税人购买应税车辆时的机动车销售统一发票载明的价格确定,不包括增值税税款。车辆购置税实行统一比例税率,税率为 10%。车辆购置税应缴纳税额的计算公式为:

$$应缴纳税额 = 计税价格 \times 税率$$

纳税人购买自用车辆的计税依据为:

$$计税价格 = 全部价款 \div (1 + 增值税税率或征收率)$$

纳税人进口自用应税车辆,按照组成计税价格和适用税率计算应缴纳消费税税额。组成计税价格和应缴纳消费税税额的计算公式为:

$$组成计税价格 = 关税完税价格 + 关税 + 消费税 = (关税完税价格 + 关税) \div (1 - 消费税税率)$$
$$应缴纳消费税税额 = 组成计税价格 \times 消费税税率$$

购置车辆时与中小企业相关的车辆购置税的有关优惠政策主要有:

自 2021 年 1 月 1 日至 2022 年 12 月 31 日,有关政策继续对购置的新能源汽车免税,具体操作按照《财政部 税务总局 工业和信息化部关于新能源汽车免征车辆购置税有关政策的公告》(财政部公告〔2020〕21 号)有关规定执行。2020 年 12 月 31 日前已列入《免征车辆购置税的新能源汽车车型目录》的新能源汽车免征车辆购置税政策继续有效。

(二)采购车辆的税收筹划案例

车辆购置税的税率目前恒定为 10%,对中小企业而言,购置车辆时税率方面几乎没有筹划的空间。因此,车辆购置税税收筹划的方式是缩小车辆购置税的计税依据和享受税收优惠政策。

企业购买车辆时,可选择的供应商可以是小规模纳税人,也可以是一般规模人,均可以取得机动车销售统一发票。机动车销售统一发票是具有抵扣功能的增值税普通发票,无论是电子发票还是纸质发票,显示的金额都是含税价格。因为小规模纳税人征收率和一般规模人的税率不同,导致车辆购置税的计税依据也不同,这为车辆购置税的税收筹划提供了可能。

假设一般纳税人的含税报价为 X,小规模纳税人的含税报价为 Y,

$$从一般纳税人处购买车辆应缴纳的车辆购置税 = \frac{X}{1 + 13\%} \times 10\%$$

$$从小规模纳税人处购买车辆应缴纳的车辆购置税 = \frac{Y}{1 + 1\%} \times 10\%$$

令从一般纳税人处购买车辆应缴纳的车辆购置税等于从小规模纳税人处购买车辆应缴纳的车辆购置税,即 $\frac{X}{1 + 13\%} \times 10\% = \frac{Y}{1 + 1\%} \times 10\%$

$\frac{X}{Y} = 1.119$,或者 $X = 1.119Y$

一般纳税人报价与小规模纳税人报价的比值 1.119 为价格比的临界平衡点,可以得出以下结论:

(1)一般纳税人报价小于小规模纳税人报价的 1.119 倍时,应向一般纳税人购买车辆。

（2）一般纳税人报价是小规模纳税人报价的 1.119 倍时，从一般纳税人处购买车辆或从小规模纳税人处购买车辆没有差别。

（3）一般纳税人报价大于小规模纳税人报价的 1.119 倍时，应向小规模纳税人购买车辆。

案例 4-9

自然人成铭于 2022 年 1 月设立了鸿衡科技服务咨询公司，是小规模纳税人，公司拟于 2022 年 3 月购置一辆大众商用 5 人座轿车。经过市场调研，意向的商家有两家，一家为大众汽车 4S 店，其报价为 21 万元；另一家为小规模纳税人的汽车销售公司，其报价为 20.2 万元。若不考虑印花税，请帮助鸿衡公司购买车辆进行税收筹划。

【解析】

一般纳税人报价与小规模纳税人报价价格比＝21÷20.2＝1.02＜平衡点 1.119，应向一般纳税人大众汽车 4S 店购买车辆。以下进行计算验证。

方案一：从汽车销售公司购入

应缴纳车辆购置税＝202 000÷(1+1%)×10%＝20 000(元)

方案二：从大众汽车 4S 店购入

应缴纳车辆购置税＝210 000÷(1+13%)×10%＝18 584.07(元)

方案二比方案一少缴纳车辆购置税税款 1 415.93 元(20 000－18 584.07)，但是车价贵 8 000 元，从车辆购置税的单一视角来看，应选择方案二，即从大众 4S 店购入更能节税。本案例只是提供一种税收筹划的思路，实务中，企业还需要综合考虑考虑车辆的报价、售后服务等因素。

自 2021 年 1 月 1 日至 2022 年 12 月 31 日，纯电动汽车、燃料电池汽车、插电式混合动力(含增程式)汽车购置的新能源汽车免征车辆购置税。免征车辆购置税的新能源汽车，依据工业和信息化部、税务总局发布的《免征车辆购置税的新能源汽车车型目录》(以下简称《目录》)实施管理。自《目录》发布之日起，购置列入《目录》的新能源汽车免征车辆购置税，购置时间为机动车销售统一发票(或有效凭证)上注明的日期。

对已列入《目录》的新能源汽车，新能源汽车生产企业或进口新能源汽车经销商(以下简称汽车企业)在上传《机动车整车出厂合格证》或进口机动车《车辆电子信息单》(以下简称车辆电子信息)时，在"是否符合免征车辆购置税条件"字段标注"是"(即免税标识)。工业和信息化部对汽车企业上传的车辆电子信息中的免税标识进行审核，并将通过审核的信息传送至税务总局。税务机关依据工业和信息化部审核后的免税标识和机动车统一销售发票(或有效凭证)，办理车辆购置税免税手续。汽车企业应当保证车辆电子信息与车辆产品相一致。

案例 4-10

自然人方圆于 2021 年 12 月设立了蔚来科技服务咨询公司，是小规模纳税人，公司拟于 2022 年 3 月购置一辆 5 人座商用轿车。经过市场调研，公司在 4S 店看中两辆汽车，一辆为燃油汽车，价格为 22.6 万元；另一辆为插电式混合动力的新能源汽车，其报价为 24 万元，不考虑印花税,请帮助蔚来公司购买车辆的行为进行税收筹划。

【解析】

方案一:购入燃油汽车

应缴纳车辆购置税=226 000÷(1+13%)×10%=20 000(元)

方案二:购入插电式混合动力的新能源汽车

根据规定,自2021年1月1日至2022年12月31日,纯电动汽车、燃料电池汽车、插电式混合动力(含增程式)汽车购置的新能源汽车免征车辆购置税,因此无须缴纳车辆购置税。

方案一比方案二多缴纳车辆购置税税款20 000元,车价便宜14 000元,从购买时的现金流出量角度分析,因此选择方案二购入插电式混合动力的新能源汽车。要明确的是,购入车辆的选择要考虑的因素很多,购置成本、后续使用成本、售后服务、消费偏好等等,车辆购置税只是其中的一个因素而已。

需要强调的是,纯电动汽车、燃料电池汽车、插电式混合动力(含增程式)汽车购置的新能源汽车免征车辆购置税是要符合规定条件的,包括购入时间要求和车辆的要求。

如果企业从国外进口汽车整车和汽车的零部件,在进口环节关税税率和消费税的税率存在差异,纳税人可以利用税率的差异进行进口环节购进车辆的税收筹划。

◎ **案例 4-11**

居民企业米捷公司主要从事数字化产品设计,公司为一般纳税人,准备于2022年3月从国外进口两辆商务用轿车,与代理公司接洽后,获得以下信息。进口的每辆轿车包含的零部件预计5万元,轿车整车和零部件一同报关,海关核定的完税价格预计为30万元,2辆车共需支付60万元,其中含零部件10万元。进口环节轿整车的关税税率为15%,消费税税率为5%,进口零部件关税税率为6%。请帮助米捷公司对进口轿车业务进行税收筹划。

【解析】

本例中进口整车的关税税率为15%,而进口汽车零部件关税税率为6%,关税税率的不同,导致关税完税价格不同。计税依据的不同,导致应缴纳增值税、消费税、契税均不相同。此外,进口应税消费品的零部件还可以不缴纳消费税。因此,分成两个方案进行筹划。

方案一:整车和零部件共同报关

应缴纳关税=60×15%=9(万元)

应缴纳消费税=(60+9)÷(1−5%)×5%=3.63(万元)

应缴纳增值税=(60+9)÷(1−5%)×13%=9.44(万元)

应缴纳车辆购置税=(60+9)÷(1−5%)×10%=7.26(万元)

应缴纳税额合计=9+3.63+9.44+7.26=29.33(万元)

方案二:整车和零部件分别报关,整车价格50万元,零部件10万元

整车应缴纳关税=50×15%=7.5(万元)

整车应缴纳消费税=(50+7.5)÷(1−5%)×5%=3.03(万元)

整车应缴纳增值税=(50+7.5)÷(1−5%)×13%=7.87(万元)

整车应缴纳车辆购置税=(50+7.5)÷(1−5%)×10%=6.05(万元)

零部件应缴纳关税＝10×6％＝0.6（万元）

进口汽车的零部件不缴纳消费税。

零部件应缴纳增值税＝（10＋0.6）×13％＝1.38（万元）

应缴纳税额合计＝7.5＋3.03＋7.87＋6.05＋0.6＋1.38＝26.43（万元）

显然，方案二比方案一少缴纳税款2.9万元（29.33－26.43），其中，节省关税0.9万元（9－7.5－0.6）、消费税0.6万元（3.63－3.03）、增值税0.19万元（9.44－7.87－1.38）、车辆购置税1.21万元（7.26－6.05）。由于方案二将进口车的工具件和零部件单独报关，节省了流转税和车辆购置税，为企业减轻了税负。

三、购置不动产的税收筹划

契税是以在中华人民共和国境内转移土地、房屋权属为征税对象，向产权承受人征收的一种财产税。纳税人购置不动产需要缴纳契税，考虑普遍适用性的原则，本小节购置不动产税收筹划的重点是对契税进行税收筹划。

（一）契税的相关税收政策

契税的纳税人是在中国境内转移土地、房屋权属的承受单位和个人，土地、房屋权属是指土地使用权和房屋所有权。契税的征税对象为发生土地使用权和房屋所有权权属转移的土地和房屋，具体征税范围包括：国有土地使用权出让；土地使用权转让，包括出售、赠与和交换；房屋买卖、赠与、互换。即以货币为媒介，出卖者向购买者过渡房产所有权的交易行为。契税的税率实行幅度比例税率，幅度为3％～5％。契税的计税依据不含增值税，具体金额按照土地、房屋交易的不同情况确定。契税的税收筹划常见的办法是尽量减少契税的计税依据，从而减少契税的缴纳。

（二）购置不动产的税收筹划案例

案例4-12

自然人王明于2016年1月设立了一家动漫设计公司，公司为一般纳税人，公司拟于2022年3月购买一家150平方米的办公房。前期的市场调研看中了两处房产：一处为精装房，买价500万元；另一处同样面积的毛坯房购买价款为400万元，但是后期要装修，要支付给装修公司装修费用等100万元。如果当地契税税率为3％，若不考虑印花税，请为公司购买办公房业务的契税进行税收筹划。

【解析】

方案一：购买精装房

应缴纳的契税＝500×3％＝15（万元）

方案二：购买毛坯房

应缴纳的契税＝400×3％＝12（万元）

方案二比方案一少缴纳契税3（15－12）万元，装修公司的装修费用不要缴纳契税，而方案一中装修费用形成了契税的计税依据,所以多缴契税3万元(100×3%)。

因此,纳税人购置不动产签订合同时,成交价格中最好仅仅为不动产自身的价格,随不动产销售的其他资产,可以另行签订一份合同,以达到少缴纳契税的目的。

◎ 案例 4-13

自然人蒋明创业设立了以运动健身为主要业务的中意公司,公司为小规模纳税人。公司隔壁的绵阳公司有一个生产车间欲出售给中意公司做羽毛球馆,该生产车间有一栋生产车间及其他生产厂房附属物,附属物主要为变电塔、围墙等,该生产车间总占地面积700平方米,整体评估价为700万元,其中:生产厂房评估价为600万元,其他附属物评估价为100万元。当地契税适用税率为3%,不考虑印花税,请对中意公司购买厂房业务的契税进行税收筹划。

【解析】

方案一:签订一份销售合同

厂房整体评估价700万元,中意公司应缴纳契税=700×3%=21(万元)

方案二:签订两份销售合同

一份合同为生产厂房及土地使用权的合同,合同金额为600万元,另外一份合同为独立于房屋之外的附着物,合同金额为100万元。

独立于房屋之外的附属物免征契税,因此:

中意公司应缴纳契税=600×3%=18(万元)

方案二比方案一少缴纳契税3万元(21-18),所以应当选择方案二,对于契税的税收筹划可以采取签订两份合同,将建筑物的附属设施单独计价,减少契税的计税依据。

第四节　采购服务和加工劳务的税收筹划

采购服务和加工劳务主要涉及增值税的税收筹划,关于供应商的选择在本章第一节已经阐释,本节主要从转化购买服务的税目和用途的角度,以及从加工劳务方式的选择方面,分析购买加工劳务和服务的税收筹划。

一、购买建筑服务的税收筹划

购买建筑服务时,往往要签订建筑合同,在合同中合同价款条款中可能会有甲供材的金额。甲供材是指全部或部分设备、材料、动力由工程发包方自行采购的建筑工程。作为工程的承包方的一般纳税人即乙方为甲供工程提供的建筑服务,可以选择适用简易计税方法,简易计税的税率为3%。

作为工程发包方的一般纳税人如果签订甲供材合同,自行购进建筑材料和设备动力等可以获得进项税额的抵扣,同时在甲供材合同下,由于工程的承包方可以选择简易计税方法计税,开具征收率为税率3%的增值税专用发票后,一般纳税人还可以继续抵扣。

◎ 案例 4-14

　　昌盛公司是一家生产企业,为增值税一般纳税人。该公司准备于 2022 年 3 月开始建造职工食堂,由建设单位南和公司承建,预计建设期为半年,工程造价共计 872 万元,其中建筑材料及设备动力等含税价格 678 万元。南和公司按照 77.6 万元分包给丁建筑公司承建部分工程,昌盛公司如何签订合同可以降低税负?

【解析】

　　方案一:昌盛公司与南和公司签订普通建筑合同

　　合同约定工程造价 872 万元,设备及建筑材料由南和公司购进。南和公司开具增值税专用发票,价税合计 872 万元,昌盛公司可以抵扣进项税额。

　　进项税额＝872÷(1＋9%)×9%＝72(万元)

　　方案二:昌盛公司与南和公司签订甲供材内容的建筑合同

　　昌盛公司亲自购进建筑材料和设备,取得增值税专用发票,可以抵扣进项税额。

　　进项税额＝678÷(1＋13%)×13%＝78(万元)

　　南和公司按照 77.6 万元分包给丁建筑公司承建部分工程,选择差额简易计税。南和公司根据合同约定,按照征收率 3% 和扣除甲供材后的金额开具增值税专用发票给昌盛公司。

　　进项税额＝(872－678)÷(1＋3%)×3%＝5.65(万元)

　　进项税额合计＝78＋5.65＝83.65(万元)

　　由以上分析可知,昌盛公司与南和公司签订甲供材合同,与方案一相比,方案二昌盛公司可以抵扣的金额多了 11.65 万元(83.65－72),减轻了昌盛公司的税负。因此,从税负的角度方面的考虑应选择方案二。

　　实务中,当甲供材的金额占整个工程金额的比例较大时,在建筑合同中约定甲供材的条款比较有利,因为甲供材会增加发包方的管理成本,如果获得的节税收益小于甲供材的管理成本,反而会影响企业的损益。因此在建筑合同中是否要约定甲供材的条款需要综合考虑。

二、购买旅客运输服务的税收筹划

(一) 购买旅客运输服务的相关税收政策规定

　　纳税人允许抵扣的国内旅客运输服务进项税额,是指纳税人自 2019 年 4 月 1 日及以后实际发生,并取得现行合法有效的增值税扣税凭证抵扣的增值税税额。其中,以增值税专用发票或增值税电子普通发票为增值税扣税凭证的,增值税专用发票或增值税电子普通发票的开具时间应为 2019 年 4 月 1 日及以后。一般纳税人购进国内旅客运输服务,其进项税额允许从销项税额中抵扣。纳税人未取得增值税专用发票的,按照以下规定确定进项税额。

　　(1) 取得增值税电子普通发票的,为发票上注明的税额。

　　(2) 取得注明旅客身份信息的航空运输电子客票行程单的,为按照下列公式计算的进项税额:

$$航空旅客运输进项税额＝(票价＋燃油附加费)÷(1＋9\%)×9\%$$

需要指出的是,计算进项税额时不包括民航发展基金和机场建设费。

(3) 取得注明旅客身份信息的铁路车票的,为按照下列公式计算的进项税额:

$$铁路旅客运输进项税额＝票面金额÷(1＋9\%)×9\%$$

(4) 取得注明旅客身份信息的公路、水路等其他客票的,为按照下列公式计算的进项税额:

$$公路、水路等其他旅客运输进项税额＝票面金额÷(1＋3\%)×3\%$$

特别强调的是,增值税一般纳税人购进国内旅客运输服务,可以作为进项税额抵扣的凭证包括:增值税专用发票、增值税电子普通发票,注明旅客身份信息的航空运输电子客票行程单、铁路车票及公路、水路等其他客票。国内旅客运输服务,限于与本单位签订了劳动合同的员工,以及本单位作为用工单位接受的劳务派遣员工发生的国内旅客运输服务。这样处理的依据有:第一,遵循增值税基本规定。纳税人实际接受或负担的、与其生产经营相关的购进项目,可以允许抵扣进项税额。员工以其单位经营活动为目的发生的旅客运输服务,与本单位生产经营相关。第二,遵循经济业务实际。在实际企业发生的经济活动中,以劳务派遣形式用工时,派遣人员直接受用工单位指派进行业务活动,与单位员工工作性质一致。纳税人如果为企业的客户、邀请讲课专家等存在业务合作关系的非雇员支付旅客运输费用,不能纳入抵扣范围。需要注意的是,上述允许抵扣的进项税额,应用于生产经营所需,如属于集体福利或者个人消费,其进项税额不得从销项税额中抵扣。未注明旅客身份信息的其他票证(手写无效),暂不允许作为扣税凭证,例如,不能凭长途客运手撕票抵扣进项税额。同时,还需要明确,只有购进国内旅客运输服务才可以抵扣进项税额,国际旅客运输服务不可以抵扣进项税额。国际运输服务包括在境内载运旅客或者货物出境;在境外载运旅客或者货物入境;在境外载运旅客或者货物。例如,购买厦门飞中国香港的机票属于购进国际旅客运输服务,不能抵扣进项税额。

纳税人购进国内旅客运输服务,以取得的增值税电子普通发票上注明的税额为进项税额的,增值税电子普通发票上注明的购买方"名称""纳税人识别号"等信息,应当与实际抵扣税款的纳税人一致,否则不予抵扣。

(二) 购买旅客运输服务的税收筹划案例

◎ **案例 4-15**

自然人王新设立的桑德公司为增值税一般纳税人,主要生产电梯配件。2022 年 3 月王新准备带着多名维修人员去客户单位参观学习,同时对所出售的产品进行维护和检测,出行往返交通工具有两种方案可供选择:

方案一,乘汽车的方式出差,可以取得注明旅客身份信息的公路客票,票面金额合计为5 000 元;

方案二,乘高铁的方式出差,可以取得注明旅客身份信息的铁路车票,票面金额合计为

5 000 元。

请对桑德公司出差业务进行增值税的税收筹划。

【解析】

方案一：乘长途汽车的方式出差

通过乘长途汽车的方式出差,可以取得注明旅客身份信息的公路客票若干张,票面金额合计为 5 000 元。

可以抵扣的进项税额＝5 000÷(1+3%)×3%＝145.63(元)

方案二：乘高铁的方式出差

通过乘高铁的方式出差,可以取得注明旅客身份信息的铁路车票若干张,票面金额合计为 5 000 元。

可以抵扣的进项税额＝5 000÷(1+9%)×9%＝412.84(元)

上计算可以看出,方案二比方案一多抵扣进项税额 267.21 元(412.84－145.63),从而少缴纳增值税 267.21 元,若以实现增值税税负最小化为税收筹划目标,则应当选择方案二。本例只是提供一种税收筹划的思路,实务中同样目的地的旅客运输,铁路运输费用高于公路运输,企业需要综合考虑。

一般情况下,购买旅客运输服务获得的发票税收编码属于"运输服务",且税率栏是 9% 或 3%,则可以按照发票上注明的税额抵扣进项税额。如果发票税收编码属于"旅游服务"或税率栏是 6% 或 5%,则不是旅客运输服务,不能抵扣进项税额。但如果将旅游服务性质转为公务考察,获得增值税专用发票就可以抵扣进项税额。

案例 4-16

自然人钱明于 2018 年设立了盛昌公司,主要销售汽车配件产品,为一般纳税人,为增强企业凝聚力,钱明准备于 2022 年 3 月通过旅游公司组织公司骨干员工在外地景区休假,关于飞机票、住宿费、餐饮费、接团费等经确认共计为 19.08 万元,旅游公司一共收取费用 26.5 万元。休假期间员工还将去客户单位参观并交流产品等其他公务学习事项。假设旅游公司为一般纳税人,开具差额增值税发票时不选用简易计税方式,请对盛昌公司购进的该项服务进行税收筹划。

【解析】

方案一：旅游公司开具金额 26.5 万元的增值税普通发票

在该方案下,没有进项税额抵扣。

方案二：开具部分金额或全额的增值税专用发票

可以开具两张,金额分别为 19.08 万元的增值税普通发票和 7.42 万元的增值税专用发票,或者开具一张含税金额为 26.5 万元增值税专用发票,其中不含税金额为 26.08 万元,进项税额为 0.42 万元,备注栏注明飞机票、住宿费、餐饮费、接团费的经营成本为 19.08 万元。

旅游服务用于集体福利或者个人消费,支付的旅游费不能作为进项税额抵扣;但是如果企业委托旅游公司组织与生产经营相关的公务考察活动,交通和住宿等由旅游公司统一安排支付时,如果取得合法有效的增值税专用发票后就可以抵扣。从上述案例的描述可以看出,由于旅游服务公司收取的住宿费、餐饮费等 21.2 万元的费用,不得开具增值税专用发票,无法获得进项税额的抵扣机会。但是对于其中的差额部分符合抵扣条件,在取得旅游公司按差额开具的增值税专用发票后,就可以抵扣进项税额。本例中的差额部分为含税价格 7.42 万元(26.5－19.08),可以要求旅游公司出具增值税专用发票。

取得旅游公司差额开具增值税专用发票后,可以抵扣的进项税额为:

进项税额＝(26.5－19.08)÷(1＋6％)×6％＝0.42(万元)

与方案一相比,根据企业组织旅游服务的内容,调整旅游服务的开具发票的种类,为公司获得了进项税额抵扣的机会,节约了现金流。

三、签订服务合同的节税技巧

服务合同的签订是采购服务税收筹划的起点,服务的项目、时间和要求、结算方式等都会反映在服务合同内容里,服务合同的签订中要关注与税收相关的事项。

购买服务的合同中,如果是混业业务(既涉及货物又涉及服务),要注明各自的税率及金额,为后期兼营业务的分开核算做好准备。不注明的,按照货物的税率从高核算,这将增加企业的税收负担。对于适用不同税率的服务费用应在合同中分别注明。例如,关于广告代理合同,广告发布费等广告服务属于文化创意服务,对一般规模纳税人而言,按照 6％ 的税率计算增值税,不用交文化事业费;广告制作费为货物销售行为,对一般规模纳税人而言,按照 13％ 的税率计算增值税。因此,企业须在合同中将广告设计费、制作费、展示费、广告代理费、网站服务费和广告牌租赁费等非广告发布费与广告发布费分别注明,并在合同中明确广告发布者与经营者必须向广告主开具广告发票和广告发布费发票。对广告发布者和经营者而言,可以节约文化事业建设费;对购买广告服务的企业而言,广告制作费用可以抵扣 13％ 的增值税,可以多抵扣增值税,同时为未来在应纳税所得额税前扣除广告费和业务宣传费打下基础。

购买服务的合同中要考虑涨价等因素的影响,增加预算的补充条款。服务合同中已经明确服务的价格,但是履行合同期间,如果因为材料供应商涨价等因素,付款时按照涨价后的金额支付价款,与开票金额一致,但是实际发票金额与合同确定的金额却不一致。因此,在签订服务合同时,往往要与材料供应商签订一份"关于涨价的补充协议",注明增加的金额及原因。

关键事项的金额要特别注明。例如,在租赁合同中,如果出租建筑设备,合同中如果没有配备设备操作人员事项金额的约定,被认定为将建筑施工设备出租给他人使用但没有配备操作人员的有形动产租赁行为,一般纳税人将对其按照 13％ 计算增值税。如果有人员的约定,被认定为将建筑施工设备出租给他人使用并配备了操作人员的,为建筑服务,一般纳税人将按照 9％ 计算增值税。与此相类似的租赁服务业务还有出租库房,若是仅仅出租库房但没有配备仓库保管人员,为不动产租赁服务,一般纳税人可以按照简易计税征收率为 5％,也可以按照 9％ 计算增值税;若出租库房并配备仓库保管人员被认定为仓储服务,一般纳税人选择简易计税征收率为 3％,也可以按照 6％ 计算增值税。租赁车辆的服务中,不带司机的车辆租赁认定为有形动产租赁,一般纳税人按照13%计算增值税;若既租车又配司机,被认定为交通运输服务,一般纳税人按照9%计算增值税,等等。因此,服务合同中,与税收行为认定直接相关的关键事项的金额要明确。

四、采购加工劳务的税收筹划

(一)非应税消费品加工方式的税收筹划

税法意义上的加工是指接收来料承做货物,加工后的货物所有权仍属于委托者的业务。委托加工业务是指由委托方提供原料及主要材料,受托方按照委托方的要求制造货物并收取加工费的业务。税法意义上的加工实质上就是实务中的来料加工。企业在生产经营过程中,往往由于生产技术或生产能力的限制,需要将部分零部件委托给其他企业加工,其加工方式主要有经销加工和来料加工两种,经销加工是指原料及主要材料由受托方采购,加工成产品后出售给委托方,此时,委托方和受托方的行为实质上是购销行为。来料加工是指受托方仅收取加工费和辅料的费用。选择不同的加工方式产生的税负和净现金流量是不相同的,税负最终影响净现金流量。因此,购买加工劳务的税收筹划主要是加工方式的选择,选择的依据可以从净现金流量的角度来测算,获得净现金流量多的加工方式为优选方案。

🎯 案例4-17 ▬▬▬▬▬▬▬▬▬▬▬▬▬▬▬▬▬▬▬▬▬▬▬▬▬▬▬▬▬▬

阳明公司为一般纳税人,拟于2022年1月接受德林公司小规模纳税人的委托,为德林公司加工汽车产品配件10 000个,每个配件所需要的原材料价格为140元,与市场价格一致。收回每个配件的不含税价格为200元。阳明公司既可以采取经销加工方式,也可以采取来料加工方式。每个配件的加工费为20元,加工过程中人工成本以及设备损耗等费用合计10 000元,可抵扣的进项税额为1 000元。从德林公司加工该配件需要的材料可以外购,但是德林公司材料报价最经济,阳明公司决定从德林公司采购。德林公司为增值税小规模纳税人,可开具征收率为1%的增值税专用发票。假设公司所发生的经济业务均以转账支票结算,如果不考虑企业所得税,请为阳明公司选择较为合理的加工方式。

【解析】

方案一:经销加工方式,委托加工合同分别记载加工费金额和材料金额

应缴纳增值税=200×1×13%-140×1%×1-20×1×13%-0.1=21.9(万元)

应缴纳增值税附加税=21.9×12%=2.628(万元)

应缴纳印花税=200×1×0.3‰+20×1×0.5‰=0.07(万元)

缴纳税款合计=21.9+2.628+0.07=24.598(万元)

净现金流量=200×1-140×1-20×1-1-21.9-2.628-0.07=14.472(万元)

方案二:来料加工方式

应缴纳增值税=20×1×13%-0.1=2.5(万元)

应缴纳增值税附加税=2.5×12%=0.3(万元)

应缴纳印花税=20×1×0.5‰=0.01(万元)

缴纳税款合计=2.5+0.3+0.01=2.81(万元)

净现金流量＝20×1－1－2.5－0.3－0.01＝16.19（万元）

通过比较,采用来料加工方式比经销加工方式可多获得净现金流量1.718万元(16.19－14.472),应缴纳增值税和增值税附加税少交21.788万元(24.598－2.81)。可见,这笔业务对阳明公司而言,在现有条件下采取来料加工比经销加工更合算。

需要注意的是,对于由受托方提供原材料的加工、定做合同,凡在合同中分别记载加工费金额和来料金额的,应分别按加工承揽合同、购销合同计税,两项税额相加即为合同应贴印花。若合同中未分别记载,则应就全部金额依照加工承揽合同计税贴花。对于由委托方提供主要材料或原料,受托方只提供辅助材料的加工合同,无论加工费和辅助材料金额是否分别记载,均以辅助材料与加工费的合计数,依照加工承揽计税贴花。对委托方提供的主要材料或原料金额不计税贴花。

此外,加工方式的选择受加工费在产品售价的占比的影响较大,因此企业要仔细测算。

(二) 应税消费品加工方式的税收筹划

应税消费品是指《中华人民共和国消费税暂行条例》规定的生产、销售、移送进口时应缴纳消费税的消费品。消费税是价内税,其税负的高低直接影响企业的利润水平,企业通过消费税税收筹划,降低消费税负,可提高企业的经济效益。企业生产应税消费品,可以选择自行加工,也可以选择委托加工。税法规定,委托加工的应税消费品,是指由委托方提供原材料和主要材料,受托方只收取加工费和代垫部分辅助材料加工的应税消费品,由受托方提供原材料或其他情形的一律不能视同委托加工应税消费品。需要注意的是,由受托方提供原材料,或受托方先将原材料卖给委托方再接受加工,以及由受托方以委托方名义购进原材料生产的应税消费品,不论纳税人在财务上是否做销售处理,都不得作为委托加工应税消费品,而应看作受托方销售自制消费品,此时消费税的纳税人为受托方。

1. 自行加工与委托加工的有关税法政策

自行加工应税消费品由生产企业按照销售收入和规定的税率计算缴纳消费税。纳税人连续生产自产自用的应税消费品的,不用缴纳消费税。用外购的已纳消费税的产品连续生产应税消费品时,可以扣除外购的应税消费品已纳的消费税税款。

委托加工的应税消费品应由受托方代收代缴消费税;委托加工的应税消费品收回后,可以在本企业继续加工成应税产成品,也可以直接对外销售。为了避免税款流失,对于委托加工应税消费品的应缴纳消费税,我国采取了源泉控制的管理办法,即由受托方(受托方为个人的除外)向委托方交货时代收代缴消费税。纳税人委托个人(含个体工商户)加工应税消费品的,一律由委托方收回后在委托方所在地缴纳消费税。委托方将收回的应税消费品以不高于受托方的计税价格出售的,为直接出售,不再缴纳消费税;委托方以高于受托方的计税价格出售的,不属于直接出售,需要按照规定申报缴纳消费税,在计税时准予扣除受托方已代收代缴的消费税。委托方回的应税消费品,若用于连续生产应税消费品,已纳的消费税税款准予按规定抵扣。

企业进行生产应税消费品筹划时,应按应税消费品加工方式进行测算,选择消费税负最低的方案。不同加工方式产生税后利润差异,是因为不同加工方式应税消费品的税基不同,自行加工的应税消费品,计税的税基为产品销售价格,税负最重,购买应税消费品继续加工方式,虽然以产品销售价格为税基,但允许扣除购入原材料的已经缴纳消费税税额,税负相对较轻,委托加工应税消费品,计税的税基为组成计税价格或同类产品销售价格,其往往低于产品销售价格,而低于的这一部分,实际上未缴纳消费税,故税负最轻。

2. 自行加工与购买应税消费品继续加工选择的税收筹划

◎ 案例 4-18

美达厨具公司准备于 2022 年 1 月购进一批木制一次性筷子的木料,价值 200 万元,准备由一车间加工成木制一次性筷子半成品,预计加工费为 220 万元,然后由二车间加工成高档木制一次性筷子,预计加工费为 80 万元,生产完成后出售木制一次性筷子,预计不含税销售收入为 1 500 万元。企业也可以不购买木料,直接购买木制一次性筷子的半成品,半成品价值 500 万元,再交由二车间加工成高档木制一次性筷子,投入的加工费仍为 80 万元。木制一次性筷子消费税税率为 5%,企业所得税税率为 25%。假设企业的税收成本仅考虑消费税,请帮助美达厨具公司做出选择。

【解析】

方案一:自行购进原材料,自行将高档木制一次性筷子对外销售

应缴纳消费税税额＝1 500×5%＝75(万元)

税后利润＝(1 500−200−220−80−80−75)×(1−25%)＝633.75(万元)

方案二:外购木制一次性筷子半成品,继续生产高档木制一次性筷子对外销售

应缴纳消费税税额＝1 500×5%−500×5%＝50(万元)

美达厨具公司税后利润＝(1 500−500−80−50)×(1−25%)＝652.5(万元)

与方案一相比,方案二的销售利润高出 18.75 万元(652.5−633.75),故应选择外购木制一次性筷子半成品,继续生产高档木制一次性筷子对外销售方案。

3. 委托加工成应税消费品成品和半成品选择的税收筹划

对于委托加工的应税消费品,应按照受托方同类消费品的销售价格计算纳税;没有同类消费品销售价格的,应按照组成计税价格计算纳税。

实行从价计征办法计算纳税的组成计税价格计算公式为:

$$组成计税价格＝(材料成本＋加工费)÷(1−消费税比例税率)$$

实行复合计税办法计算纳税的组成计税价格计算公式为:

$$组成计税价格 = \frac{材料成本＋加工费＋委托加工数量×定额税率}{1−消费税比例税率}$$

企业在选择委托加工工厂时,需要考虑受托方有无同类商品销售。若受托方有同类消费品销售,且同类消费品的销售价格高于委托加工消费品的最终销售价格,就会带来消费税应缴纳税额的增加。若受托方有同类消费品销售但其销售价格低于应税消费品最终的销售价格,或受托方无同类消费品销售,需要用组成计税价格代收代缴消费税,则不会加重委托方的消费税负担。

● 案例 4-19

美达厨具公司购进一批木料准备制作木制一次性筷子,木料价值 200 万元,准备委托 W 厂加工成木制一次性筷子的半成品,预计加工费为 220 万元,加工后木制一次性筷子半成品后,美达厨具公司收回继续加工成高档木制一次性筷子,预计加工费为 80 万元,生产完成后作为高档木制一次性筷子出售,预计不含税销售收入为 1 500 万元。企业也可以委托 W 厂直接加工成高档木制一次性筷子,预计加工费为 300 万元,高档木制一次性筷子生产完成后美达厨具公司全部收回对外出售,预计不含税销售收入还是 1 500 万元,木制一次性筷子消费税税率为 5%,企业所得税税率为 25%。如果仅考虑消费税,帮助美达厨具公司做出选择。

【解析】

方案一:委托其他企业加工木制一次性筷子半成品收回后,再生产为产成品对外销售

代收代缴消费税税额=(200+220)÷(1-5%)×5%=22.11(万元)

应缴纳消费税税额=1 500×5%-22.11=52.89(万元)

税后利润=(1 500-200-220-80-52.89)×(1-25%)=710.33(万元)

方案二:委托其他企业加工产成木制一次性筷子半成品收回后直接对外销售

代收代缴消费税税额=(200+300)÷(1-5%)×5%=26.32(万元)

美达厨具公司收回高档木制一次性筷子对外出售时不再缴纳消费税。

税后利润=(1 500-200-300-26.32)×(1-25%)=730.26(万元)

方案二与方案一相比,方案二的利润高出 19.93 万元(730.26-710.33),故应选择委托其他企业加工产成品收回后直接对外销售方案。

另外,纳税人对接受委托加工的受托方所在地的选择,也会影响最终税负。税法规定,凡缴纳增值税、消费税的单位及个人,均为城市维护建设税的纳税人。在其他条件相同的情况下,选择委托加工方时,应选择城市维护建设税税率低的加工方。

五、利用原始凭证分割单进行税前扣除的税收筹划

(一) 原始凭证分割单的政策规定

原始凭证分割单一般也称为分割单。《会计基础工作规范》(财会字〔1996〕19 号)第五十一条第(四)项规定,一张原始凭证所列支出需要几个单位共同负担的,应当将其他单位负担的部分,开给对方原始凭证分割单,进行结算。《企业所得税税前扣除凭证管理办法》(国税公告〔2018〕28 号)明确分割单可以作为税前扣除凭证。

企业与其他企业(包括关联企业)、个人在境内共同接受劳务(含应税劳务及非应税劳务)发生的支出,采取分摊方式的;企业租用(包括企业作为单一承租方租用)办公、生产用房等资产发生的水、电、燃气、冷气、暖气、通讯线路、有线电视和网络等费用,应当按照独立交易原则进行分摊,企业以发票(或发票外的其他外部凭证)和分割单作为税前扣除凭证,共同接受应税劳务的其他企业以企业开具的分割单作为企业所得税税前扣除凭证,但是不可以作为进项税额的抵扣凭证。

企业租用(包括企业作为单一承租方租用)办公生产用房等资产发生的水、电、燃气、冷

气、暖气、通讯线路、有线电视、网络等费用、出租方作为应税项目开具发票的,企业以发票作为税前扣除凭证;出租方采取分摊方式的,企业以出租方开具的其他外部凭证作为税前扣除凭证。此时严格来讲出租方也应开具分割单,只是出租方承担的比例为零。原始凭证分割单在满足上述条件时,可以作为企业所得税税前扣除凭证。

从地域来讲,从境外购进劳务原则上应按《企业所得税税前扣除凭证管理办法》第11条的规定处理,即"企业从境外购进货物或者劳务发生的支出,以对方开具的发票或者具有发票性质的收款凭证、相关税费缴纳凭证作为税前扣除凭证。"

从分摊对象来讲,《企业所得税税前扣除凭证管理办法》第18条规定的"企业与其他企业(包括关联企业)、个人在境内共同接受应税劳务"不包括货物,而第19条规定的企业租用(包括企业作为单一承租方租用)办公、生产用房等资产发生的费用则包括货物(如水、电、燃气)等各项支出。

根据《企业所得税税前扣除凭证管理办法》第19条的规定,企业作为单一承租方租用办公、生产用房等资产发生的水、电、燃气、冷气、暖气、通讯线路、有线电视、网络等费用,出租方采取分摊方式的,企业以出租方开具的其他外部凭证作为税前扣除凭证。此时严格来讲,出租方也应开具分割单,只是出租方承担的比例为零。

共同接受应税劳务行为和转售行为在税收待遇方面不同。从政策规定看,分割单可作为企业所得税税前扣除凭证的前提条件是多家企业共同接受应税劳务,即多家企业共同承担某项应税劳务支出,并委托其中一家企业作为代表与劳务提供方签订合同并获取增值税专用发票。

(二)利用原始凭证分割单进行税前扣除的税收筹划案例

🎯 **案例4-20**

海航公司准备聘请讲师陈明对公司中层员工职工进行研发费用加计扣除和知识产权贯标等知识的培训,因为参加培训人员少,正好科林公司也想培训员工这方面的知识,于是两家公司约定一起举办培训。请问海航公司和科林公司就该培训事项如何进行税收筹划?

【解析】

方案一:海航、科林两家公司共同接受应税劳务

由于两家公司约定好了费用分割的比例,两家企业各自承担的费用金额合计等于培训服务费总额。海航公司代表两家公司与陈明签订劳务合同,并获取陈明所在公司开具的购买培训服务的一份增值税专用发票。海航、科林两家公司本次举办的培训属于共同接受应税劳务行为,但只有一份增值税专用发票,因此可以采用分割单的形式对培训服务费用进行分割入账处理,其中,海航公司以发票和分割单作为企业所得税税前扣除凭证,而科林公司以分割单作为企业所得税税前扣除凭证。在采取分割单形式下,如果海航公司获取增值税专用发票,同时将分割给科林公司的费用计入其他应收款,不可以确认收入。根据《中华人民共和国增值税暂行条例》第十条的规定,用于非增值税应税项目的进项税额不得在销项税额中抵扣,因此海航公司需要将对应不属于自己抵扣部分的税款做进项税转出处理。同时科林公司获取分割单,不属于增值税中凭票抵扣或计算抵扣的情形,因此无法抵扣进项税额。

方案二：海航公司转售培训服务

如果是由海航公司与陈明先签订相关协议，然后海航公司将多余的培训名额转让给科林公司，则此时科林公司与陈明并未有直接的服务关系，不属于共同接受应税服务行为，而是属于海航公司的转售行为，因此海航公司需要分别开具增值税专用发票给科林公司，作为其购买培训服务的税前扣除凭证。

在本案例中，共同接受应税劳务与转售行为的增值税税负不同，两家公司需要根据实际情况协商决定。

此外，共同接受应税劳务与转售行为的另一个主要差别，是对划分的费用是否形成差额。而在转售行为下，海航公司对划分的费用有自主定价权，如果加价转售给科林公司，则两家企业各自承担的费用金额合计超过培训服务费总额，会形成差额。

第五章

中小企业生产环节的税收筹划

生产环节是指从原材料（或半成品）开始直到制造成为产品之间的各个相互联系的全部劳动过程的总和，此环节是企业资金循环的第二阶段。生产环节涉及的存货成本、用工成本、固定资产折旧与修理、研发费用等成本费用的核算直接影响到企业的利润，进而影响企业税负。企业要利用税法和会计准则对成本费用进行合理核算，真正发挥筹划工作减轻或延迟企业税负的作用。

第一节　生产环节的税收筹划概述

一、成本项目的筹划内容

企业所得税前扣除项目共五个，分别是成本、费用、税金、损失和其他支出。成本和费用作为企业所得税税前扣除项目，在各项扣除额中占比较大。企业所得税法中所指的成本，是指企业在生产经营活动中发生的销售成本、销货成本、业务支出及其他耗费，即企业销售商品、提供劳务、转让固定资产、无形资产（包括技术转让）的成本。事实上，成本从其结构上看是产品的设计、开发、生产、销售和使用的全过程，其中生产环节的成本是计算销售成本的基础。在税率一定的情况下，应纳税所得额的大小与成本费用的大小成反比，成本越大，纳税人的企业所得税税收负担越轻。因此，企业预先做好成本的税收筹划，有利于减轻企业税负。在生产环节，税收筹划的方法比较多，企业要根据自身特点和经营管理的要求灵活把握。

企业产品成本和产品成本核算方法的选择密切相关。对于持续经营中的中小企业，成本费用的税收筹划可以从合理确定成本的归属对象、在产品成本核算方法和成本核算方法三个方面进行税收筹划。本书由于篇幅原因，重点就产品成本项目的构成阐释税收筹划。

生产环节的成本按经济用途分为制造成本和非制造成本两大类。制造成本又分为直接材料、直接人工和制造费用。与制造成本相对应的就是非制造成本，也称期间费用。成本是对象化的费用，成本按其计入成本对象的方式不同，可以分为直接成本和间接成本。直接成本是与成本对象直接相关的成本中可以用经济合理的方式追溯到成本对象的那一部分成本。间接成本是指成本对象相关联的成本中不能用一种经济合理的方式追溯到成本对象的那一部分产品成本。因此，合理确定直接成本和间接成本的归属对象及归属期间尤为重要。

二、费用项目的筹划内容

税法意义上的费用是指企业每一个纳税年度为生产、经营商品和提供劳务等所发生的销售(经营)费用、管理费用和财务费用,不包括计入成本的有关费用。费用的大小直接影响企业的应纳税所得额。因此,企业在生产环节可以通过控制费用来控制应纳税所得额,费用的多计或少计直接影响应纳税所得额。在企业盈利的情况下,如果费用能够提前多列入,在企业亏损的情况下,如果费用能够少列入或递延到后期都可以为企业赢得资金的时间价值,获得延期纳税的收益。

企业所得税税法中规定允许扣除的费用项目,结合企业会计核算的费用项目划分需要,分为税法有扣除标准的费用项目、税法没有扣除标准的费用项目、税法给予优惠的费用项目三类。

(一)有扣除标准的费用项目筹划

税法有扣除标准的费用项目包括职工福利费、职工教育经费、工会经费、业务招待费、广告费与业务宣传费、公益性捐赠支出等。这类费用一般采用以下筹划方法:

(1)遵照税法的规定进行扣除,避免因纳税调整而增加企业税负。

(2)区分不同费用项目的核算范围,充分扣除税法允许扣除的费用。

(3)进行费用的合理转化,合理处理有扣除标准的费用。

(二)没有扣除标准的费用项目筹划

税法没有扣除标准的费用项目是按实际发生额扣除的费用项目,包括劳动保护支出、财产保险费、办公费、差旅费、董事会费、咨询费、诉讼费、租赁及物业费、车辆使用费、长期待摊费用摊销等。这类费用一般采用以下筹划方法:

(1)正确设置费用项目,合理加大费用开支。通过转变费用的性质,将有扣除标准的费用项目转换为没有扣除项目标准的费用,使其尽可能多扣除。

(2)选择合理的费用分摊方法。例如,对周转材料、无形资产、长期待摊费用等摊销时,要视纳税人不同时期的盈亏情况而定:在盈利年度,选择的方法要实现较早扣除费用推迟所得税纳税时间的目的;在亏损年度,选择的方法要使费用应尽可能地计入亏损并能全部得到税前弥补,发挥费用分摊的抵税效应;在享受优惠年度,选择的方法要能使减免税年度摊销额最小,正常年度摊销增大。

(三)税法给予优惠扣除的费用项目筹划

充分利用税法给予费用项目的税收优惠政策。例如,为鼓励企业进行技术创新,增加研发投入,税法给予研发费用加计扣除的税收优惠政策,即针对制造业企业在一个年度中开展研发活动实际发生的研发费用,允许按当年实际发生额的 200% 扣除。

第二节 存货发出成本的税收筹划

存货是指企业在日常活动中持有以备出售的产品或商品、处在生产过程中的在产品、在生产过程或提供劳务过程中耗用的材料或物料等,包括各类材料、在产品、半成品、产成品、商品以及包装物、周转材料、委托代销商品等。存货是企业重要的流动资产,企业加强存货的科学管理、合理选择存货的计价方法,有利于减少存货的资金占用,加速企业资金周转、降低企业税负。本节主要阐释发出存货成本的税收筹划。

一、存货发出计价方法的概述

存货计价方法是指计算发出存货和期末结存存货价值的方法。由于企业在不同时间、不同地点购入的存货价格不同,因此要选择存货计价方法准确计算存货的生产成本和销售成本。存货成本包括采购成本、加工成本和其他成本。《企业会计准则》规定,企业可以选择的存货计价方法有先进先出法、加权平均法、移动平均法、个别计价法。对于性质和用途相似的存货,应当采用相同的存货发出计价方法。个别计价法成本计算准确,符合实际情况,但在存货收发频繁情况下,其发出成本分辨的工作量较大。个别计价法适用于一般不能替代使用的存货、为特定项目专门购入或制造的存货以及提供的劳务。本节主要介绍前三种计价方法下,发出存货成本的税收筹划。

二、存货发出计价方法的税收筹划

(一) 存货发出计价方法的选择

为耗用而储存的存货,其成本随着存货的耗用而转入生产环节形成生产成本,随着所生产的产品完工入库进入销售环节,商品销售后转化为销售成本;为销售而储存的存货,则在该存货被销售时直接转化为销售成本。因此,存货发出成本通过影响企业的营业成本,进而影响企业的应纳税所得额,进而影响企业的所得税税负。

在不同计价方法下计算确定的存货发出成本不同,对企业应税收益必然产生不同的影响,从而影响企业的税负。因此,需要对企业发出存货计价进行税收筹划。

1. 先进先出法

先进先出法是指以先收入的存货先发出为假定前提,并以这种假定的存货流转次序对发出存货进行计价的方法。从税收筹划角度看,当物价上涨时,采用先进先出法,会高估企业的当期利润,企业的应纳税所得额以及所得税税负也会随之增加;反之,则会低估企业的当期利润和存货价值,企业的应纳税所得额以及所得税税负也会随之减少。

2. 加权平均法

加权平均法也称月末一次加权平均法,是指以期初存货数量和本期收入存货数量为权数计算存货的平均单位成本,据以对发出存货进行计价的方法。从税收筹划角度看,当原材料价格持续上涨时,选择加权平均法比选择先进先出法更有利于递延所得税的缴纳。反之,先进先出法比加权平均法更有利于递延所得税的缴纳。

3. 移动平均法

移动平均法亦称移动加权平均法,是指以每批收货数量和收货前结存数量为权数计算平均单价,据此对发出存货计价的方法。从税收筹划角度看,移动平均法同样可以缓解市场价格变化对单位成本的影响,而且比月末一次加权平均法折中的更为及时、频繁。因此,对企业利润及应纳税所得额产生的影响与月末一次加权平均法的方向是一样的,但程度却因价格变化的幅度和具体时间而有一定差别。

4. 个别计价法

个别计价法也称个别认定法、具体辨认法、分批实际法,其假设前提是存货的成本流转与实物流转相一致。按照各类存货的批次,逐一辨认各批发出存货的购进批次或者说生产批次,分别按其购入或者是生产时确认的单位成本作为各批发出存货和期末存货的单位成本。采用该方法,计算出的发出存货成本和期末存货成本比较合理、准确,不会对企业利润及应纳所得额产生高估或低估的影响。

案例 5-1

南京某挂面厂为查账征收企业,企业所得税税率为 25%。2021 年 10 月 1 日结存小麦 100 吨,每吨实际成本为 2.3 万元;10 月 9 日和 10 月 23 日分别购进小麦 100 吨和 50 吨,每吨实际成本分别为 2 万元和 1.8 万元;10 月 16 日和 10 月 29 日生产领用分别发出小麦90 吨和 130 吨。请分析采用哪种计算方法对企业纳税最为有利。

【解析】

(1) 先进先出法。

10 月 16 日领用材料成本 $=90\times2.3=207$(万元)

10 月 29 日领用材料成本 $=10\times2.3+100\times2+20\times1.8=259$(万元)

本月发出材料成本 $=207+259=466$(万元)

先进先出法下,可以抵扣企业所得税 $=466\times25\%=116.5$(万元)

本月末库存材料成本 $=30\times1.8=54$(万元)

(2) 月末一次加权平均法。

$$加权平均单价=\frac{期初结存材料成本+本月购入材料成本}{期初结存材料数量+本月购入材料数量}=\frac{230+200+90}{100+100+50}=2.08(万元)$$

本月发出材料成本 $=$ 发出材料的数量 $\times$ 加权平均单价 $=220\times2.08=457.6$(万元)

月末一次加权平均法下,可以抵扣企业所得税 $=457.6\times25\%=114.4$(万元)

本月末库存材料成本 $=30\times2.08=62.4$(万元)

(3) 移动加权平均法。

10 月 9 日购入原材料后的单位成本 $=\dfrac{100\times2.3+100\times2}{100+100}=2.15$(万元)

10 月 16 日领用原材料的成本 $=2.15\times90=193.5$(万元)

10 月 23 日购入原材料后的单位成本 $=\dfrac{110\times2.15+50\times1.8}{110+50}=2.04$(万元)

10 月 29 日领用原材料的成本 $=2.04\times130=265.2$(万元)

本月发出原材料成本 $=193.5+265.2=458.7$(万元)

移动加权平均法下,可以抵扣企业所得税=458.7×25％=114.68(万元)

本月末库存材料成本=100×2.3+100×2+50×1.8-458.7=61.3(万元)

根据上述计算过程,可以看出,如果材料价格不断下跌时,选择先进先出法计价,发出材料的成本最大,可以抵扣的所得税金额最大。由于营业成本提高,减少了应纳税利润,达到了"节税"的目的,移动加权平均法的节税效果次之,月末一次加权平均法的节税效果最差。所以本案例中的企业可以选择使用先进先出的计价方法作为存货的计价方法。

案例 5-2

承[案例 5-1],如果材料价格不断上升,假设 10 月 9 日和 10 月 23 日分别购进小麦 100 吨和 50 吨,每吨实际成本分别为 2.4 万元和 2.5 万元;领用小麦的数量不变。请分析采用哪种计算方法对企业纳税最为有利。

【解析】

(1) 先进先出法。

10 月 16 日领用材料成本=90×2.3=207(万元)

10 月 29 日领用材料成本=10×2.3+100×2.4+20×2.5=313(万元)

本月发出材料成本=207+313=520(万元)

先进先出法下,可以抵扣企业所得税=520×25％=130(万元)

本月末库存材料成本=30×2.5=75(万元)

(2) 月末一次加权平均法。

$$加权平均单价=\frac{期初结存材料成本+本月购入材料成本}{期初结存材料数量+本月购入材料数量}=\frac{230+240+125}{100+100+50}=2.38(万元)$$

本月发出材料成本=发出材料数量×加权平均单价=220×2.38=523.6(万元)

月末一次加权平均法下,可以抵扣企业所得=523.6×25％=130.9(万元)

本月末库存材料成本=30×2.38=71.4(万元)

(3) 移动加权平均法。

$$10 月 9 日购入原材料后的单位成本=\frac{100×2.3+100×2.4}{100+100}=2.35(万元)$$

10 月 16 日领用原材料的成本=2.35×90=211.5(万元)

$$10 月 23 日购入原材料后的单位成本=\frac{110×2.35+50×2.5}{110+50}=2.40(万元)$$

10 月 29 日领用原材料的成本=2.40×130=312(万元)

本月发出原材料成本=211.5+312=523.5(万元)

移动加权平均法下,可以抵扣企业所得税=523.5×25％=130.88(万元)

本月末库存材料成本=100×2.3+100×2.4+50×2.5-523.5=71.5(万元)

通过以上计算分析可以看出,当材料价格不断上涨时,发出存货采用月末一次加权平均法计价,发出材料的成本最大,可以抵扣的企业所得税税额金额最大。由于营业成本的提高,减少了应纳税利润,减轻了企业所得税负担,达到了"节税"目的。移动加权平均法税收筹划效果次之,而采用先进先出法反而会增加企业所得税的负担。

企业在实务操作中,采用哪种存货计价方法,应当根据具体情况具体分析。当物价上涨时,采用月末一次加权平均法或移动平均法,比采用先进先出法计算出来的成本较高,从而使得当期利润偏少,企业的应纳税所得额会随之减少;当物价呈下降趋势时,采用先进先出法计算出的成本较高,当期的利润往往被低估,企业的应纳税所得额较少,所得税负也最轻。

当企业处于企业所得税的免税期时,可以选择先进先出法计算期末存货的价值,以减少当期成本,扩大当期利润,企业获得的利润越多,得到的免税额也就越多,这样就充分地利用了免税期的税收优惠政策;与此相应的,当企业处于高税负期时,应当采用月末一次加权平均法或移动平均法,将当期的成本尽可能地扩大,最大限度地减少利润以减少应纳税所得额,从而达到降低税负的目的。

需要注意的是,企业利用存货计价方法进行税收筹划时,应该在会计年度的末期根据经济运行的状况做出正确的评价,选择下一年度对企业"节税"的存货计价方法。存货的发出计价方法一经选用,不得随意变更。

(二) 周转材料摊销方法的税收筹划

周转材料摊销方法的选择也是税收筹划的常见的方式。企业领用包装物和低值易耗品等周转材料,可采用一次摊销法或分期摊销法,与税法的规定基本一致。周转材料在领用时选择一次摊销法,在领用时直接将其计入当期费用,减少当期的应纳税所得额,可以获得延期纳税的益处。但是企业对于已经摊销了的周转材料,应加强监管,以防企业资产流失。

◎ 案例 5-3

大成公司为一般规模纳税人,增值税税率为 13%。2021 年 5 月大成公司采购一台设备,价值 100 万元,随同该设备购入的,还有与该设备有关的零部件、附属件,价值 30 万元。请对该业务进行税收筹划。

【解析】

方案一:零部件、附属件随同设备一起计入固定资产

零部件、附属件 30 万元不作为存货,随同设备一起计入固定资产,固定资产入账价值为 130 万元,随后在投入使用的第二个月起在设备的使用期限内逐月计提折旧。

方案二:部分符合条件的零部件、附属件作为周转材料单独入账

部分符合条件的零部件、附属件作为周转材料 30 万元单独入账,在生产领用时可以进行一次摊销计入相关资产的成本。

长期来看,在整个设备的使用期内,尽管两个方案在企业所得税税前扣除的金额都是 130 万元,税前扣除金额没有差异,但是方案二作为存货一次性全部计入相关费用,税前扣除的速度快于方案一,企业可以获得货币的时间价值效益。因此,选择方案二。

第三节　用工成本的税收筹划

后疫情时代,企业用工成本逐渐增加,用工成本管理普遍面临着人工成本构成复杂、用

工总量大、形式复杂等问题,加上社保税务统征,个税与社保的联查将使得当前很多企业不足额缴纳社保的问题全面暴露,企业负担会因此加重。此外,个人所得税的管理全面加强,税务部门金税四期的强大功能和大数据治税水平的日新月异,使得企业和个人的税务风险也会不断上升。本节主要从用工形式的选择的视角,解析、重构中小企业用工模式,开展降低用工成本的税收筹划。

一、企业用工的社保责任和用工的报税

为提高社会保险资金征管效率,自 2019 年 1 月 1 日起,根据《深化党和国家机构改革方案》第 46 条的规定,基本养老保险费、基本医疗保险费、失业保险费等各项社会保险费交由税务部门统一征收。因税务部门掌握企业完整的职工人数和工资总额,社会保险费交由国家税务统一征收后,税务机关可根据用人单位申报用工信息自动生成参保单位及个人的缴费基数,企业虚报社保缴费基数的问题会得到有效解决,这不仅会提高社会保险费的征收管理效率,也有利于改善社会保障制度的公平性。"社保入税"虽然有效规避了企业拖欠社保费现象,但是随之而来的是企业人工成本的增加。特别是对于劳动密集型的中小微企业,人工成本占企业成本的半壁江山,要构建新的用工方式优化人工成本,为中小微企业降低人工成本提供新思路。

(一) 企业用工的社保责任

全日制用工单位依法为劳动者缴纳职工基本养老保险费、基本医疗保险费(含生育保险)、失业保险费和工伤保险费。以下主要介绍非全日制用工的社会保险费的相关规定。

1. 基本养老保险费缴纳责任

根据《中华人民共和国社会保险法》(以下简称《社会保险法》)第 10 条的规定,无雇工的个体工商户、未在用人单位参加基本养老保险的非全日制从业人员,以及其他灵活就业人员可以参加基本养老保险,由个人缴纳基本养老保险费。《社会保险法》第 12 条规定,无雇工的个体工商户、未在用人单位参加基本养老保险的非全日制从业人员,以及其他灵活就业人员参加基本养老保险的,应当按照国家规定缴纳基本养老保险费,分别记入基本养老保险统筹基金和个人账户。

2. 基本医疗保险费缴纳责任

根据《社会保险法》第 23 条的规定,无雇工的个体工商户、未在用人单位参加职工基本医疗保险的非全日制从业人员,以及其他灵活就业人员可以参加职工基本医疗保险,由个人按照国家规定缴纳基本医疗保险费。

3. 社会保险登记

根据《社会保险法》第 58 条的规定,自愿参加社会保险的无雇工的个体工商户、未在用人单位参加社会保险的非全日制从业人员,以及其他灵活就业人员,应当向社会保险经办机构申请办理社会保险登记。国家建立全国统一的个人社会保障号码,个人社会保障号码为居民身份号码。

根据《社会保险法》第 60 条的规定,无雇工的个体工商户、未在用人单位参加社会保险的非全日制从业人员及其他灵活就业人员,可以直接向社会保险费征收机构缴纳社会保险费。

需要指出的是,非全日制用工与临时工存在区别。非全日制用工与用人单位签订的必须是劳动合同,且必须缴纳工伤保险;而临时工可以签订劳动合同或劳务合同,签订劳动合同需要缴纳社保,签订劳务合同不缴社保。

(二) 企业用工的报税

用工单位支付全日制用工按月或分次报酬时按照"工资、薪金所得"预扣预缴个人所得税,次年 3 月 1 日至 6 月 30 日按照纳税年度的综合所得汇算清缴,多退少补。用工单位支付非全日制用工的报酬应该按照"工资、薪金所得"预扣预缴个人所得税。

在实务工作中,企业用工的工资薪金在银行发放部分与社保缴费水平相当,可作为工资支出的证据应对用工诉讼,可最大限度减少法律和税务风险;缴费工资结合地区及行业水平控制在社保基数的 120% 左右,全员参保,全员申报;现在社保归税务征收管理,社保缴费人数和个税申报基数相关度很高,是重要的风险点。现行个人所得税制下,个人所得税全年汇算清缴,虽然月薪和年薪发放纳税时间不一样,具有递延纳税的作用,但最终税负不变。

二、企业用工形式及税收筹划

(一) 企业用工形式

企业在招录劳动者时,往往会根据企业自身的情况,结合劳动者的情况来确定具体的用工形式。《中华人民共和国劳动法》(以下简称《劳动法》)规定了用工形式分为全日制和非全日制两种用工形式。2012 年修订的《中华人民共和国劳动合同法》(以下简称《劳动合同法》)增加了"劳务派遣"这种新的劳务用工方式。

1. 全日制用工方式

全日制用工方式受《劳动法》和《劳动合同法》等法规的强制性规定约束,要求居民个人取得工资薪金应与用工单位签订劳动合同,所取得的工资薪金以劳动时间为基础,可以根据劳动绩效上下浮动,符合国家最低工资标准。全日制用工方式是最常见的规定了劳动时间(每天工作时间)、劳动期限(劳动合同期限)的工作方式,这种方式具有稳定性和持久性,对企业培养人才、长远发展、调动职工积极性、形成企业凝聚力有利;对劳动者而言具有保障性、稳定性,有利于发挥个人能力,对提升个人有益。居民个人在劳动时间、地点等方面应服从用人单位劳动制度管理。全日制用工,即每日工作时间不超过 8 小时,是指法定正常付出劳动时间,也就是义务劳动时间,超过这一时间的工作即视为额外劳动,用工单位需支付加班工资。累计工时每周超过 24 小时就应该属于全日制用工。

2. 非全日制用工方式

非全日制用工方式受《劳动法》和《劳动合同法》等法规的强制性规定约束,是指以小时计酬为主,劳动者在同一用人单位一般平均每日工作时间不超过 4 小时,每周工作时间累计不超过 24 小时的用工形式。这种方式主要是指钟点工以及一些兼职工作,如一些小企业聘用的兼职会计,只在月底报税时到用人单位做账等。

全日制与非全日制用工的劳动关系的区别,如表 5-1 所示。

表 5-1　全日制与非全日制用工的劳动关系的区别

项　　目	全日制用工劳动关系	非全日制用工劳动关系
劳动合同签订对象的数量	只与一个用人单位订立劳动合同	与一个或一个以上用人单位订立劳动合同;后订立的劳动合同不得影响先订立劳动合同的履行
合同形式	书面劳动合同	可以订立口头协议
试用期的规定	除以完成工作任务为期限的劳动合同和 3 个月以下固定期限劳动合同外,其他合同可以依法约定试用期	不得约定试用期
合同终止与相关赔偿	双方当事人依法解除或者终止劳动合同;用人单位解除或者终止劳动合同,应当依法支付经济补偿	双方当事人任何一方都可以随时通知对方终止用工;终止用工时用人单位不向劳动者支付经济补偿
工资标准	用人单位所在地人民政府规定的月最低工资标准	不得低于用人单位所在地人民政府规定的最低小时工资标准
工资结算周期与结算单位	工资应当至少每月支付 1 次;以计时工资或计件工资结算	最长不得超过 15 日;工资支付可以按小时、日、周或月为单位结算
解雇保护	法定条件,法定程序方可解除	随时解约
经济补偿金	有,根据法律规定政府	无
社会保险	应当缴纳	目前仅需缴纳工伤保险
加班费年休假	有	无

表 5-1 中关于非全日制用工的工资支付的工资标准是指根据《关于非全日制用工若干问题的意见》(劳社部发〔2003〕12 号)的规定,非全日制用工的小时最低工资标准由省、自治区、直辖市规定,并报劳动和社会保障部(2008 年已与人事部合并为人力资源和社会保障部)备案。确定和调整小时最低工资标准应当综合参考以下因素:①当地政府颁布的月最低工资标准;②单位应缴纳的基本养老保险费和基本医疗保险费(当地政府颁布的月最低工资标准未包含个人缴纳社会保险费因素的,还应考虑个人应缴纳的社会保险费);③非全日制劳动者在工作稳定性、劳动条件和劳动强度、福利等方面与全日制就业人员之间的差异。小时最低工资标准的计算方法为:

$$\text{小时最低工资标准} = \left(\text{月最低工资标准} \div 20.83 \div 8\right) \times \left(1 + \text{单位应当缴纳的基本养老保险费和基本医疗保险费比例之和}\right) \times \left(1 + \text{浮动系数}\right)$$

3. 劳务派遣用工

根据《关于非全日制用工若干问题的意见》的规定,劳动者通过依法成立的劳务派遣组织为其他单位、家庭或个人提供非全日制劳动的,由劳务派遣组织与非全日制劳动者签订劳动合同。

劳务派遣是指根据用人单位的需要,由劳务派遣公司根据企事业单位岗位需求派遣符合条件的职工到用人单位工作的全新的用工方式。劳务派遣的主要特点是:①劳务派遣公司与劳动者签订劳动合同,建立双方劳动关系;②用人单位与派遣公司签订"劳务合作协议书",与劳动者没有"劳动关系";③实现职工的服务单位和管理单位分离,形成"用人不管人、管人不用人"的新型用工机制,灵活用工为非全日制用工劳务派遣新形式。

(二) 构建新用工方式以优化人工成本的税收筹划

针对人工成本增加,中小企业要严格按公司架构规划部门及岗位设置,配备人员和规划人员归属,形成人员体系,优化人员配置是优化用工成本的基础;这也是发挥部门职能管理的需求,按人员岗位等级划分工资等级梯度,分出管理层和一般职工,更便于绩效考核及用工成本筹划,合理的人力体系更"节能高效";优化用工模式,实行以劳动合同用工为主,以非全日制劳动合同关系、外包模式、劳务派遣等用工模式为辅的模式。因为只有与企业有劳动关系的员工才需要面对社会保险费缴纳和代扣代缴个税的事项,企业要把缴纳社会保险的人员列示为企业的职工,与之签订劳动合同;不缴纳社会保险的人员按劳务派遣模式,与劳务公司签订劳务派遣合同,用劳务关系代替劳动关系,降低社保风险费的缴纳,减少用工成本;当然要注意的是被派遣劳动者占单位总用工人数的比例不能超过10%。同时企业要根据以下要点用好其他各类人员。

(1) 返聘退休人员,无需缴纳社会保险,用工成本作为企业所得税前扣除项目,可以抵减应纳税所得额,需代扣代缴个人所得税。

(2) 招用实习大学生,仅仅缴纳工伤保险,非长期用工可签订劳务合同,用工成本作为企业所得税前扣除项目,可以抵减应纳税所得额,需代扣代缴个人所得税。

(3) 聘用退伍军人,需缴纳社会保险和代扣代缴个人所得税,但是可享受其他税收政策的优惠,依次扣减增值税、城市维护建设税、教育费附加、地方教育附加和企业所得税优惠,每人每年12 000元。

(三) 企业非全日制用工的税收筹划案例

案例 5-4

居民企业福朋公司为一般规模纳税人,公司周边餐饮店较少,为解决员工工作餐,准备在2022年1月聘请陈阿姨为员工做一顿中午的工作餐,每周双休。陈阿姨每个工作日的上午在公司的工作时间不超过4小时,下午陈阿姨到家政公司上班,家政公司为其缴纳社保。福朋公司每月给陈阿姨支付报酬4 000元,每月陈阿姨到税务机关代开增值税发票,凭发票入账。请问福朋公司与陈阿姨签订非全日制用工的劳动合同是否有效?

【解析】

福朋公司与陈阿姨签订非全日制用工的劳动合同有效。陈阿姨在公司的工作时间不超过4小时,每周共20小时,当然劳动者每天工作时间可以超过4个小时,也可以低于4个小时,但是每周工作时间累计不能不超过 24 小时。《劳动合同法》第六十九条第二款规定,从事非全日制用工的劳动者可以与一个或者一个以上用人单位订立劳动合同;但是,后订立的劳动合同不得影响先订立的劳动合同的履行。因此,陈阿姨与两个独立法人的公司分别签订一份非全日制合同,只要满足后订立的非全日制劳动合同不得影响先订立的非全日制劳动合同的履行的条件,该两份非全日制用工合同是合法的。最后,陈阿姨的工资薪金分别在两个公司做账,每一家公司依法给每一位农民工每月依法履行预扣预缴个人所得税。本例中,陈阿姨由于每月工资 4 000 元未达每月费用减除标准 5 000 元,无需代扣代缴缴纳个人所得税。但是,福朋公司要为陈阿姨缴纳工伤保险。

陈阿姨提供的做饭劳务,属于本单位员工为本单位提供应税劳务,抵减了公司的企业所得税990.1 元,具体计算过程如下:

企业所得税抵减额＝4 000÷(1＋1％)×25％＝990.1(元)

三、优化用工工资薪金结构的税收筹划

企业用工成本是指企业为获得职工提供的服务或解除劳动关系而给予的各种形式的报酬或补偿,包括短期薪酬、离职后福利、辞退福利和其他长期职工福利。企业提供给职工配偶、子女、受赡养人、已故职工遗属及其他受益人等的福利,也属于用工成本。短期薪酬是指职工个人因任职企业或者受雇需要而支付的工资、薪金、奖金、年终加薪、劳动分红、津贴、补贴,以及与任职或者受雇有关的其他费用。企业除了给职工支付工资,还按工资的一定比例支付职工福利费、工会经费、职工教育经费等工资费用,以用于职工福利和教育等开支需要。

《企业所得税法实施条例》第 34 条规定,企业发生的合理的工资薪金支出,准予扣除,第40～第 42 条规定了企业发生的职工福利费、职工教育经费、拨缴的工会经费,分别在不超过工资薪金总额 14％、2.5％、2％的部分,准予扣除;对职工教育经费超过限额的部分,准予在以后纳税年度结转扣除。而自 2018 年 1 月 1 日起,根据《财政部 税务总局关于企业职工教育经费税前扣除政策的通知》(财税〔2018〕5 号)的规定,企业发生的职工教育经费支出,不超过工资薪金总额 8％的部分,准予在计算企业所得税应纳税所得额时扣除;超过部分准予在以后的纳税年度结转扣除。一般企业的职工教育经费税前扣除限额与高新技术企业的限额统一,均从 2.5％提高至 8％。与工资有关的这三项费用扣除标准较为宽松。在据实扣除的政策下,如果企业不开支上述工资费用,则表示主动丧失税法赋予的税前扣除权利。在实际工作中,建立工会组织的纳税人,按每月职工工资总额的 2％向工会拨交经费,凭工会组织开具的工会经费拨缴款专用收据在税前扣除。凡不能出具工会经费拨缴款专用收据的,其提取的职工工会经费不得在企业所得税前扣除。

对企业职工者而言,取得工资薪金需要按照七级累进税率缴纳个人所得税,工资薪金越高,要缴纳的个人所得税也就越多。职工个人工资、薪金所得的纳税筹划将在第八章阐释,本节是以企业的视角,优化用工薪资结构,减少企业用工成本,减少企业所得税的缴纳。

企业可以从以下两个方面进行优化用工方面的税收筹划。

（一）提高公共福利支出，减少企业社保费用的支出

工资与职工福利的使用范围存在一定程度的重合，企业可以采用非货币支付办法，支付原本由职工取得工资后需要支付的交通费、通信费、餐饮费、房租及部分设备购置费等，提高职工公共福利支出，企业在为职工提供上述福利以后，可以相应减少其应发的工资，这些福利支出可以计入福利费，只要不超过工资总额的14%，这样可以减少企业所得税应纳税额，还节省了企业社会保险费的支出，同时也为职工节约了个人所得税支出。

◎ **案例 5-5**

盛达公司有全日制职工 5 000 余人，2021 年支付职工薪酬人均 20 万元，全部金额在企业所得税前扣除。公司职工薪酬支出比同行业其他公司略高，但是给职工提供的职工福利项目较少，职工福利仅占工资总额的 4%。假设公司为职工缴纳"五险一金"的比例为职工薪酬支出的 30%，请为该公司提出优化用工工资薪金结构的税收筹划方案。

【解析】

公司可以充分利用税法规定的职工福利费、职工教育经费等，为职工提供上下班交通工具、工作午餐、职工培训费、差旅补贴等选项，由每位职工根据自身需求选用。选用公司福利的职工，工资将相应调低，以弥补公司提供上述福利的成本。假设通过上述方式，该公司 2 500 人的职工年薪由此降低 1 万元，该项筹划将为公司节约"五险一金"750 万元（1×2 500×30%）。

如果职工缴纳的个人所得税税率为 10%，将为职工人均节税 1 000 元（10 000×10%）。

（二）统一为职工购买商业健康险或职业年金，间接增加职工收入

为调动职工工作的积极性，企业可根据《财政部 税务总局 保监会关于将商业健康保险个人所得税试点政策推广到全国范围实施的通知》（财税〔2017〕39 号）统一为职工购买商业健康险。商业健康险为职工薪酬的组成部分，可以在"应付职工薪酬"中核算，在职工薪酬总额 14% 的范围内可以作为用工成本在企业所得税前进行扣除。商业健康险每年 2 400 元（或每月 200 元）的限额扣除为个人所得税法规定减除费用标准之外的扣除。企业为职工统一购买商业健康保险，既为职工提供了福利，也可以起到节税的作用。要强调的是，企业为职工购买的商业健康保险，需要做到"一人一单一码"，有相应的程序就可以在企业所得税前扣除，即在填写保险合同时，一个被保险人对应一份保险合同和一个税优识别码，否则不可以在企业所得税前扣除。

与商业健康保险一样，企业如果给职工购买税收递延型的商业养老保险，不能直接在所得税前扣除，但是可以作为职工薪酬的组成部分，并在"应付职工薪酬"中核算，在职工薪酬总额 14% 的范围内可以作为用工成本在企业所得税前进行扣除。自 2018 年 5 月 1 日起，在上海市、福建省（含厦门市）和苏州工业园区试点地区的企业可以为职工统一购买税收递延型养老保险，扣除限额按照当月工资薪金、连续性劳务报酬收入的 6% 和 1 000 元孰低办法确定。企业既可以充分利用这一优惠政策减少纳税，也可以帮助其职工减轻个人所得税负担。

◎ **案例 5-6**

常清公司共有全日制职工 6 000 人，2021 年支付全日制职工的薪酬人均 20 万元，全部

金额在企业所得税前扣除。公司按照最高额度为职工缴纳基本养老保险、基本医疗保险费（含生育保险）、失业保险费和工伤保险费和住房公积金。请为常清公司提出税收筹划方案。

【解析】

如果常清公司为职工 6 000 人购买商业健康保险，职工人均年缴费 2 400 元，符合税法规定，可以税前扣除 1 440 万元（6 000×0.24），企业可以少交企业所得税 360 万元。如果职工个人所得税税率为 10% 时，则年人均少缴纳个人所得税 240 元（2 400×10%）。

如果常清公司从职工的应发工资中为全体职工统一购买符合税法规定的税收递延型商业养老保险，为职工人均年缴费 12 000 元，可以税前扣除 7 200 万元，企业由此可以少交企业所得税 1 800 万元。如果职工个人所得税税率为 10% 时，则年人均少缴纳个人所得税 1 200 元（12 000×10%）。

第四节　固定资产运营成本的税收筹划

企业将固定资产投入使用后，会产生运营成本。固定资产的运营成本是指使用该项固定资产过程中出现的使用费，包括折旧、维修等费用。由于固定资产折旧的计算方法、折旧年限等不同，计算出的折旧额不相同，形成的成本费用也不相同，这些都影响着企业所得税的缴纳。固定资产的日常修理和大修理的税收政策不同，存在税收筹划的空间。

一、固定资产折旧的税收筹划

固定资产折旧是指在固定资产使用寿命内，按照确定的方法对应计折旧额进行的系统分摊的过程。企业应当自固定资产投入使用月份的次月起计提折旧；停止使用的固定资产，应自停止使用月份的次月起停止计提折旧。企业应根据固定资产的性质和使用情况，合理确定固定资产的预计净残值，固定资产的预计净残值一经确定，不得变更。固定资产按照直线法计算的折旧，准予扣除。企业的固定资产由于技术进步等原因，确需加速折旧的，可以缩短折旧年限或者采取加速折旧的方法应对。

（一）固定资产折旧税收筹划应考虑的因素

折旧作为成本的重要组成部分，有着"税收挡板"的效用。按我国现行会计制度的规定，运用不同的折旧方法计算出的折旧额在金额上是不相等的，因而分摊到各期生产成本中的固定资产成本也不同。因此，折旧的计算和提取必将影响到成本费用的大小，进而影响到企业的利润水平，最终影响企业的税负轻重。折旧方法存有差异为企业进行税收筹划提供了可能。企业在利用固定资产折旧方法的选择进行税收筹划时，应考虑以下三个因素。

1. 通货膨胀

我国现行会计制度规定，企业应对拥有的资产实行历史成本计价原则。如果存在通货膨胀，则企业按历史成本所收回资金的实际购买力将大大贬值，无法按现行的市价进行固定资产简单再生产的重置。但是,在通货膨胀的情况下,如果企业采用加速折旧法,不仅可以使企业缩短回收期,还可以加速企业的折旧的速度,前期多计提折旧会更多地抵减税额,从而获得延缓纳税的好处,即获得延缓纳税额与延缓期间企业投资收益率的乘积形成的收益。因此,通货膨胀的存在对企业并非总是不利,企业可以通过采用加速折旧法有效地利用通货膨胀,从而获得"节税"效益。

2. 折旧年限

会计制度及税法对固定资产的预计使用年限和预计净残值都没有作出具体的规定,只要求企业合理确定固定资产的预计使用年限和预计净残值,因此,企业可以选择对自身有利的固定资产折旧年限计提固定资产折旧,从而达到节税目的。一般情况下,在企业创办初期且享有减免税优惠待遇时,企业可以通过延长固定资产折旧年限,将计提的折旧递延到减免税期满后计入成本,从而获得节税的好处。处于正常生产经营期内并且从未享有税收优惠待遇的企业,缩短固定资产折旧年限,可以加速固定资产成本的回收,使企业后期成本费用前移,前期利润后移,从而获得延期纳税的好处。

3. 资金时间价值

由于资金受时间价值因素的影响,企业会因为选择折旧方法的不同,而获得不同的资金的时间价值收益和承担不同的税负水平。由于资金会随着时间的推移而增值,因此,不同时间点上的同一单位资金的价值含量是不等的。企业在比较各种不同的折旧方法所带来的税收收益时,需要采用动态的方法来分析,先将企业在折旧年限内计算提取的折旧按当时资本市场的利率进行贴现,计算出各种折旧方法在规定折旧年限内计算提取的折旧费用的现值总和及税收抵税额现值总和,再比较各种折旧方法下的折旧现值总和及税收抵税额现值总和,在不违背税法的前提下,选择能给企业带来最大税收抵税现值的折旧方法来计提固定资产折旧。

(二) 固定资产折旧方法的税收筹划

1. 固定资产折旧方法

如果企业通过不同折旧方法的选择,把较多的税款延迟到以后年份缴纳,获得了货币的时间价值,就相当于企业从国家取得了一笔无息贷款。

税法给予企业固定资产折旧方法的选择权,企业运用不同折旧方法计算出来的折旧额在金额上存在不同,相应地分摊到各期的固定资产的成本也存在较大差异,进而影响到企业各期的成本和利润,这为企业所得税的税收筹划提供了可能。

在这里企业需要注意的是,企业无论采用何种固定资产折旧方法,都必须经税务机关认可并批准,不能擅自变更折旧方法,否则会有偷税的嫌疑。

1) 平均年限法

平均年限法也称平均法、直线法,是将固定资产的原始价值扣除预计净残值后,均匀地分摊到各期的一种方法,是固定资产折旧方法中最简单最基本的方法。该方法的计算公式如下:

年折旧额＝(固定资产原始价值＋预计清理费用－预计残余价值)÷预计使用年限

月折旧额＝年折旧额÷12

年折旧率＝年折旧额÷固定资产原始价值×100％

月折旧率＝年折旧率÷12

2) 工作量法

工作量法是根据实际所完成的工作量计提固定资产折旧额的一种方法。工作量法一般适用于一些专用设备的固定资产折旧额的计算。具体的计算方法可以按里程或者按工作小时计算折旧额。

年限平均法与工作量法相比,年限平均法有最低法定折旧年限的限制。企业在会计核算过程中,首先应按财政部制定的分行业财务制度规定的折旧年限,并作为计提折旧的依据。而工作量法因按工作量计提折旧,可能会大大短于最低法定折旧年限,这是工作量法的优点之一。同时,年限平均法的折旧方法决定了折旧额每年相同,相比工作量法的先大后小的折旧额不能获得递延纳税的好处。

3) 双倍余额递减法

双倍余额递减法是在不考虑固定资产残值的情况下,用预计净残值为零时直线折旧率的两倍计算的折旧率乘以固定资产净值得到折旧额。应当注意的是,该方法不能使固定资产的账面折余价值降低到它的预计净残值之下,所以在固定资产折旧年限到期以前2年内,将固定资产净值扣除预计净残值后的余额在2年内平均摊销。双倍余额递减法是一种加速折旧的方法,加速折旧法的特点是在固定资产使用初期所计提的折旧额大于使用后期的折旧额,从而使固定资产的成本在所使用的年限中加快得到补偿。该方法的计算公式如下:

年折旧率＝2÷预计的折旧年限×100％

年折旧额＝固定资产期初折余价值×年折旧率

月折旧率＝年折旧率÷12

月折旧额＝年初固定资产折余价值×月折旧率

固定资产期初折余净值＝固定资产原值－累计折旧

最后两年,每年折旧额＝(固定资产原值－累计折旧－净残值)÷2

4) 年数总和法

年数总和法又称折旧年限积数法或级数递减法,它是将固定资产的原值减去预计净残值后的差额,乘以一个递减的分数来计算折旧额的方法。这个递减的分数的分子代表固定资产尚可使用的年限,分母代表预计使用年数的逐年数字之和。该方法的计算公式如下:

年折旧率＝(折旧年限－已使用年数)÷折旧年限年数总和×100％

月折旧率＝年折旧率÷12

月折旧额＝(固定资产原始价值－预计净残值)×月折旧率

双倍余额递减法和年数总和法均是属于加速折旧法。加速折旧法的特点是固定资产使用前期多提折旧、后期少提折旧,能使企业在较短时间内收回大部分固定资产投资,减少固定资产因科学技术的进步、生产力水平的提高和通货膨胀的影响而发生的无形损耗,并且还可以增强企业的固定资产投资能力,加快固定资产的更新换代。运用加速折旧法会使企业在固定资产使用的早期少缴纳企业所得税,起到了递延纳税的作用。

根据《企业所得税法实施条例》第 80 条和第 60 条的规定,企业可以采取缩短折旧年限或者采取加速折旧方法的固定资产一般有两种:一是由于技术进步,产品更新换代较快的固定资产;二是常年处于强震动、高腐蚀状态的固定资产。同时,加速折旧法下折旧年限有法定最低年限的限制。采取缩短折旧年限方法的,最低折旧年限不得低于法定折旧年限的60%;采取加速折旧方法的,可以采取双倍余额递减法或者年数总和法。

根据《财政部 税务总局关于扩大固定资产加速折旧优惠政策适用范围的公告》(财税〔2019〕66 号),固定资产的特殊性加速折旧的特殊规定主要有以下几点:

(1)全部制造业新购进的固定资产,可缩短折旧年限或采取加速折旧的方法。

(2)全部制造业的微型企业新购进的研发和生产经营共用的仪器、设备,单位价值不超过 100 万元的,允许一次性计入当期成本费用在计算应纳税所得额时扣除,不再分年度计算折旧;单位价值超过 100 万元的,可缩短折旧年限或采取加速折旧的方法。

(3)对所有行业企业新购进的专门用于研发的仪器、设备,单位价值不超过 100 万元的,允许一次性计入当期成本费用在计算应纳税所得额时扣除,不再分年度计算折旧;单位价值超过 100 万元的,可缩短折旧年限或采取加速折旧的方法。上述固定资产缩短折旧年限的,最低折旧年限不得低于《企业所得税法实施条例》第 60 条规定折旧年限的 60%;采取加速折旧方法的,可采取双倍余额递减法或者年数总和法。

(4)对所有行业企业持有的单位价值不超过 5 000 元的固定资产,允许一次性计入当期成本费用在计算应纳税所得额时扣除,不再分年度计算折旧。

(5)依据《财政部 税务总局关于设备、器具扣除有关企业所得税政策的通知》(财税〔2018〕54 号)和《财政部 税务总局关于延长部分税收优惠政策执行期限的公告》(财税〔2021〕6 号)的规定,企业在 2018 年 1 月 1 日至 2023 年 12 月 31 日期间新购进的设备、器具,单位价值不超过 500 万元的,允许一次性计入当期成本费用在计算应纳税所得额时扣除,不再分年度计算折旧(简称一次性扣除)。企业根据自身生产经营核算需要,可自行选择享受一次性税前扣除政策。未选择享受一次性税前扣除政策的,以后年度不得再变更。固定资产在投入使用月份的次月所属年度一次性税前扣除。

2. 固定资产折旧方法的税收筹划案例

无论采取何种折旧方法,对于一个特定的固定资产来说,在使用年限内所提取的折旧总额是相同的。但是,不同的固定资产折旧方法,将对企业的企业所得税负产生不同的影响,不同的折旧方法造成的年折旧提取额的不同直接影响利润额抵减的程度。因此,企业可以通过选择不同的折旧方法,在税法和财务制度规定允许的范围内,最大限度地减轻税负。

案例 5-7

明森公司是一家大型加工企业,目前处于正常纳税期,适用的企业所得税税率为 25%,近几年税前利润每年为 900 万元以上,2021 年 12 月 28 日外购的一套进口生产线价值 760 万元投入生产。按照税法规定,该生产线不符合加速折旧的适用条件,可以按最短 10 年采用年限平均法计提折旧。按明森公司的管理层分析,此生产线只能使用 6 年,生产的产品畅销期只有 4 年,6 年后设备将被报废。假设预计残值率为 5%,未来 6 年生产线每年使用时间为 0.5、0.48、0.46、0.38、0.14 和 0.04 万工时,资金的收益率为 10%。复利现值系数分别为:$(P/F, 10\%, 1) = 0.909\ 1$,$(P/F, 10\%, 2) = 0.826\ 4$,$(P/F, 10\%, 3) = 0.751\ 3$,$(P/F, 10\%, 4) = 0.683$,$(P/F, 10\%, 5) = 0.620\ 9$,$(P/F, 10\%, 6) = 0.564\ 5$,年金现值系数为 $(P/A, 10\%, 5) = 3.790\ 8$,$(P/A, 10\%, 10) = 6.144\ 6$。请为明森公司的该生产线进行税收筹划。

【解析】

方案一:运用平均年限法计提折旧

年折旧额 $= 760 \times (1 - 5\%) \div 10 = 72.2$(万元)

年折旧抵税金额 $= 72.2 \times 25\% = 18.05$(万元)

累计折旧抵税现值 $= 18.05 \times (P/A, 10\%, 10) = 110.60$(万元)

方案二:运用工作量法计提折旧

第一年折旧额 $= 760 \div (0.5 + 0.48 + 0.46 + 0.38 + 0.14 + 0.04) \times 0.5 = 190$(万元)

第二年折旧额 $= 760 \div (0.5 + 0.48 + 0.46 + 0.38 + 0.14 + 0.04) \times 0.48 = 182.4$(万元)

第三年折旧额 $= 760 \div (0.5 + 0.48 + 0.46 + 0.38 + 0.14 + 0.04) \times 0.46 = 174.8$(万元)

第四年折旧额 $= 760 \div (0.5 + 0.48 + 0.46 + 0.38 + 0.14 + 0.04) \times 0.38 = 144.4$(万元)

第五年折旧额 $= 760 \div (0.5 + 0.48 + 0.46 + 0.38 + 0.14 + 0.04) \times 0.14 = 53.2$(万元)

第六年折旧额 $= 760 \div (0.5 + 0.48 + 0.46 + 0.38 + 0.14 + 0.04) \times 0.04 = 15.2$(万元)

如表 5-2 所示,为工作量法折旧抵税现值计算表。

表 5-2 工作量法折旧抵税现值计算表 单位:万元

年份 ①	折旧额 ②	折旧抵税 ③=②×25%	复利现值系数 ④	折旧抵税现值 ⑤=③×④
2022 年	190	47.5	0.909 1	43.18
2023 年	182.4	45.6	0.826 4	37.68
2024 年	174.8	43.7	0.751 3	32.83
2025 年	144.4	36.1	0.683 0	24.66
2026 年	53.2	13.3	0.620 9	8.26
2027 年	15.2	3.8	0.564 5	2.15
合计	760	190	—	148.76

方案二和方案一相比,明森公司采用工作量法计提折旧,折旧抵税的现值多获得现金流为 38.16 万元(148.76 − 110.6)。

从[案例 5-7]可看出采用工作量法,当生产线实际使用寿命短于法定最低年限时,可以在资产使用的初期增大折旧来达到抵减所得税的效果,折旧金额一般是先大后小,类似于加速折旧法,当企业固定资产不可以采取加速折旧法计提折旧时,可以选用工作量法计提折旧获得税收收益。当然,采用工作量法时,企业如果开工不足或存在其他影响机器设备工作使用量的情况,此时工作量法不但不能起到延迟纳税的作用,还会增加企业的税收负担。当固定资产前期完成工作量较少时,采取工作量法前期计提折旧的金额比采取年限平均法计提的折旧金额少,企业可考虑选择年限平均法计提折旧;当固定资产前期完成工作量较多时,采取工作量法前期计提折旧金额较采取年限平均法计提的折旧金额多,可考虑采取工作量法计提折旧。享受企业所得税减、免税优惠的纳税人,在税收优惠期内,如计提折旧越少,则享受利益越多。

案例 5-8

居民企业华明公司为查账征收企业,近几年平均每年盈利在 900 万元以上。公司拟在 2021 年 12 月 20 日购买生产设备,价值 1 200 万元,准备于 2022 年 1 月投入生产使用,使用年限为 5 年,净残值率为 5%,预计投资收益率为 10%。公司企业所得税税率 25%,复利现值系数分别为 $(P/F, 10\%, 1) = 0.909\ 1$,$(P/F, 10\%, 2) = 0.826\ 4$,$(P/F, 10\%, 3) = 0.751\ 3$,$(P/F, 10\%, 4) = 0.683$,$(P/F, 10\%, 5) = 0.620\ 9$,年金现值系数为 $(P/A, 10\%, 5) = 3.790\ 8$,请对华明公司的生产设备的折旧方法进行税收筹划。

【解析】

方案一:采用平均年限法计提折旧

$$年折旧率 = \frac{1}{5} \times 100\% = 20\%$$

$$年折旧额 = 1\ 200 \times (1 - 5\%) \times 20\% = 228(万元)$$

$$每年折旧可抵税金额 = 228 \times 25\% = 57(万元)$$

根据年金现值系数,可以计算出平均年限法下折旧可抵税的折现值。

$$折旧可抵税折现值 = 57 \times (P/A, 10\%, 5) = 57 \times 3.790\ 8 = 216.07(万元)$$

方案二:采用年数总和法计提折旧

$$第一年折旧率 = \frac{5}{(1 + 5) \times 5 \div 2} = \frac{5}{15}$$

$$第一年折旧额 = 1\ 200 \times (1 - 5\%) \times \frac{5}{15} = 380(万元)$$

$$第一年折旧可抵税金额 = 380 \times 25\% = 95(万元)$$

以此类推,可以得出第 2～第 5 年的折旧金额分别为 76 万元、57 万元、38 万元和 19 万元。

根据复利现值系数,可以计算出年数总和法下折旧可抵税的折现值。

$$折旧可抵税折现值 = 95 \times (P/F, 10\%, 1) + 76 \times (P/F, 10\%, 2) + 57 \times (P/F, 10\%, 3) + 38 \times (P/F, 10\%, 4) + 19 \times (P/F, 10\%, 5) = 229.74(万元)$$

方案三:采用双倍余额递减法计提折旧

$$年折旧率 = \frac{2}{5} \times 100\% = 40\%$$

第一年折旧额＝1 200×40％＝480(万元)

第二年折旧额＝(1 200－480)×40％＝288(万元)

第三年折旧额＝(1 200－480－288)×40％＝172.8(万元)

第四和第五年改用直线法，

$$年折旧额＝\frac{1\,200－480－288－172.8－1\,200×0.05}{2}＝99.6(万元)$$

第一年折旧可抵税金额＝480×25％＝120(万元)

以此类推，可以得出第 2～第 5 年的折旧抵税金额分别为 72 万元、43.2 万元、24.9 万元和 24.9 万元。

根据复利现值系数，可以计算出双倍余额递减法下折旧可抵税的折现值。

折旧可抵税折现值＝120×(P/F，10％，1)＋72×(P/F，10％，2)＋43.2×(P/F，10％，3)＋24.9×(P/F，10％，4)＋24.9×(P/F，10％，5)＝233.52(万元)

根据复利现值系数，可进一步得出每年折旧可抵税金额，现计算得到年数总和法折旧抵税现值计算表，如表 5-5 所示。

表 5-3　各年应计提折旧额、可抵税额及可抵税额现值表　　　单位：万元

年限		1	2	3	4	5	合计
平均年限法	年折旧额	228	228	228	228	228	1 140
	年折旧可抵税额	57	57	57	57	57	285
	年折旧可抵税额现值	51.82	47.11	42.82	38.93	35.39	216.07
年数总和法	年折旧额	380	304	228	152	76	1 140
	年折旧可抵税额	95	76	57	38	19	285
	年折旧可抵税额现值	86.36	62.81	42.82	25.95	11.80	229.74
双倍余额递减法	年折旧额	480	288	172.8	99.6	99.6	1 140
	年折旧可抵税额	120	72	43.2	24.9	24.9	285
	年折旧可抵税额现值	109.09	59.5	32.46	17.01	15.46	233.52

从表 5-3 中可以发现，三种折旧方法计算出来的折旧总额均为 1 140 万元，折旧可抵税额合计数均为 285 万元，但考虑货币时间价值的因素后，各年可抵扣税额就不相等了，平均年限法下折旧可抵税额现值合计数最小，双倍余额递减法下折旧可抵税额现值合计数最大，双倍余额递减法折旧前期可抵扣税额更多，采用这个折旧方法，公司可以有更多的资金进行经营活动。因此在本例中可以选择双倍余额递减法作为该设备的折旧方法。

固定资产折旧作为企业经营时的固定成本，与其他付现成本不同，固定资产折旧费用不需要流出现金，是非现金支付的固定成本，折旧后能够从企业销售中得到补偿，形成了现金的净流入量。由此可见，在企业盈利的情况下，折旧数额越多，企业所能够获得的新增现金流也就越多。如果当期折旧额越大，收益率就越低。当企业采用缩短折旧年限或加速折旧法时，扩大了前期的成本费用，导致利润表中表现为利润总额的下降，但是现金流量表中却表现为现金流

量增大,从提升了企业收益的"含金量"。在资产负债表中,由于固定资产报表项目时按照扣除折旧额后账面价值列示固定资产,前期折旧费用的增加,有可能低估企业的资产价值。

(三) 固定资产折旧年限的税收筹划

根据《企业所得税法实施条例》第 60 条关于固定资产折旧年限的规定:除了国务院财政、税务主管部门另有规定,固定资产计算折旧的最低年限房屋、建筑物为 20 年;飞机、火车、轮船、机器、机械和其他生产设备为 10 年;与生产经营活动有关的器具、工具、家具等为 5 年;飞机、火车、轮船以外的运输工具为 4 年;电子设备为 3 年。从事开采石油、天然气等矿产资源的企业,在开始商业性生产前发生的费用和有关固定资产的折耗、折旧方法,由国务院财政、税务主管部门另行规定。

固定资产的折旧额不仅与折旧方法有关,还与固定资产的折旧年限密切相关。对于盈利企业而言,折旧总额不变,缩短折旧年限,相当于前期的折旧费用增加,抵税效果增强,前期缴纳的企业所得税会变小,相当于从银行获取了一笔无息贷款,更有利于加快企业固定资产成本的回收,所以在法律允许的情况下,盈利企业可以采取最短的年限计提折旧,获得延期纳税收益。但是税收优惠期间,折旧年限越长越有利于节税,折旧额越小越有利。

◉ **案例 5-9** ▰▰▰▰▰▰▰▰▰▰▰▰▰▰▰▰▰▰▰▰▰▰▰▰▰▰▰▰▰▰▰▰

华美公司有一项价值为 1 000 万元的机器设备,残值按原价的 4% 估算,直线法计提折旧,公司适用所得税税率为 25%。如果该公司享受"三免三减半"的税收优惠政策,设备为该公司获得经营收入的第一个年度购入的,可供选择的折旧年限为 8 年或者是 6 年,则华美公司应当采用哪个折旧年限会有利于公司的税收筹划?

【解析】

方案一:折旧年限为 8 年

年折旧额 $=1\,000\times(1-4\%)\times\dfrac{1}{8}=120$(万元)

该公司享受"三免三减半"的税收优惠政策,因此可以抵减更多的企业所得税。

可抵税总额 $=120\times(25\%\div2)\times3+120\times25\%\times2=105$(万元)

方案二:折旧年限为 6 年

年折旧额 $=1\,000\times(1-4\%)\times\dfrac{1}{6}=160$(万元)

可抵税总额 $=160\times(25\%\div2)\times3=60$(万元)

与方案二相比,方案一因为折旧的年限长,可抵税总额多出 45 万元(105-60)。通过计算可知,在公司享受定期减免税优惠的情况下,固定资产折旧年限越长,在减免税期间提取的折旧额就越少,应纳税所得额就越大,实际上享受的减免税优惠力度就越大。而且,由于后期折旧额计入非减免税时期成本,抵减了后期的应纳税所得额,从而使该固定资产全部使用期间抵税效应更大,可以节约的税收支出金额更大。因此,本案例选择方案一可以获得更多的节税收益。

在免税期间,企业应尽量选择延长固定资产折旧年限并采用年限平均法计提折旧,以充分享受减免税优惠政策。企业在享受减免税待遇期间,固定资产如果缩短折旧年限或者采用加速折旧的方法计提折旧,会增加企业前期折旧费用,没有完全充分享受税收优惠政策,后期会加重企业所得税税负。因此,企业应选择减免期内少折旧、非减免期内多折旧的折旧方法,在减免期内尽量使用年限平均法计提折旧,避免使用加速折旧方法。

◎ 案例 5-10

成达公司为居民企业,企业逐年盈利,未享受企业所得税优惠政策,企业所得税税率为25%,2022年拟购进一项由于技术进步产品更新换代较快的固定资产,该项固定资产原值500万元,预计净残值20万元,预计使用寿命5年,与税法规定的折旧最低年限相同。根据税法规定,该项固定资产在折旧方面可享受税收优惠政策。假定按年复利利率10%计算,第1~第5年的复利现值系数分别为(P/F, 10%, 1)=0.909 1,(P/F, 10%, 2)=0.826 4,(P/F, 10%, 3)=0.751 3,(P/F, 10%, 4)=0.683,(P/F, 10%, 5)=0.620 9,年金现值系数为(P/A,10%,3)=2.486 9,(P/A,10%,5)=3.790 8。请对成达公司的固定资产的折旧方法进行税收筹划。

【解析】

方案一:年限平均法计提折旧

年折旧额=(500-20)÷5=96(万元)

累计折旧折现值=96×(P/A,10%,5)=363.92(万元)

累计折旧抵税额=363.92×25%=90.98(万元)

方案二:缩短折旧年限方法计提折旧

企业选择最低折旧年限为固定资产预计使用寿命的60%,则该固定资产最低折旧年限为3年(5×60%)。

年折旧额=(500-20)÷3=160(万元)

累计折旧折现值=160×(P/A,10%,3)=397.9(万元)

累计折旧抵税额=397.9×25%=99.48(万元)

方案三:双倍余额递减法计提折旧

第1年折旧额=500×2÷5=200(万元)

第2年折旧额=(500-200)×2÷5=120(万元)

第3年折旧额=(500-200-120)×2÷5=72(万元)

第4年、第5年折旧额=(500-200-120-72-20)÷2=44(万元)

累计折旧折现值=200×(P/F, 10%, 1)+120×(P/F, 10%, 2)+72×(P/F, 10%, 3)+44×(P/F, 10%, 4)+44×(P/F, 10%, 5)=392.45(万元)

累计折旧抵税额=392.45×25%=98.11(万元)

方案四:年数总和法计提折旧

第1年折旧额=(500-20)×5÷15=160(万元)

第2年折旧额=(500-20)×4÷15=128(万元)

第3年折旧额=(500-20)×3÷15=96(万元)

第 4 年折旧额＝(500－20)×2÷15＝64(万元)

第 5 年折旧额＝(500－20)×1÷15＝32(万元)

累计折旧折现值＝160×(P/F，10%，1)+128×(P/F，10%，2)+96×(P/F，10%，3)+64×(P/F，10%，4)+32×(P/F，10%，5)＝386.94(万元)

累计折旧抵税额＝386.94×25%＝96.74(万元)

对上述 4 种方案比较分析,采取缩短折旧年限或加速折旧方法,在固定资产预计使用寿命前期计提的折旧较多,因货币的时间价值效应,较采取通常折旧方法抵税效益明显。在上述 4 种方案中,方案一采取通常折旧方法抵税最少;方案二采取缩短折旧年限方法抵税最多,采取缩短折旧年限方法较正常折旧方法多抵税 8.5 万元(99.48－90.98);方案三双倍余额递减法次之,采取双倍余额递减法比年限平均法计提折旧多抵税 7.13 万元(98.11－90.98);方案四采取年数总和法比年限平均法计提折旧多抵税 5.76 万元(96.74－90.98)。

修改本案例中假设条件,如果采取缩短折旧年限方法所选用的最低折旧年限为固定资产预计使用寿命的 80%,即折旧年限按 4 年(5×80%)计算,则累计折旧现值合计为 380.28 万元,因折旧可税前扣除,相应抵税 95.07 万元(380.28×25%),比年限平均法计提折旧多抵税 4.08 万元(95.06－90.98),则 4 种方案中采取双倍余额递减法效果最好。

上述案例表明,企业盈利时,固定资产在使用前期多计提折旧,后期少计提折旧,在正常生产经营条件下,这种加速折旧的做法可以递延缴纳税款。但是如果企业亏损,企业在弥补期内,采用加速折旧方法比未采用加速折旧方法要多缴纳企业所得税。因此如果企业亏损,选择固定资产折旧方法应同企业的亏损弥补情况相结合,选择的折旧方法,必须能使不能得到或不能完全得到税前弥补的亏损年度的折旧额降低,保证折旧费用的抵税效应得到最大限度的发挥,所以在企业亏损弥补期间,采用加速折旧可能会增加应纳税所得额和应缴企业所得税额。因此,企业在亏损期间避免使用加速折旧的方法计提固定资产的折旧。

二、固定资产修理支出的税收筹划

固定资产修理是指为保持固定资产的正常运转和使用而恢复固定资产原有性能的行为。固定资产修理按其修理范围的大小、修理时间的长短和修理费用的多少分为固定资产日常修理和固定资产大修理。固定资产日常修理支出是指固定资产的日常维护发生的修理费支出;大修理支出是对企业的固定资产进行局部更新,如对机器设备进行全部拆修和更换主要部件、配件。大修理支出的主要特点包括:修理范围大、间隔时间长、修理次数少,支出费用大,经过大修理,使固定资产使用效能比修理前有很大的提升。日常修理支出属于收益性支出,大修理支出属于资本化支出。

由于固定资产日常修理支付的费用较少,经常发生且比较均衡,为简化核算工作,固定资产日常修理费用可以直接计入当期损益,在税前扣除。而固定资产大修理费用往往金额较大,且发生不均衡,应作为长期待摊费用按规定摊销,不得直接在当期税前扣除。《企业所得税法实施条例》第 69 条规定的固定资产的大修理支出,是指同时符合下列条件的支出:第一,修理支出达到取得固定资产时的计税基础 50%以上;第二,修理后固定资产的使用年限延长 2 年以上。

⊙ **案例 5-11**

华鹏公司拟对原值为 99 万元的生产设备进行大修理,大修过程中预计耗材料费、配件费为 40 万元,增值税税额为 5.2 万元,支付人工成本 12 万元。生产设备预计大修理后设备使用年限延长 5 年。若资金回报率为 10%,(P/A,10%,5)=3.790 8,(P/F,10%,5)=0.909 1,请对该公司固定资产大修理的支出进行税收筹划。

【解析】

方案一:公司对设备进行大修理,费用为 52(40+12)万元

大修理总支出占设备原值的比重=52÷99=52.53%>50%

预计大修理后设备使用年限延长 5 年>2 年。

符合税法规定的固定资产大修理支出的确认条件,该修理支出按照固定资产尚可使用年限 5 年分期摊销。

每年摊销的大修理费用=52÷5=10.4(万元)

每年抵税=10.4×25%=2.6(万元)

抵税现值=2.6×(P/A,10%,5)=9.86(万元)

方案二:节省设备进行修理支出 2.6 万元,降至 49.4 万元

修理总支出占设备原值的比重=49.4÷99=49.9<50%,不符合大修理支出的确认条件,此时的修理支出可以视为日常修理支出,在当期可以直接在企业所得税前扣除,当期可以抵税 12.35 万元(49.4×25%)。

修理支出抵税现值=12.35×(P/F,10%,5)=11.23(万元)

修理产生的增值税进项税额 5.2 万元可以抵扣增值税销项税额,少交增值税 5.2 万元,增值税附加税相应少交 0.624 万元。

可见,方案二比方案一多抵所得税现值 1.37 万元(11.23-9.86),同时还减少了增值税和增值税附加税的缴纳。在企业盈利期间,发生的固定资产修理支出只要不超过固定资产原值的 50%,则抵税效果明显。

第五节　技术创新的纳税筹划

技术创新是企业之魂,研发是技术创新的主要环节,研发能力是企业竞争力的核心体现,若想衡量企业发展后劲,可以看它每年的研发投入。研发费用在利润表中单独列示,释放的信号是研发费用高的企业是有长远发展规划的企业,重视研发的企业也将得到更多尊重与认可。管理费用高让人心痛,而研发费用高则让人心动。为鼓励企业开展研发活动、支持企业加大研发投入,税法规定企业为开发新技术、新产品、新工艺发生的研究开发费用可以在计算应纳税所得额时加计扣除。

一、研究开发费用的税收筹划

(一) 研发活动及研发费用归集范围

1. 研发活动的含义

研发活动是指企业为获得科学与技术新知识,创造性运用科学技术新知识,或实质性改进技术、产品(服务)、工艺而持续进行的具有明确目标的系统性活动。

2. 研发加计扣除的优惠政策

根据财政部、国家税务总局、科技部《关于完善研究开发费用税前加计扣除政策的通知》(财税〔2015〕119 号),企业为开发新技术、新产品、新工艺发生的研究开发费用,未形成无形资产计入当期损益的,在按照规定据实扣除的基础上,按照研究开发费用的 50% 加计扣除;形成无形资产的,按照无形资产成本的 150% 摊销。

2018 年 9 月,财政部、税务总局、科技部发布的《关于提高研究开发费用税前加计扣除比例的通知》(财税〔2018〕99 号)中规定,企业开展研发活动中实际发生的研发费用,未形成无形资产计入当期损益的,在按规定据实扣除的基础上,在 2018 年 1 月 1 日至 2020 年 12 月 31 日期间,再按照实际发生额的 75% 在税前加计扣除;形成无形资产的,在上述期间按照无形资产成本的 175% 在税前摊销。

根据财政部、税务总局《关于进一步完善研发费用税前加计扣除政策的公告》(财税〔2021〕13 号)规定,制造业企业开展研发活动中实际发生的研发费用,未形成无形资产计入当期损益的,在按规定据实扣除的基础上,在 2021 年 1 月 1 日起,再按照实际发生额的 100% 在税前加计扣除;形成无形资产的,自 2021 年 1 月 1 日起按照无形资产成本的 200% 在税前摊销。该公告中的制造业企业,是指以制造业业务为主营业务,享受优惠当年主营业务收入占收入总额的比例达到 50% 以上的企业。

3. 允许加计扣除的研发费用

允许加计抵扣的研发费用具体范围包括人员人工费用、直接投入费用、折旧费用、无形资产摊销、新产品设计费、新工艺规程制定费、新药研制的临床试验费、勘探开发技术的现场试验费和其他费用。

1) 人员人工费用

直接从事研发活动人员的工资薪金、基本养老保险费、基本医疗保险费(生育保险费已并入医疗保险)、失业保险费、工伤保险费和住房公积金,以及外聘研发人员的劳务费用。

2) 直接投入费用

(1) 研发活动直接消耗的材料、燃料和动力费用。

(2) 用于中间试验和产品试制的模具、工艺装备开发及制造费,不构成固定资产的样品、样机及一般测试手段购置费,试制产品的检验费。

(3) 用于研发活动的仪器、设备的运行维护、调整、检验、维修等费用,以及通过经营租赁方式租入的用于研发活动的仪器、设备租赁费。

（4）折旧费用。用于研发活动的仪器、设备的折旧费。要注意的是，固定资产加速折旧优惠可以和研发费用加计扣除优惠叠加享受，但必须同时满足两个条件：一是相关的仪器、设备必须是 2014 年 1 月 1 日后新购进的；二是仪器、设备必须专门用于研发活动。因此，企业 2014 年以前购进的仪器、设备，以及研发和生产经营共用的仪器、设备，均不得享受相关加速折旧优惠和加计扣除优惠。

（5）无形资产摊销。用于研发活动的软件、专利权、非专利技术（包括许可证、专有技术、设计和计算方法等）的摊销费用。

（6）形成研发产品的必要开支。用于研发产品生产的必要开支，例如，新产品设计费、新工艺规程制定费、新药研制的临床试验费、勘探开发技术的现场试验费等。

（7）其他相关费用。与研发活动直接相关的其他费用，如技术图书资料费、资料翻译费、专家咨询费、高新科技研发保险费，研发成果的检索、分析、评议、论证、鉴定、评审、评估、验收费用，知识产权的申请费、注册费、代理费，差旅费、会议费等。此项费用总额不得超过可加计扣除研发费用总额的 10%。不在此范围内的通讯费、招待费、广告宣传费等不得加计扣除，且此类费用总额不得超过可加计扣除研发费用总额的 10%。

3）财政部和国家税务总局规定的其他费用

超越范围加计扣除费用，如办公用房的租金等，不属于研发费用加计扣除的范围。

根据《国家税务总局关于研发费用税前加计扣除归集范围有关问题的公告》（国税公告〔2017〕40 号）的规定，企业存在研发和生产管理经营活动混用人员和设备情况时，须对混用的相关费用进行合理的记录和划分，才可以计入研发费用加计扣除，主要包括以下四种混用情况：

（1）直接从事研发活动的人员、外聘研发人员同时从事非研发活动的。

（2）以经营租赁方式租入的用于研发活动的仪器、设备，同时用于非研发活动的。

（3）用于研发活动的仪器、设备，同时用于非研发活动的。

（4）用于研发活动的无形资产，同时用于非研发活动的。

针对同时从事或用于研发活动和非研发活动的人员和设备，企业应建立相应的工时原始记录，对其人员活动情况和仪器设备使用情况做必要记录，并在研发费用辅助账或备查资料中，对工时进行合理统计和分配，将其实际发生的人工费用、租赁费用、折旧费和摊销费按实际工时占比等合理方法在研发费用和生产经营费用间分配，未明确记录和合理分配的，不得加计扣除。

4. 不确认为加计扣除的研发费用

下列活动不适用税前加计扣除政策。

（1）产品（服务）的常规性升级。

（2）对某项科研成果的直接应用，如直接采用公开的新工艺、材料、装置、产品、服务或知识等。

（3）企业在商品化后为顾客提供的技术支持活动。

（4）对现存产品、服务、技术、材料或工艺流程进行的重复或简单改变。

（5）市场调查研究、效率调查或管理研究。

（6）作为工业（服务）流程环节或常规的质量控制、测试分析、维修维护。

（7）社会科学、艺术或人文学方面的研究。

5. 特别事项的处理

（1）企业委托外部机构或个人进行研发活动所发生的费用，按照费用实际发生额的80％计入委托方研发费用并计算加计扣除，受托方不得再进行加计扣除。委托外部研究开发费用实际发生额应按照独立交易原则确定。委托方与受托方存在关联关系的，受托方应向委托方提供研发项目费用支出明细情况。企业委托境外机构或个人进行研发活动所发生的费用，不得加计扣除。

（2）企业共同合作开发的项目，由合作各方就自身实际承担的研发费用分别计算加计扣除。

（3）企业集团根据生产经营和科技开发的实际情况，对技术要求高、投资数额大、需要集中研发的项目，其实际发生的研发费用，可以按照权利和义务相一致、费用支出和收益分享相配比的原则，合理确定研发费用的分摊方法，在受益成员企业间进行分摊，由相关成员企业分别计算加计扣除。

（4）企业为获得创新性、创意性、突破性的产品进行创意设计活动而发生的相关费用，可按照《财政部 国家税务总局 科学技术部关于完善研究开发费用税前加计扣除政策的通知》（财税〔2015〕119号）规定进行税前加计扣除。创意设计活动是指多媒体软件、动漫游戏、软件开发、数字动漫、游戏设计制作；房屋建筑工程设计（绿色建筑评价标准为三星）、风景园林工程专项设计；工业设计、多媒体设计、动漫及衍生产品设计、模型设计等。

（二）不适用加计扣除政策的行业

根据《国家税务总局关于企业研究开发费用税前加计扣除政策有关问题的公告》（国税公告〔2015〕97号）的规定，不适用加计扣除政策行业的企业，是指以上所列行业业务为主营业务，其研发费用发生当年的主营业务收入占企业按税法第六条规定计算的收入总额减除不征税收入和投资收益的余额50％（不含）以上的企业。上述行业企业主营业务收入占50％（含）以下的，可按规定备案申报享受加计扣除政策。根据《关于完善研究开发费用税前加计扣除政策的通知》（财税〔2015〕119号）的规定，不适用加计扣除政策的行业包括住宿和餐饮业、烟草制造业、批发和零售业、娱乐业、房地产业、租赁和商务服务业。

（三）规范研发费用账务管理

关注企业研究开发费用专项审计或鉴证报告、研究开发活动说明材料和研发费用辅助账，有以下四个注意事项。

1. 明确研发费用归集范围

明确计入研发费用辅助账的费用种类，不应将不属于税前加计扣除归集范围的费用计入研发费用，在企业所得税前加计扣除。

2. 规范人工费用明细核算

人工费用项目明细核算方面，不得将工资薪金、五险一金和外聘人员劳务费用以外的人工费用进行加计扣除的行为。如果企业存在混用人员的，平时要建好原始工时记录，在研发费用和生产经营费用之间合理分配人工费用。

合理安排研发人员的工资，可以减轻企业所得税税负。根据《关于完善研究开发费用税前加计扣除政策的通知》（财税〔2015〕119号）规定，允许加计扣除的人员人工费用指"直接从事研发活动人员的工资薪金、基本养老保险费、基本医疗保险费、失业保险费、工伤保险费、生育保险费和住房公积金，以及外聘研发人员的劳务费用"。因此，仅辅助研发活动开展的管理人员、销售人员和后勤人员等产生的人工费用，不得计入研发费用进行加计扣除。准许扣除的人工费用为正列举，仅包括工资薪金、五险一金及外聘人员劳务费用，其他费用，如交通、通讯补贴、高温补贴等，不得计入人工费用进行加计扣除。在职工从事研发期间，可多安排工资、奖金（包括全年一次性奖金），从而更多地享受加计扣除。需要注意的是，多安排工资、奖金相应增加的个人所得税负担，不能超过加计扣除部分减少的企业所得税负担，否则将得不偿失。

3. 规范固定资产、无形资产费用明细核算

企业应平时做好固定资产、无形资产原始使用情况记录，确保相关租赁费、折旧费和推销费在研发费用和生产经营费用之间进行了合理分配。企业还要不定期检查经营租赁固定资产费用明细核算、固定资产折旧费和无形资产摊销费明细核算，关注企业享受加速折旧和加计扣除双重优惠的固定资产费用明细，确认涉及的固定资产是否符合于2014年1月1日以后购入和专门用于研发活动两个条件。关注企业固定资产清理科目，不可以通过固定资产清理科目，将不符合规定的100万元以下的固定资产直接结转折旧费，全额计入研发费用享受双重优惠的行为。

4. 关注其他相关费用明细

对于其他相关费用明细，注意不可以将不与研发活动直接相关的费用计入研发费用进行加计扣除的行为。

(四) 研发费用的税收筹划案例

国家鼓励企业在生产过程中积极实施技术创新、自主研发，对研发费用实施加计扣除的税收优惠政策，企业应积极充分运用税收优惠政策为企业研发费用进行税收筹划。

◎ 案例 5-12

明森公司2022年拟开发新产品，预测要发生研发支出共1500万元，其中，研究阶段支出为200万元，开发阶段符合资本化条件前发生的支出为300万元；符合资本化条件后至达到预计用途前发生的支出为1000万元（其中有100万元也可以费用化）。开发形成的无形资产预计在2022年11月已达到预定用途。该新产品将申请专利，摊销期限为10年，近几年公司一直处于盈利状态。请对公司开发新产品的研发支出进行税收筹划。

【解析】

方案一，当期发生的1500万元研发支出中

根据会计准则的规定，应当费用化的金额为500万元（200+300），形成的无形资产账面

价值为 1 000 万元。

研发费用企业所得税前扣除的金额＝500＋500×100％＝1 000(万元)

研发费用可以抵税＝1 000×25％＝250(万元)

无形资产全部摊销额＝1 000＋1 000×100％＝2 000(万元)

无形资产每年可摊销额＝2 000÷10＝200(万元)

无形资产每年摊销可以抵税＝200×25％＝50(万元)

2021 年少缴纳企业所得税＝250＋50÷12×2＝258.33(万元)

方案二,把形成无形资产的 1 000 万元支出中可费用化的 100 万元计入研发费用

则此时费用化的金额为 600 万元(500＋100),形成的无形资产账面价值为 900 万元(1 000－100)。

研究费用＝500＋100＝600(万元)

研发费用企业所得税前扣除额＝600＋600×100％＝1 200(万元)

研发费用可以抵税＝1 200×25％＝400(万元)

无形资产全部摊销额＝900＋900×100％＝1 800(万元)

无形资产每年可摊销额＝1 800÷10＝180(万元)

无形资产每年摊销可以抵税＝180×25％＝45(万元)

2021 年少缴纳企业所得税＝400＋45÷12×2＝407.5(万元)

方案二比方案一少缴纳企业所得税 149.17 万元(407.5－258.33),公司处于盈利期,所以应当选择方案二。

根据《国家税务总局关于企业所得税若干税务事务衔接问题的通知》(国税函〔2009〕98 号)的规定,因加计扣除造成的企业应纳税额为负数,可以在以后年度弥补,最长弥补期限为 5 年,这意味着无论企业在纳税年度是盈利还是亏损,均可以享受加计扣除政策。利用此政策,研发费用的税收筹划思路有:

第一,企业应合理安排研发费用发生的时间,使得研发费用发生在正常的纳税年度,避免发生在免税期和亏损年度,以保证其研发费用可以在税前扣除。

第二,企业应合理安排研发费用的金额,使得研发费用加计扣除金额小于企业利润。若研发费用加计扣除金额大于企业利润,则可以将研发费用分期,从而实现研发费用的充分扣除。

🎯 **案例 5-13**

2020 年年初,新明公司研发部准备开发一种新软件,开发时间为两年,在研究开发阶段,预计费用化支出 2 000 万元,并预计该软件在投入使用时 2022 年的利润为 1 400 万元,2023 年所获利润为 3 000 万元,企业所得税税率为 25％。新明公司对于这预计的 2 000 万元研发费用使用什么税收筹划方案更合适?

【解析】

方案一:2022 年费用化支出计划 1 000 万元,2023 年费用化支出计划 1 000 万元

2022 年应纳税所得额＝1 400－(1 000＋1 000×100％)＝－600(万元)<0

因此,亏损额留到下一年弥补。

2023 年应纳税所得额＝3 000－(1 000＋1 000×100％)－600＝400(万元)

2023 年应缴纳企业所得税＝400×25％＝100(万元)

方案二：2022 年费用化支出计划 600 万元,2023 年费用化支出计划 1 400 万元

2022 年应纳税所得额＝1 400－(600＋600×100％)＝200(万元)

2022 年应缴纳企业所得税＝200×25％＝50(万元)

2023 年应纳税所得额＝3 000－(1 400＋1 400×100％)＝200(万元)

2023 年应缴纳企业所得税＝200×25％＝50(万元)

两年合计缴纳企业所得税＝50＋50＝100(万元)

两个方案 2022 年和 2023 年应缴企业所得税之和虽然没有区别,但是由于方案一属于延迟纳税,这样一方面企业相当于得到了一笔无息贷款,增加了当期的现金流量,减小了资金压力,进行低成本筹资;另一方面,如果宏观环境中存在通货膨胀和货币贬值的情况,则更有利于企业获得财务收益,因此新明公司应该选择方案一。

当企业处于盈利状态,纳税人在进行内部研究开发时,存在无形资产研究费用与无形资产开发费用交叉的情况,纳税人可以有意识地将部分开发费用作为研究费用,这样可以增加当期税前扣除金额,从而降低企业所得税税负,增加税前扣除速度。但是,当企业处于亏损状态时,正好相反,纳税人最好不要将部分开发费用作为研究费用,将费用资本化,研发费用递延到后期抵扣,获得递延纳税的收益。

实务中,研发能力强的企业往往面临着是否要设置独立核算的研发机构对外输出技术开发产品的决策,税收筹划方案的设计往往要关注研发费用加计扣除和技术转让所得的税收优惠政策的运用。

◎ 案例 5-14

方明公司为一家生产日化产品的企业,2022 年 1 月,因业务需要加强研发投入,进行新技术的开发,拟在经济特区成立一家独立的全资高新技术企业明海公司,新公司需增加管理费用 450 万元。2022 年预计全年未形成无形资产的研究开发费用 800 万元;形成无形资产的研究开发费用 1 000 万元,经预测该无形资产技术如果转让将会获得收入 1 600 万元;预计方明公司当年税前利润为 3 000 万元(无调整项目)。如果初期在方明公司成立内部研发部门或分公司,则研发费用可以按实际发生额 200％税前加计扣除;分期收取销售或出售技术转让的收入,2022 年先收取 70％的款项,2023 年 1 月收取剩下 30％的款项。方明公司应如何筹划才能降低整个集团的税负?

【解析】

方案一：成立一家新的、全资的高新技术企业明海公司

成立明海公司公司新增的管理费用 450 万元,明海公司技术转让收入 1 600 万元,其对应的技术开发成本费用 1 000 万元,未形成无形资产的研究开发费用 800 万元。

新公司当期应纳税所得额＝1 600－1 000－800－450＝－650(万元)

亏损尽管可以在未来 5 年内弥补,但是无法享受加计扣除的好处。

方明公司应缴纳企业所得税＝3 000×25％＝750(万元)

母子公司合计应缴纳企业所得税 750 万元。

方案二：方明公司内部设立研发部或分公司

2021 年技术转让应纳税所得额＝1 600×70％－1 000×70％＝420（万元）

技术转让所得小于 500 万元，则免征企业所得税。

方明公司应缴纳企业所得税＝（3 000－800－800×100％）×25％＝350（万元）

综上所述，方案二方明公司应缴纳企业所得税 350 万元。可见，方明公司内部设立研发部或分公司更节税，可以少缴纳企业所得税 400 万元（750－350）。

二、技术转让所得的税收筹划

（一）技术转让所得的税收政策

1. 技术转让所得的含义

技术转让所得是指出让方将一定技术成果的所有权或使用权移转受让方取得的收益，技术转让所得是技术转让收入与技术转让成本和相关税费的差额。

技术转让是指居民企业转让其拥有符合技术转让范围规定技术的所有权或 5 年以上（含 5 年）全球独占许可使用权的行为。技术转让的范围，包括居民企业转让专利技术、计算机软件著作权、集成电路布图设计权、植物新品种、生物医药新品种，以及财政部和国家税务总局确定的其他技术。其中，专利技术是指法律授予独占权的发明、实用新型和非简单改变产品图案的外观设计。

技术转让收入是指当事人履行技术转让合同后获得的价款，不包括销售或转让设备、仪器、零部件、原材料等非技术性收入。不属于与技术转让项目密不可分的技术咨询、技术服务、技术培训等收入，不得计入技术转让收入。根据《国家税务总局关于技术转让所得减免企业所得税有关问题的公告》（国税公告〔2013〕62 号）的规定，可以计入技术转让收入的技术咨询、技术服务、技术培训收入，是指转让方为使受让方掌握所转让的技术投入使用、实现产业化而提供的必要的技术咨询、技术服务、技术培训所产生的收入，并应同时符合以下条件：

（1）在技术转让合同中约定的与该技术转让相关的技术咨询、技术服务、技术培训。

（2）技术咨询、技术服务、技术培训收入与该技术转让项目收入一并收取价款。

技术转让成本是指转让的无形资产的净值，即该无形资产的计税基础减除在资产使用期间按照规定计算的摊销扣除额后的余额。

相关税费是指技术转让过程中实际发生的有关税费，包括除企业所得税和允许抵扣的增值税以外的各项税金及附加、合同签订费用、律师费等相关费用及其他支出。

2. 技术转让所得的税收优惠政策

1）增值税优惠政策

根据《财政部 国家税务总局关于全面推开营业税改征增值税试点的通知》（财税〔2016〕36 号）附件 3"营业税改征增值税试点过渡政策"的规定，纳税人提供技术转让、技术开发和与之相关的技术咨询、技术服务免征增值税。与技术转让、技术开发相关的技术咨询、技服务,纳税人对其申请免征增值税时,须持技术转让、开发的书面合同,到纳税人所在地省级科技主管部门进行认定,并持有关的书面合同和科技主管部门审核意见证明文件报主管税务机关备查。

2) 企业所得税优惠政策

根据《企业所得税实施条例》(国务院令〔2018〕512号)第90条的规定,符合条件的技术转让所得免征、减征企业所得税,是指一个纳税年度内,居民企业技术转让所得不超过500万元的部分,免征企业所得税;超过500万元的部分,减半征收企业所得税。

《国家税务总局关于技术转让所得减免企业所得税有关问题的通知》(国税函〔2009〕21号),规定了享受减免企业所得税优惠的技术转让应符合以下条件:

(1) 享受优惠的技术转让主体是企业所得税法规定的居民企业。

(2) 技术转让属于财政部、国家税务总局规定的范围。

(3) 境内技术转让经省级以上科技部门认定。

(4) 向境外转让技术经省级以上商务部门认定。

(5) 国务院税务主管部门规定的其他条件。

享受技术转让所得减免企业所得税优惠的企业,应单独计算技术转让所得,并合理分摊企业的期间费用;没有单独计算的,不得享受技术转让所得企业所得税优惠。居民企业从直接或间接持有股权之和达到100%的关联方取得的技术转让所得,不享受技术转让减免企业所得税优惠政策。技术转让应签订技术转让合同。

(二) 技术转让所得的税收筹划案例

企业在技术转让之前,应该合理地选择优惠政策进行税收筹划,以达到减税的目的。

◎ **案例 5-15**

华成公司为2014年成立的居民纳税企业,同时它也是一家高新技术企业,主要生产各种计算机产品并从事计算机软件技术开发和技术转让业务,近年盈利状况良好。公司拟在2022年1月承接工业自动化控制项目并将研究成果转让给客户,该项技术开发及技术转让所得额为400万元。项目研究过程中,为解决技术配套问题客户向华成公司购买计算机产品400万元(不含税),预计计算机产品销售成本和相关费用280万元,可抵扣增值税进项税额26万元。假设华成公司当前不处于所得税优惠期,当年仅转让技术收入仅此一项,不考虑印花税。请为华成公司进行税收筹划。

【解析】

方案一:计算机销售与技术开发和转让所得分开计税

华成公司将计算机产品销售与软件技术开发和转让业务分开计税,计算机产品的销售需要增值税附加税和企业所得税;软件技术开发和转让所得额300万元<500万元,满足符合条件的技术转让所得免征企业所得税条件,所得免征企业所得税,同时销售与软件技术开发和转让所得免征增值税。计算机产品销售业务涉及的税收如下:

应缴纳增值税=400×13%-26=26(万元)

应缴纳增值税附加税=26×12%=3.12(万元)

应缴企业所得税＝（400−280−3.12）×15％＝17.532（万元）

华成公司纳税合计＝26＋3.12＋17.532＝46.652（万元）

客户业务处理情况：

非流动资产总额 800 万元（400＋400）中，无形资产以 400 万元入账，固定资产以 400 万元入账。

实际支付价款＝400＋400×（1＋13％）＝852（万元）

方案二：调整计算机产品销售收入和技术开发转让收入的构成

技术转让的税收待遇优于产品销售，如果能够将产品销售收入部分转化为技术服务收入，减少计算机产品的销售的利润，产品税负就会减轻。与客户协商，华成公司对从该客户取得的收入结构进行了调整，减少销售计算机产品收入 100 万元，增加技术转让及技术服务收入 100 万元。至此计算机公司将技术转让及服务所得调整为 500 万元，将销售计算机产品收入为 300 万元。

对华成公司而言，技术转让及技术服务所得 500 万元免征企业所得税，公司只需对销售计算机产品的收入 300 万元按规定缴纳增值税和企业所得税。相对于方案一，华成公司多获得了 100 万元收入免交企业所得税的好处，其税收负担会减轻 15 万元（100×15％）。收入结构的调整会减少增值税纳税义务 13 万元（100×13％）。筹划后华成公司的流转税和企业所得税都减轻了。

华成公司应负担的主要税收为：

应缴纳增值税＝300×13％−26＝13（万元）

应缴纳增值税附加税＝13×12％＝1.56（万元）

应缴企业所得税＝（300−280−1.56）×15％＝2.766（万元）

纳税合计＝13＋1.56＋2.766＝17.326（万元）

方案二与方案一相比，华成公司增值税附加税和企业所得税少交 29.326 万元（46.652−17.326）。

对客户而言，接受技术转让及技术服务按无形资产入账，购买计算机产品按固定资产入账，这两项均为资本性支出，折旧和摊销费用对未来应纳税所得额的影响与方案一基本相同，由于计算机产品采购实际支付款少支出 13 万元（100×13％）。因此，这项筹划方案不会遭到客户的反对。

客户业务处理情况：

非流动资产总额为 800 万元（500＋300）中，无形资产以 500 万元入账，固定资产以 300 万元入账。

实际支付款项＝500＋300×（1＋13％）＝839（万元）

方案二与方案一相比，客户少支付款项 13 万元（852−839）。

本税收筹划方案充分利用了技术转让与产品销售的税收差别待遇，通过调整收入结构，提高了可以享受税收优惠的技术转让收入，降低了无税收优惠的产品销售收入，从而使企业最大限度地享受了税收优惠政策，达到减轻税负的目的。

案例 5-16

居民纳税企业城阳公司成立于 2015 年,为高新技术企业,公司拟于 2022 年 1 月转让生物医药新品种,与客户签订协议共收取转让收入 1 000 万元,该生物医药新品种的成本和转让过程中的相关税费为 400 万元。若该公司目前不处于税收优惠期,盈利状况良好,请问如何签订技术转让合同能使节税效果最大?

【解析】

方案一:与客户签订的合同为一次性转让并收取转让收入 1 000 万元

技术转让所得＝1 000－400＝600(万元)＞500(万元)

税法规定,符合条件的技术转让所得超过 500 万元的部分,减半征收企业所得税。

应缴纳企业所得税＝(1 000－400－500)×50％×15％＝7.5(万元)

方案二:合同约定分两年收取技术转让收入

与客户签订分期收款的技术转让合同,合同约定第一年收取技术转让收入 500 万元,第二年收取技术转让收入 500 万元。

第一年技术转让所得＝500－200＝300(万元)＜500(万元)

第二年技术转让所得＝500－200＝300(万元)＜500(万元)

税法规定,符合条件的技术转让所得 500 万元以内的部分,免征收企业所得税。因此,第一和第二年应缴纳企业所得税税额为 0。

方案二比方案一节税 7.5 万元,故选择方案二。

尽管在这两个方案中,城阳公司两年内收取的技术转让收入都是 1 000 万元,但由于方案二将每年实现的技术转让所得控制在免征额 500 万元以下,可以免征企业所得税,所以取得了更大的节税收益。

第六节　按标准扣除费用项目的税收筹划

按标准扣除的费用是指在税法规定的额度和标准范围内可以在企业所得税前扣除,超出标准就不得在税前扣除的所开支的当期费用。按标准扣除费用项目包括利息费用、业务招待费、广告费和业务宣传费,以及职工福利费、工会经费和职工教育经费等工资性费用,在限定条件内税法给予这些费用项目税收优惠。对于按标准扣除费用项目的税收筹划,要控制其发生额不超出税法规定的标准,如果企业不得不超出开支标准,可以考虑通过筹划改变支出方式,将有限额的开支转换为没有限额或限额较宽松的开支,从而减少税基,真正发挥费用项目的抵税作用。本节主要以业务招待费、广告费和业务宣传费阐释按标准扣除费用项目的税收筹划。

一、业务招待费的税收筹划

(一)业务招待费的税收政策

业务招待费是指企业为生产、经营业务的合理需要而支付的应酬费用,主要包括业务洽谈、产品推销、对外联络、公关交往、会议接待、客户接待等所发生的费用。税法规定,企业发生的与生产经营活动相关的业务招待费支出,按照发生额的60%扣除,但最高不得超过当年销售收入的5‰,且超支部分不得向以后年度结转。企业发生的业务招待费支出无论开支多少,都不可能在税前足额扣除,开支超标越多,不能够在税前列支的金额就越多。

(二)业务招待费的税收筹划要点

业务招待费是企业所得税中按标准扣除费用项目之一,业务招待费的税收筹划的前提是正确核算业务招待费,准确核算营业收入,有效分流业务招待费,用足扣除限额,设立独立核算结构转移业务招待费。

1. 正确核算业务招待费

由于税法规定了企业发生的与生产经营活动相关的业务招待费按照发生额的60%可以作为税前扣除的标准之一,所以正确核算业务招待费显得非常重要。在业务招待费的范围上,会计核算和企业所得税税法都没有明确的规定。企业发生的业务招待费在会计核算账户"管理费用——业务招待费"归集的金额,并且有能够提供证明其真实性的合法凭证都可以获得在税前扣除的机会,如果不按规定将本应该属于业务招待费性质的支出放在其他科目列支,则一定不允许扣除。在核算业务招待费的实务中,特别要关注与餐费事项有关的经济业务,不是企业发生的所有餐费都在业务招待费中列支,实务中要根据餐费发生的缘由进行判断,具体而言,只有因开展业务招待客户就餐会计核算上可以列作"业务招待费",其他事项发生的餐费都不在"业务招待费"中列支。例如,职工因出差报销在标准内的餐费,会计核算上列作"差旅费";企业因组织职工培训期间的餐费,会计核算上列作"职工教育经费";企业因召开会议期间的餐费,会计核算上列作"会议费";企业筹建期间发生的餐费,会计核算上列作"开办费";企业以现金形式发放的职工餐费补贴,会计核算上列作"工资薪金";企业因召开董事会期间发生的餐费,会计核算上列作"董事会费";企业因组织职工工会活动期间发生的餐费,会计核算上列作"工会经费";职工食堂就餐、活动聚餐、加班聚餐,会计核算上列作"职工福利费"。

纳税人发生的与经营活动有关的合理会议费、差旅费项目要与业务招待费区分,不能将业务招待费计入会务费、差旅费。纳税人发生的与其经营活动有关的合理的差旅费、会务费,只要能够提供证明差旅费、会务费真实性的合法凭证,没有扣除标准的限制,实际发生额都可以在税前全额扣除。一般认为,会议费需要会议通知证明、出席人员需要签到表证明、内容需要会议记录证明,支付凭证需要发票证明,如果不能证实会议费的真实性,不得税前扣除。不能故意将业务招待费混入会务费、差旅费中核算,否则属于逃避缴纳税款。

2. 准确核算销售(营业)收入

企业应准确把握税法中的销售(营业)收入与会计中确认的营业收入存在的差异。根据《企业所得税法实施条例》的相关规定,企业发生非货币性资产交换,以及将货物、财产、劳务用于捐赠、偿债、赞助、集资、广告、样品、职工福利或者利润分配等用途的,应当视同销售货物、转让财产或者提供劳务,应按规定确认视同销售收入,并且在汇算清缴申报时加入销售(营业)收入,形成业务招待费的计提基数。

3. 用足扣除限额

税法上允许扣除业务招待费的计算基数为企业所得税申报表主表第 1 行的"销售（营业）收入"，即销售（营业）收入以主营业务收入、其他业务收入和视同销售收入之和为基数计算确定。对因瞒报或漏报经税务机关查增的收入，不得作为业务招待费的计提基数。根据规定，销售（营业）收入是纳税人的申报数，而不是税务机关检查后的确定数，税务机关查增的收入应在纳税调整增加额中填列，不能作为计算业务招待费的基数。企业要如实申报视同销售收入，避免因瞒报或漏报带来的税务风险，准确核定业务招待费的基数。

假设企业当期列支业务招待费为 Y，企业当期销售（营业）收入为 X，按照规定当期允许税前扣除的业务招待费标准一为 $Y \times 60\%$，允许税前扣除的业务招待费标准二为 $X \times 5‰$，即：

$$Y \times 60\% \leqslant X \times 5‰$$

通过推算得出 $Y \leqslant 8.3‰ \times X$，也就是说，在当期列支的业务招待费等于销售（营业）收入的 8.3‰ 这个临界点时，企业就可能用足了业务招待费的扣除限额。

案例 5-17

彩虹公司预测其 2022 年全年的产品销售收入总额为 17 500 万元，拟将价值 500 万元的自产产品对农村义务教育进行捐赠，该批产品的成本为 350 万元。请根据不同情况，对彩虹公司的业务招待费进行税收筹划。

【解析】

充分利用扣除限额时的业务招待费标准一＝90÷60%＝150（万元）

业务招待费的税前扣除基数在本例中为产品销售收入与将自产产品对外捐赠的视同销售收入的合计数。

税前扣除标准二＝(17 500＋500)×5‰＝90（万元）

充分利用扣除限额时的业务招待费＝(17 500＋500)×8.3‰≈150（万元）

以下的方案用来验证在当期列支的业务招待费等于销售（营业）收入的 8.3‰ 这个临界点时，企业就可能用足了业务招待费的扣除限额。围绕扣除业务招待费的临界点 150 万元，我们设计了三个筹划方案，分别是小于、等于和大于临界点的三种情形。

方案一：企业实际发生业务招待费 120 万元

税前扣除标准一＝120×60%＝72（万元）

税前扣除标准二＝18 000×5‰＝90（万元）

按照孰低原则，业务招待费可税前以扣除 72 万元，纳税调整增加额为 48 万元(120－72)。

因业务招待费扣除事项应该补缴企业所得税＝48×25%＝12（万元）

实际发生业务招待费 120 万元，付出代价 132 万元(120＋12)。

可见当企业发生的业务招待费小于营业收入的 8.3‰ 时，60% 的限额得到了充分利用。

方案二：企业实际发生业务招待费 150 万元

税前扣除标准一＝150×60%＝90（万元）

税前扣除标准二＝18 000×5‰＝90（万元）

按照孰低原则，业务招待费可税前以扣除90万元，纳税调增加额为60万元（150－90）。

因业务招待费扣除事项应该补缴企业所得税＝60×25％＝15（万元）

实际发生业务招待费150万元，付出代价165万元（150＋15）。

方案三：企业实际发生业务招待费180万元

税前扣除标准一＝180×60％＝108（万元）

税前扣除标准二＝18 000×5‰＝90（万元）

按照孰低原则，业务招待费可税前以扣除90万元，纳税调整增加额为90万元（180－90）。

因业务招待费扣除事项应该补缴企业所得税＝90×25％＝22.5（万元）

实际发生业务招待费180万元，付出代价202.5万元（180＋22.5）。

可见当企业发生的业务招待费大于营业收入的8.3‰时，60％的限额没有得到充分利用，此时税前扣除的金额不足实际发生额的60％。

在本例中，当预计销售收入为18 000万元（17 500＋500）时，企业产生的业务招待费为营业收入的8.3‰时是最佳状态，也就是用足150万元业务招待费限额时。如果业务招待费低于150万元，在销售收入不变的情况下，方案一比方案二的企业所得税税负轻。如果业务招待费高于150万元，企业所得税税负相对较重。

4. 有效分流业务招待费

业务招待费的目的是通过开展必要的招待活动，以达到维护企业与客户的关系与形象，从而促进销售，然而，业务宣传费也具有与此类似的动机。业务宣传费是指企业开展业务宣传活动所支付的费用，主要是指未通过媒体传播的广告性支出，包括企业发放的印有企业标志的礼品、纪念品等。例如，企业外购用于赠送的礼品作为业务招待费，但如果在礼品上印有企业标记，对企业形象、产品有宣传作用，也可作为业务宣传费。按照税法规定，广告费和业务宣传费支出不超过当年销售收入15％的部分可据实扣除，超过比例的部分可结转到以后年度扣除。可见，广告费和业务宣传费的扣除限额为销售（营业）收入的15％（特定行业为30％），是业务招待费的30倍（特定行业的60倍），具有更大的限额空间。如果企业能够有效搭配业务招待费与业务宣传费之间的开支，将会起到很好的节税作用。

例如，企业经常向客户赠送烟酒、茶叶、土特产等礼品，这部分开支应纳入业务招待费的范畴。但如果企业改为赠送自行生产或委托加工的产品，则这些礼品起到了推广宣传的作用，可作为业务宣传费列支。

同时，企业要利用业务招待费与业务宣传费的内容有相互替代的性质，进行项目之间的转换。作业务宣传费与业务招待费的选择时要把握两个原则：一是优先列为业务宣传费，因为业务宣传费税前可扣除的限额大；二是如果业务宣传费超标，则列为业务招待费。

🎯 **案例 5-18**

2022年德明公司拟外购100万元的礼品赠送客户，并将其列为业务招待费，预测该企业2022年销售收入9 000万元，业务宣传费100万元，广告费800万元。德明公司应如何进行税收筹划？

【解析】

方案一：外购 100 万元的礼品作为业务招待费

业务招待费税前标准一＝$100×60\%＝60$（万元）

业务招待费税前标准二＝$9\ 000×5‰＝45$（万元）

根据孰低原则，业务招待费可税前以扣除 45 万元，纳税调整额为 55 万元（$100-45$）。

因业务招待费扣除事项应该补缴企业所得税＝$55×25\%＝13.75$（万元）

实际发生业务招待费 100 万元，付出代价 113.75 万元（$100+13.75$）。

广告和业务宣传费扣除限额＝$9\ 000×15\%＝1\ 350$（万元）

广告和业务宣传费实际发生额＝$100+800＝900$（万元）

广告和业务宣传费小于扣除标准的差额 450 万元（$1\ 350-900$），实际发生额可以税前全额扣除，广告和业务宣传费未用足限额。

方案二：业务招待费部分转化为业务宣传费

若德明公司 2022 年将外购 100 万元的赠送客户礼品中，50 万元作为业务招待费，另外 50 万元的礼品上制作印上德明公司名称的标记。

业务招待费税前标准一＝$50×60\%＝30$（万元）

业务招待费税前标准二＝$9\ 000×5‰＝45$（万元）

根据孰低原则，业务招待费可税前以扣除 30 万元，纳税调整额为 20 万元（$50-30$）。

因业务招待费扣除事项应该补缴企业所得税＝$20×25\%＝5$（万元）

实际发生业务招待费 50 万元，付出代价 55 万元（$50+5$）。

广告和业务宣传费扣除限额＝$9\ 000×15\%＝1\ 350$（万元）

广告和业务宣传费实际发生额＝$100+800+50＝950$（万元）

广告和业务宣传费小于扣除标准的差额 400 万元（$1\ 350-950$），实际发生额可以税前全额扣除，广告和业务宣传费未用足限额。

显然，方案二比方案一节省企业所得税 8.75 万元（$13.75-5$），所以应当选择方案二，有效分流业务招待费，将业务招待费转化为业务宣传费。

如果企业广告费和业务宣传费未用足税前限额，在企业给客户赠送礼品时，在礼品上标注公司名称或印制广告宣传语，对其企业的形象、产品有宣传作用，符合广告宣传的确认标准。通过这种方式，则可将原本作业务招待的礼品费转化为业务宣传费，企业就能充分利用费用的税收优惠政策。

5. 设立独立核算分支机构转移业务招待费

如果企业广告和业务宣传费超过所得税的税前扣除标准，业务招待费支出在临界点还不能满足企业经营需求，企业可通过下设独立核算的分支机构的方式将业务招待费转移，从而降低税负。因为业务招待费是以销售（营业）收入作为扣除基数，企业可通过下设独立核算的分支机构的方式来提高费用限额的扣除基数。设立独立核算分支机构可直接起到节税作用，但也会给企业带来额外的管理成本，并可能影响企业的整体战略布局。因而是否要设立这样的分支机构,需要综合决策。

6. 核算资料要齐全

根据国家税务总局《企业所得税法实施条例释义》的规定,业务招待费支出的税前扣除的管理必须符合税前扣除的一般条件和原则:企业开支的业务招待费必须是正常和必要的;业务招待费支出一般要求与经营活动"直接相关";必须有大量足够有效凭证证明企业相关性的陈述,如费用金额、招待、娱乐旅行的时间和地点、商业目的、企业与被招待人之间的业务关系等;能够证明费用金额。虽然纳税人可以证明费用已经真实发生,但费用金额无法证明,主管税务机关有权根据实际情况合理推算最确切的金额。如果纳税人不同意,则有证明的义务。

二、广告费和业务宣传费的税收筹划

税法意义上的广告费是指企业为激发消费者的购买欲望,通过一定媒介和形式介绍商品或所提供的服务,而支付给广告经营者、发布者的费用;业务宣传费是指企业开展业务宣传活动所支付的费用,主要指未通过广告发布者传播的广告性支出,包括企业发放的印有企业标志的礼品、纪念品等。广告费与业务宣传费都是为了实现促销目的而支付的费用,企业发生的符合条件的广告费和业务宣传费支出,除国务院财政、税务主管部门另有规定,对不超过当年销售(营业)收入 15% 的部分,准予扣除;对超过部分,准予在以后纳税年度结转扣除。对不同行业的广告费与业务宣传费的扣除要求:化妆品制造与销售行业不超过销售(营业)收入的 30%;医药制造业不超过销售(营业)收入的 30%;饮料制造(不含酒类制造)业不超过销售(营业)收入的 30%;其他行业不超过销售(营业)收入的 15%。企业发生的业务宣传费支出应尽量控制在销售收入的 15% 的范围之内。

案例 5-19

居民企业森明公司从事机械产品核心部件的生产和销售,近几年盈利状况较好。预计该公司 2022 年销售收入 15 000 万元,计划当年广告和业务宣传费用开支 2 600 万元。企业所得税税率 25%,森明公司应如何进行税收筹划?

【解析】

广告费和业务宣传费的扣除限额 $=15\,000 \times 15\% = 2\,250$(万元)

森明公司围绕广告和宣传费用开支 2 600 万元作出如下两个筹划方案。

方案一:广告和业务宣传费用开支 2 600 万元

在当地电视台黄金时间每天播出 4 次,间隔播出 10 个月;在当地报刊连续刊登 12 个月。该方案因广告费超支,需要调整当年应纳税所得额,因此导致应纳税所得额的金额要调整增加额,同时还有补缴企业所得税。

纳税调整增加额 $=2\,600 - 15\,000 \times 15\% = 350$(万元)

补缴企业所得税 $=350 \times 25\% = 87.5$(万元)

广告费和业务宣传费的实际支出 $=2\,600 + 87.5 = 2\,687.5$(万元)

方案二:调整广告和业务宣传费用 2 600 万元的构成

广告费和业务宣传费准予扣除金额＝15 000×15％＝2 250(万元)

在当地电视台每天播出 3 次,间隔播出 10 个月;在当地报刊连续刊登 12 个月。这两项活动控制在 2 250 万元以内,广告和业务宣传费用不超出扣除标准,无需缴纳企业所得税。

企业建立自己的网页和在有关网站发布产品信息,发布和维护费用需要支出 350 万元。上述费用在管理费用中列支,可在税前全额扣除。并且这从多个角度对企业进行了宣传,对产品销售能起到很好的促进作用。

与方案一相比,方案二节约企业所得税 87.5 万元,故选择方案二。

如果纳税人将企业的销售部门设立为一个独立核算的销售公司,将企业产品销售给销售公司再由销售公司对外销售,多核算了一次营业收入,从公司整体来看,实质上扩大了广告费和业务宣传费的计提基数,从而降低了整个集团的税负。

案例 5-20

成海公司为一家高新技术企业,预计 2022 年度实现产品销售收入 10 000 万元,销售费用中广告费和业务宣传费要列支 2 000 万元,管理费用中业务招待费要列支 200 万元。请进行上述费用的税收筹划。

【解析】

方案一：按上述方案

业务招待费税前标准一＝200×60％＝120(万元)

业务招待费税前标准二＝10 000×5‰＝50(万元)

纳税调整增加额＝200－50＝150(万元)

广告和业务宣传费税前扣除限额＝10 000×15％＝1 500(万元)

广告和业务宣传费纳税调整增加额＝2 000－1 500＝500(万元)

应该补缴企业所得税＝(150＋500)×15％＝97.5(万元)

方案二：设立独立的销售公司

由于企业业务招待费、广告和业务宣传费均已经超标,可以考虑设立独立核算的销售公司(分公司)来分摊这些费用。成海公司总部主要负责产品的生产,分公司负责产品的销售,总部把生产的产品以 9 000 万元卖给销售公司,销售公司以 10 000 万元对外销售。业务招待费、广告和业务宣传费费用在总公司和分公司之间进行分配：总公司与销售公司的业务招待费分别为 80 万元和 120 万元,广告费和业务宣传费分别为 600 万元和 1 400 万元。由于增加了独立核算的销售公司,增加了扣除限额;对外销售不变,不会增加增值税的税负。

成海公司设立销售公司后,业务招待费、广告费和业务宣传费要分别以总公司和分公司的销售收入为依据计算费用扣除限额。

总公司计算结果如下：

业务招待费税前标准一＝80×60％＝48(万元)

业务招待费税前标准二＝9 000×5‰＝45(万元)

纳税调整增加额＝80－48＝32(万元)

补缴企业所得税＝48×15％＝4.8(万元)

广告和业务宣传费税前扣除限额＝9 000×15％＝1 350(万元)

实际发生的广告和业务宣传费600万元小于税前扣除标准1 350万元,实际发生额可以税前全额扣除,但是广告和业务宣传费未用足限额。

独立的销售公司计算结果如下:

业务招待费税前标准一＝120×60％＝72(万元)

业务招待费税前标准二＝10 000×5‰＝50(万元)

纳税调整增加额＝120－50＝70(万元)

补缴企业所得税＝70×15％＝10.5(万元)

广告和业务宣传费税前扣除限额＝10 000×15％＝1 500(万元)

实际发生的广告和业务宣传费1 400万元小于税前扣除标准1 500万元,实际发生额可以税前全额扣除,广告和业务宣传费未用足限额。

方案二合计补缴企业所得税＝4.8＋10.5＝15.3(万元)

与方案一相比,方案二设立独立核算的销售公司将节税82.2万元(97.5－15.3)。

需要注意的是,设立独立的销售公司,对于公司产品的销售市场的规范管理有重要的意义,但也会增加企业的管理成本,公司要根据实际情况,兼顾成本与效益原则,从长远利益考虑,决定是否设立独立的销售公司。此外,企业如果实施不具有合理商业目的安排而减少其应纳税收入或者所得额,税务机关有权按照合理方法调整。因此,要在充分考虑商业目的的基础上,运用设立销售公司的税收筹划方案,并进一步在关联公司之间合理分摊广告费用。

三、企业公益性捐赠支出的税收筹划

企业发生的公益性捐赠支出,在年度利润总额12％以内的部分,准予计算应纳税所得额时扣除;超过年度利润总额12％的部分,准予结转以后3年内在计算应纳税所得额时扣除。个人公益性捐赠支出与企业公益性捐赠支出的税收政策不同,个人公益性捐赠支出的税收筹划见第八章个人所得税税收筹划。企业公益性捐赠支出从捐赠对象、捐赠时间和捐赠金额三个方面进行税收筹划。

1. 捐赠对象的筹划

企业应合理安排其捐赠活动,尽可能捐赠能够在税前全额扣除的项目,例如,对公益性青少年活动场所的捐赠,对自主科研机构、高等院校的研究开发经费的捐赠,对受灾地区的捐赠等。

2. 捐赠时间的筹划

企业应该合理安排捐赠发生的时间,应该在正常的纳税年度捐赠,避免在免税期和亏损年度捐赠,以保证其捐赠金额可以按规定限额在税前扣除。

3. 捐赠金额的筹划

企业捐赠前应预测其3年内的收入总额,使其捐赠额尽可能在3年内收入总额的12％以内,从而得以充分扣除。若企业的捐赠金额超过限额,企业可以采用分期捐赠的方式,将

捐赠金额尽可能在税前扣除。

案例 5-21

黄明公司为居民纳税企业,预计公司近3年每年利润总额为1 000万元。2022年,黄明公司拟公益性捐赠,捐赠给儿童福利院现金支出为500万元。请为该公司对此项捐赠进行税收筹划。

【解析】

方案一:一次性捐赠现金500万元

每年可税前扣除的公益性捐赠支出＝1 000×12%＝120(万元)

3年后仍然有无法在所得税前扣除的捐赠支出＝500-120×3＝140(万元)

捐赠支出140万元无法在所得税前扣除,企业为此要多缴纳企业所得税。

补缴企业所得税＝140×25%＝35(万元)

方案二:用于目标脱贫地区的扶贫捐赠150万元,其他公益性捐赠350万元

《财政部 税务总局 国务院扶贫办关于企业扶贫捐赠所得税税前扣除政策的公告》(财税〔2019〕49号)中规定,为支持脱贫攻坚,就企业扶贫捐赠支出的所得税税前扣除政策公告如下:自2019年1月1日至2022年12月31日,企业通过公益性社会组织或者县级(含县级)以上人民政府及其组成部门和直属机构,用于目标脱贫地区的扶贫捐赠支出,准予在计算企业所得税应纳税所得额时据实扣除。在政策执行期限内,目标脱贫地区实现脱贫的,企业可继续适用上述政策。企业同时发生扶贫捐赠支出和其他公益性捐赠支出,在计算公益性捐赠支出年度扣除限额时,符合上述条件的扶贫捐赠支出不计算在内。

用于目标脱贫地区的扶贫捐赠支出150万元在当年可以全额税前扣除,350万元公益性捐赠支出满足年利润总额12%的税前扣除限额360万元(1 000×12%×3),可在3年内全额税前扣除。

与方案一相比,方案二通过规划现金捐赠方案分解捐赠金额,为企业节税35万元。

企业对外捐赠时,现金捐赠与实物捐赠的税收负担不同。我国《企业会计准则》规定,企业对外捐赠支出应列入营业外支出。捐赠现金不需缴纳增值税和所得税;《中华人民共和国增值税暂行条例实施细则》第4条规定,企业将自产、委托加工或购买的货物无偿赠送他人,应视同销售货物缴纳增值税。同时,企业将货物用于捐赠的,应当视同销售货物缴纳所得税。而根据《企业所得税法实施条例》第25条的规定,企业发生非货币性资产交换,以及将货物、财产、劳务用于捐赠、偿债、赞助、集资、广告、样品、职工福利或者利润分配等用途的,应当视同销售货物、转让财产或者提供劳务,但国务院财政、税务主管部门另有规定的除外。从业务实质上看,企业将自产货物对外捐赠,货物的所有权发生转移,应作企业所得税视同销售处理,具体可分解为"视同销售"和"对外捐赠"两项业务进行。由于企业在会计上未计收入,将自产货物对外捐赠并视同销售处理时,应当按照公允价值确定视同销售收入,并作相应的纳税调整。

案例 5-22

德城公司为居民纳税企业,2022年3月将开展一项公益捐赠活动,通过具有资格的公益

社会团体捐赠价值 113 万元(含税)的商品,商品的生产成本为 60 万元,为方便计算资金流量,假设全部为付现成本,进项税额为 8 万元。如果德城公司捐赠前利润总额充足,所有捐赠额均在利润总额的 12% 限额以内,企业所得税税率为 25%,增值税税率为 13%。请为德城公司的公益性捐赠进行税收筹划。

【解析】

方案一:企业将自产商品捐赠给公益社会团体

捐赠自产商品视同销售需要缴纳增值税和企业所得税,捐赠支出计入营业外支出,在企业所得税前扣除,减少企业应纳税所得额,减少企业所得税。同时,捐赠自产商品视同销售,调增企业应纳税所得额,需要补缴企业所得税。

少缴纳企业所得税=(60+100×13%)×25%=18.25(万元)

补缴企业所得税=(100−60)×25%=10(万元)

合计减少缴纳企业所得税=18.25−10=8.25(万元)

方案二:企业销售自产商品取得 113 万元销售额(含税)后,再从市场购入价值 113 万元(含税)的商品捐赠给公益社会团体

捐赠支出可以减少企业所得税,销售自产商品的所得要缴纳企业所得税,同时企业将资产移送他人应按规定视同销售确定收入,外购的资产可按购入时的价格确定销售收入,捐赠购入商品视同销售需要调增应纳税所得额。但是,在本例中,视同销售收入价格与购买价格一致,对企业所得税没有影响。

少缴纳企业所得税=(100+100×13%)×25%=28.25(万元)

商品销售缴纳企业所得税=(100−60)×25%=10(万元)

合计减少缴纳企业所得税 28.25−10=18.25(万元)

方案三:企业销售自产商品取得 113 万元销售额(含税),将应收账款 113 万元捐赠给公益社会团体

捐赠支出可以减少企业所得税,销售自产商品的所得要缴纳企业所得税。

少缴纳企业所得税=113×25%=28.25(万元)

商品销售缴纳企业所得税=(100−60)×25%=10(万元)

合计减少缴纳企业所得税=28.25−10=18.25(万元)

方案四:企业销售自产商品取得 113 万元销售额,将银行存款 113 万元捐赠给公益社会团体

捐赠支出可以减少企业所得税,销售自产商品的所得要缴纳企业所得税。

减少缴纳企业所得税=113×25%=28.25(万元)

商品销售缴纳企业所得税=(100−60)×25%=10(万元)

合计减少缴纳企业所得税=28.25−10=18.25(万元)

通过以上四种方案对比,方案二、方案三、方案四均减少企业所得税 18.25 万元,方案二和方案四适合资金充足的企业,方案三适合回款周期比较长的企业;方案一减少的企业所得税最少,仅为 8.25 万元,不是最优方案。

第六章

中小企业销售环节的税收筹划

销售环节是中小企业生产经营活动的重要环节。企业生产出的商品,只有销售出去收回货款,将商品资金转化为货币资金,才能在转化的过程中实现增值。销售是指以出售或其他任何方式向第三方提供货物、服务、无形资产或不动产的行为,包括为促进该行为进行的有关辅助活动,如广告、促销、展览、服务等活动,销售活动是企业生存和发展的命脉。销售环节主要涉及增值税、增值税附加税和企业所得税等纳税义务的筹划,本章要在法律允许的范围内设计合理的销售货物或服务的方案减轻企业税负。

第一节　货物销售模式的税收筹划

一、货物销售模式的概述

在货物的销售活动中,企业为提高市场的销售量和扩大市场份额,经常会采取多种促销方式。常见的销售模式主要有销售折扣、折扣销售、折让销售、以旧换新、返还购物券、返还现金、捆绑销售、平销返利、捆绑销售方式等。增值税等相关法律对企业销售模式分别有不同的规定,不同的促销方案会产生不同的税负,为税收筹划提供了空间。

(一)折扣销售(商业折扣)

折扣销售也称为商业折扣销售,是指企业根据市场供需情况,或针对不同的顾客,在商品标价上给予的扣除。企业为了扩大销售、占领市场,采用销量越多、价格越低的促销策略,也就是通常所说的"薄利多销"策略,如购买 5 件,折扣 10%,即打九折;购买 10 件,折扣15%,即打八五折等。折扣销售是企业最常用的促销方式之一,相对短期且具有临时性,往往有特殊条件。由于折扣销售在交易成立及实际付款之前予以扣除,因此,对企业的应收账款和营业收入不会产生影响,会计核算按商业定价扣除商业折扣后的净额处理,从而减少计税的税基。

(二)销售折扣

销售折扣是指销货方在销售货物或应税劳务后,为了鼓励购货方及早偿还货款,而协议许诺给予购货方的一种折扣优待。例如,10 天内付款,货款折扣 2%;20 天内付款,折扣

1%;30天内全价付款。

(三) 折让销售

折让销售是指由于售出的商品存在问题,但是购货方并没有选择退货从而给予对方的价格补偿。发生这种情况所给予的价格补偿可以从当期的销售收入中扣除。销售退回是指顾客向卖方购买后又退回的商品。很多企业允许顾客退货,并且会全额退还货款。折让销售与销售退回不同,折让销售是给予购货方的价格减让,不会产生商品的退回。

(四) 以旧换新

以旧换新方式是指纳税人在销售自己的货物时,有偿收回旧货物的行为。根据现行有关增值税的规定,采取以旧换新方式销售货物的,应按新货物的同期销售价格定销售额,不得扣减旧货物的收购价格。为了规范增值税的科学征收,防止出现销售额不实、减少纳税的现象,销售额与收购额不能相互抵减。但是,金银首饰以旧换新业务可以按销售方实际收取的不含增值税的全部价款征收增值税。

(五) 返还购物券(或返利券)

返还购物券是指顾客消费达到规定额度后返给顾客的一种优惠,是为了刺激消费拉动经济发展而派发的一些在一定时间内可以抵现金使用的促销方法,这种行为可以等同于折扣销售。对顾客而言,赠券在商场内可以替代现金使用,比赠品更实惠。对商家而言,赠券能将顾客留在店内循环消费,可显著提高销售额。故而在重要节日期间,各大商场经常会推出赠送购物券的活动,如购物满1 000元,赠送200元的购物券,在赠券的有效期内,持券人可以凭购物券购买指定商品。

(六) 返还现金

返还现金是指消费者达到指定额度之后返还给对方部分现金,返还现金不能在企业所得税前扣除。

(七) 捆绑销售

捆绑销售方式是将两种产品捆绑起来销售的定价方式。纯粹的捆绑销售是只有一个价格,消费者必须同时购买两种或两种以上的商品。混合搭售则是一种菜单式零售,企业既提供捆绑销售的选择,也提供单独购买其中某种商品的选择,如汽车销售中的保险捆绑销售。不是所有企业的产品和服务都能随意地"捆绑"在一起,捆绑销售要达到"1+1>2"的效果取决于两种商品的格调和相互促进,且不存在难以协调的矛盾。捆绑销售的成功还依赖于制定正确的捆绑策略。

(八) 平销返利

平销返利是指生产企业以商业企业经销价或高于商业企业经销价的价格将货物销售给商业企业,商业企业再以进货成本甚至低于进货成本的价格进行销售,生产企业则以返还利润等方式弥补商业企业的进销差价损失。平销,主要是因为商品的销售价格通常定为其进货价格,甚至低于进货价格;返利,是因为销售方要通过向供应商收取一定的、与商品销售量挂钩的利润返还作为经营收入。

二、货物销售模式选择的税收筹划

以下从销售折扣模式、实物折扣销售模式、平销返利模式和货物销售模式分别进行税收筹划分析。

(一) 销售折扣模式的税收筹划

由于销售折扣发生在销货之后,销售折扣不得从销售额中扣除,因为它是销售方为鼓励购货方及早付款而给予的优惠条件,本质上是一种融资性质的理财费用,因此会计核算中将销售折扣计入财务费用。从税负的角度看,选用折扣销售比选销售折扣的销售模式更合算,销售折扣模式是否可以转化为折扣销售模式,如果能,如何转化? 折扣销售有哪些税法方面的政策规定?

1. 折扣销售模式的增值税相关规定

折扣销售中的折扣是在实现销售时发生的。《国家税务总局关于折扣额抵减增值税应税销售额问题通知》(国税函〔2010〕56 号)规定,纳税人采取折扣方式销售货物,销售额和折扣额在同一张发票上分别注明是指销售额和折扣额在同一张发票上的"金额"栏分别注明的,可按折扣后的销售额征收增值税。未在同一张发票"金额"栏注明折扣额,而仅在发票的"备注栏"注明折扣额的,折扣额不得从销售额中减除。

2. 折扣销售模式的企业所得税相关规定

《国家税务总局关于确认企业所得税收入若干问题的通知》(国税函〔2008〕875 号)规定,企业为促进商品销售而在商品价格上给予的价格扣除属于商业折扣,商品销售涉及商业折扣的,应当按照扣除商业折扣后的金额确定销售商品收入金额。

既然销售折扣与折扣销售是销售方的主动选择,如果企业面对的是信誉良好的客户,回收销售货款的风险很小,企业就可以调整合同条款,将销售折扣模式转化为折扣销售模式。

3. 折扣销售模式税收筹划案例

◎ 案例 6-1

成兴公司与客户于 2022 年 1 月拟签订销售金额为 1 万元(含税)的货物购销合同。合同拟约定付款期限 30 天,如果 10 天内付款,可享受 3% 的销售折扣。成兴公司为一般规模纳税人,不考虑增值税附加税,请为该销售行为在增值税方面进行税收筹划。

【解析】

方案一:销售折扣方式

企业采取销售折扣方式,折扣额不能从销售额中扣除

销项税额＝10 000÷(1+13%)×13%＝1 150.44(元)

方案二:折扣销售方式,约定 10 天内一定要付款

为减少税负,经过调研,客户的财务状况和信誉均良好,因此考虑将该业务销售折扣合同调整为折扣销售合同。

企业在承诺给予客户 3% 折扣的同时,将合同中约定的付款期缩短为 10 天,并将销售额

与折扣额开在同一张发票上,可按照折扣后的销售额计算增值税销项税额。

销项税额＝10 000×(1−3%)÷(1+13%)×13%＝1 115.93(元)

如果客户在 10 天内付款,将节约 34.51 元(1 150.44−1 115.93)的增值税。企业应纳税所得额变化不大。但是,如果客户没有在 10 天内付款时,企业会遭受损失,这是方案一存在的风险点。

方案三:按折扣销售方式调整合同金额,约定 10 天后付款,加收滞纳金 300 元

企业将合同金额调整成按 3% 折扣销售后的金额 9 700 元[10 000×(1−3%)]。

销项税额＝9 700÷(1+13%)×13%＝1 115.93(元)

少缴纳的增值税与方案二相同。

调整合同金额后,如果客户在 10 天内付款,由于无需确认财务费用,企业的应纳税所得额没有受到实质性影响,节约增值税税额为 34.51 元。

如果客户在 10 天内没有付款,企业可向客户收取 300 元滞纳金,再以"全部价款和价外费用",按 1 万元计算增值税销项税额,此时与方案一的税负相同。

方案三的设计,规避了方案二的预期不付款的风险点,如果客户在 10 天内付款同时又节约了企业税款的缴纳;如果客户在 10 天内没有付款,就是真正意义上的销售折扣。

(二) 实物折扣销售模式的税收筹划

实物折扣,是采购货物时销售方配送或赠送一定数量的货物,其实质是以"货物"取代"价格"的折扣销售,即以赠送货物代替价格折让的折扣销售。一般情况下,实物折扣有如下几种形式:买一赠一、买十赠一等降价销售、捆绑销售(赠送同类不同型号产品、非同类产品、满额赠送小礼品)、有奖销售等。

增值税方面,根据《增值税暂行条例实施细则》的规定,单位或者个体工商户将自产、委托加工或者购进的货物无偿赠送其他单位或者个人的,视同销售货物。也就是说,企业或个体工商户发生有偿捐赠的货物不视同销售货物交纳增值税,无偿赠送货物或商品的行为,则要视同销售货物交纳增值税。采取实物折扣的销售方式其实质是将货物无偿赠送他人的行为,要按照有关规定应当计算征收增值税或消费税。由此可见,折扣销售的税收优惠仅适用于对货物价格的折扣,而不适用于实物折扣。企业在选择折扣方式时尽量不选择实物折扣,必须采用实物折扣方式时,企业可以在发票上通过适当调整而变为价格折扣,即在销售商品开具发票时以实际给购货方的商品数量填写金额,并在同一张发票上开具实物折扣件数的折扣金额。这样处理后,实物折扣的部分在计税时就可以从销售额中扣减,不需计算增值税。

企业所得税有关税法规定,企业以买一赠一等方式组合销售本企业商品的,不属于捐赠,应将总的销售金额按各项商品的公允价值的比重来分摊确认各项的销售收入。

◎ 案例 6-2

阳橙商场为一般纳税企业,所得税实行查账征收,销售利润率为 30%。商场拟在 2021 年 2 月举办的十周年庆期间推出促销,即消费者单笔含税销售额达 5 000 元送 1 台含税价值为 220 元的体重秤,总限量 1 000 台,体重秤拟从星楠公司采购,不含税采购单价为

177 元,星楠公司为一般纳税人,可以为其开具增值税专用发票。请对此事项进行税收筹划。

【解析】

"满额赠"是在顾客消费达到一定金额时即获赠相应赠品的促销形式,赠品由商场提供,通常是顾客持购物发票到指定地点领取。考虑到商场赠品促销活动频繁,且赠品发放数量大、品类多,为有效控制赠品的税负,简化税收申报工作,建议商场将赠品比照自营商品来管理。在定义赠品销售资料时,自行设定合理的零售价格。赠品发放时,按设定的零售价格作"正常销售"处理,通过 POS 机系统结算,收款方式选择"应收账款",在活动结束后结转"销售费用"和"应收账款"。在赠品采购时,尽量选择有一般纳税人资格的供应商,要求开具增值税专用税票,用于抵扣进项税额。"满额赠"中相应的赠品视同销售处理会增加赠品交纳增值税的负担。

本例中,商场对此批体重秤比照自营商品管理,并在销售系统中建立新品,设定含税零售单价为 220 元。为减轻企业税负,商场采取"满额赠"销售方式开具增值税发票时,应将主货物和体重秤开具在同一张发票上,将销售金额 5 000 元按各项商品的公允价值的比重来分摊确认,金额和折扣额按各商品分别填写。

商品分摊含税收入=5 000÷(5 000+220)×5 000=4 789.27(元)

商品分摊确认的含税折扣额=5 000-4 789.27=210.73(元)

体重秤分摊确认的含税收入=220÷(5 000+220)×5 000=210.73(元)

体重秤分摊确认的含税折扣额=220-210.73=9.27(元)

应缴纳增值税=5 000×30%÷(1+13%)×13%-177×13%=149.56(元)

商场将体重秤零售单价设定为 220 元,正好是体重秤购进价格 177 元按核定成本利润率为 10%视同销售的含税价格。

单台体重秤应缴纳增值税=(210.73-177)÷(1+13%)×13%=3.88(元)

如果按照核定征收,则:

单台体重秤应缴纳增值税=177×10%×13%=2.30(元)

单台体重秤实际增值税税负超过核定税负。

由此可见,将赠品体重秤发放比照自营商品销售处理,不仅减少了纳税申报时计算视同销售收入的环节,还可通过自主设定零售价格,将销项税额控制在可接受合理水平。

实施实物折扣销售模式要注意以下两点:

(1)赠品的税负不能低于核定成本利润率所确定的税负,否则会导致税务风险。

(2)赠品的销售在会计核算中要确认收入,同时还要确认销售费用。但在计算应纳税所得额时,作为公益性捐赠以外的支出在计算应纳税所得额时不得扣除,要纳税调整增加赠品的成本,补缴应纳税所得额。

(三)平销返利模式的税收筹划

在签订采购合同时,商业企业向供货方收取的与商品销售量、销售额挂钩(如以一定比例、金额、数量计算)的各种返还收入,均应按照平销返利行为的有关规定冲减当期增值税进项税金;向供货方收取的与商品销售量、销售额无必然联系,且商业企业向供货方提供一定劳务的收入,例如进场费、广告促销费、上架费、展示费、管理费等,不属于平销返利,不冲减当期增值税进项税金,按现代服务业增值税税率征收增值税。《国家税务总局关于商业企业向货物供应方收取的部分费用征收流转税问题的通知》(国税发〔2004〕136 号)规定了上述的返还收入一律不得开具增值税专用发票;应冲减的进项税额的计算公式为:

$$当期应冲减进项税额 = \frac{当期取得的返还资金}{1+所购货物适用增值税税率} \times 所购货物适用增值税税率$$

商业企业向供应商收取的与销售额或销售量不挂钩的各项费用,应该按现代服务业增值税税率 6% 交纳增值税。根据销售量或销售额计算的应收取的各种费用,则按照平销返利处理,由供应商开具红字发票,商业企业冲减采购的进项税额。实务中,与销量或销售额是否挂钩一般比较难以界定,因此可以考虑将与销售额有关的一部分作为固定费用处理,减少平销返利的进项税额的冲减(平价返现转换为固定费用)。

案例 6-3

居民纳税企业宇光商场为新成立的主营家居产品的企业,为增值税一般纳税人。2022 年 1 月,宇光商场与新客户供应商之一的华光公司签订合作意向书,准备采用平销返利方式销售其家居产品,进价和销价相等,华光公司根据宇光商场家居产品的销售数量进行返利。预计 2022 年 1 月宇光商场可以取得返利含税收入 113 万元。请对宇光商场销售模式进行税收筹划。

【解析】

方案一:平销返利方式销售

平销返利方式销售下,由于销售商品时进价和销价相等,纳税义务来自于平销返利收入中应冲减的进项税额,即进项税额的转出额为宇光商场应缴纳增值税。

应缴纳增值税=113÷(1+13%)×13%=13(万元)

应缴纳增值税附加税=13×12%=1.56(万元)

应纳税所得额=113÷(1+13%)-1.56=98.44(万元)

应缴纳企业所得税=98.44×25%=24.61(万元)

税后利润=98.44-24.61=73.83(万元)

方案二:采取委托代销方式,收取手续费 113 万元

由于宇光商场购进电器和销售电器价格相同,具备销售代销货物收取手续费的特征,符合经纪代理的条件,按照现代服务 6% 的税率缴纳增值税。并且取得的返利,价格正常,没有出现价格偏低的现象。

应缴纳增值税=113÷(1+6%)×6%=6.4(万元)

应缴纳增值税附加税=6.4×12%=0.77(万元)

应纳税所得额=113÷(1+6%)-0.77=105.83(万元)

应缴纳企业所得税=105.83×25%=26.46(万元)

税后利润=105.83-26.46=79.37(万元)

方案三：收取手续费、进场费和固定费用合计 113 万元

供应商华光公司为新客户，可以根据 2022 年 1 月销售环节发生的广告促销费、上架费、展示费、管理费、进场费等确定本月发生的固定费用，计算出固定费用占销售额的一定比例，确定每月的固定费用。供应商华光公司为新客户，可以将进场费多设置些。本例中如果将手续费、进场费和固定费用合计为 113 万元，相当于方案二的手续费 113 万元。税费的数据与方案二完全一致。

方案二和方案三比方案一使得宇光商场多获利 5.54 万元（79.37－73.83），主要是由于增值税税率差形成的，所以应当选择方案二和方案三。

需要明确的是，方案三的进场费的设计不具有持续性。将平销返利转换为固定费用，只能减轻部分固定费用所产生的税负。企业为了获得较多利润，尽量采用收取手续费方式销售货物。

（四）货物销售模式的税收筹划

任何企业为了扩大销售，减少存货积压，盘活现金流，都会实施不同的营销方案。例如，买一送一、买一赠一、售后返租、满额赠、返券、积分送礼、销售折让、折让销售和抽奖活动。这些促销方案给企业产生的税收成本是不一样的。由于不同的促销方案涉及的流转税税负是不同的，因此，企业在经营过程中，必须先对拟实施的各种营销方案进行比较分析，在此基础上，结合公司的财务发展战略和管理目标，正确选择税收负担低的促销方案。

🎯 案例 6-4

新阳百货商厦为增值税一般纳税人，准备在 2022 年的三八妇女节期间对床上用品进行促销，该商厦销售部门提供的促销方案如下。

方案一：采用商业折扣床上用品打九五折销售。

方案二：采取以旧换新模式，床上用品不论新旧程度、破损程度、何种品牌，均作价为 50 元，消费者购买床上用品可以少付 50 元，假设旧床上用品的价值为 40 元。

方案三：按原销售价格销售，返还 5% 的购物券，本次购物券不可兑换现金，下次购物可代币计算。

方案四：按原销售价格销售，返还 5% 现金。

方案五：购买满 1 000 元的床上用品赠送价格为 50 元的茶杯，茶杯的购入价格为 30 元。

方案六：购买满 1 000 元的床上用品商场送加量，顾客可以在选购价值 50 元商品，实行捆绑式销售，总价格不变赠送价格。

假设以上价格均为含税价格，如果顾客采购含税价格为 1 000 元的床上用品，增值税税率为 13%，商厦企业所得税税率为 25%，新阳百货商厦毛利率为 30%，请帮助新阳百货商厦对以上促销方案进行选择。

【解析】

方案一：折扣销售方式

销售票据上注明折扣额，按折扣后的金额计税。

应缴纳增值税＝(1 000×95％－700)÷(1＋13％)×13％＝28.76(元)

应缴纳增值税附加税＝28.76×12％＝3.45(元)

税前利润＝(1 000×95％－700)÷(1＋13％)－3.45＝217.79(元)

应缴纳企业所得税＝217.79×25％＝54.45(元)

应缴纳税额合计＝28.76＋3.45＋54.45＝86.66(元)

税后利润＝217.79－54.45＝163.34(元)

方案二：以旧换新模式

新阳百货商厦对旧货要按40元开出销售发票

应缴纳增值税＝(1 000－700＋40)÷(1＋13％)×13％＝39.12(元)

应缴纳增值税附加税＝39.12×12％＝4.69(元)

税前利润＝(1 000－700＋40)÷(1＋13％)－4.69＝296.19(元)

应缴纳企业所得税＝296.19×25％＝74.05(元)

应缴纳税额合计＝39.12＋4.69＋74.05＝117.86(元)

税后利润＝296.19－74.05＝222.14(元)

方案三：返还购物券模式

本方案中由于该商场销售1 000元产品,那么就需要返给购物者50元购物券,本次购物券不可兑换现金,下次购物可代币计算,顾客相当于获得了下次购物的折扣券。本次销售纳税业务情况如下:

应缴纳增值税＝(1 000－700)÷(1＋13％)×13％＝34.51(元)

应缴纳增值税附加税＝34.51×12％＝4.14(元)

税前利润＝(1 000－700)÷(1＋13％)－4.14＝261.35(元)

应缴纳企业所得税＝261.35×25％＝65.33(元)

应缴纳税额合计＝34.51＋4.14＋65.33＝103.98(元)

税后利润＝261.35－65.33＝196.02(元)

方案四：返还现金模式

返还部分现金不得税前扣除,应以销售全额计税。所赠送的现金要缴纳个人所得税,由商场负担。返还现金方式实质是定额折扣,与销售折扣不同,销售折扣为定率折扣。

应缴纳增值税＝(1 000－700)÷(1＋13％)×13％＝34.51(元)

应缴纳增值税附加税＝34.51×12％＝4.14(元)

代扣代缴个人所得税＝50÷(1＋20％)×20％＝8.33(元)

税前利润＝(1 000－700)÷(1＋13％)－4.14－50＝211.35(元)

应缴纳企业所得税＝211.35×25％＝52.84(元)

应缴纳税额合计＝34.51＋4.14＋8.33＋52.84＝99.82(元)

税后利润＝211.35－52.84＝158.81(元)

方案五：买一赠一模式

购买商品满1 000元赠送价值50元的茶杯,茶杯购入金额为30元,本方案即为典型的捆绑销售方式中的买一赠一。

应缴纳增值税＝$(1\,000-700)\div(1+13\%)\times13\%+(50-30)\div(1+13\%)\times13\%$
＝36.81(元)

应缴纳增值税附加税＝$36.81\times12\%=4.42$(元)

税前利润＝$(1\,000-700-30)\div(1+13\%)-4.42=234.52$(元)

应缴纳企业所得税＝$[234.52+30\div(1+13\%)]\times25\%=65.27$(元)

应缴纳税额合计＝$36.81+4.42+65.27=106.5$(元)

税后利润＝$234.52-65.27=169.25$(元)

方案六：额满加送量模式

购买满 $1\,000$ 元的床上用品商场送加量,顾客可以在选购价值 50 元商品,加量不加价,商场收取的销售收入没有变化,实行捆绑式销售,避免了无偿赠送的嫌疑,加量部分的成本可以在企业所得税前列支。

应缴纳增值税＝$(1\,000-700)\div(1+13\%)\times13\%-50\times70\%\div(1+13\%)\times13\%$
＝30.48(元)

应缴纳增值税附加税＝$30.48\times12\%=3.66$(元)

税前利润＝$(1\,000-700-35)\div(1+13\%)-3.66=230.85$(元)

应缴纳企业所得税＝$230.85\times25\%=57.71$(元)

应缴纳税额合计＝$30.48+3.66+57.71=91.85$(元)

税后利润＝$230.85-57.71=173.14$(元)

如果仅仅从应纳税额的金额大小视角来看,方案一折扣缴纳销售税款合计在这几种销售方式中最低仅为 86.66 元;方案二以旧换新方式的税负最重为 117.86 元。从税后会计利润角度的视角来看,方案二以旧换新方式的税后利润最大为 222.14 元;方案四返还现金方式的税后利润最低,仅为 158.81 元。

与返还券、赠送礼品等销售模式不同,返还现金的销售模式实质上是按照返还现金的金额全额减少了企业的销售利润,返还券、赠送礼品等销售模式只是部分减少企业的销售利润,因为这些模式下的商品是有销售毛利的。因此,要慎用销售返还现金的模式。

同样是赠送礼品的方案,与方案五相比,由于方案六中商场货物毛利率 70% 高于方案五赠品的毛利率 60%,所以,方案六不仅税负轻,还增加了利润。

如果商厦税收筹划的目的是获得最大的税后利润,商厦可以采用方案二以旧换新方式进行产品促销。但是该方案成立的前提是消费者手中的旧物品较多,否则促销规模不大。必须明确的是,企业纳税少未必盈利多,盈利多未必就是首选方案。方案三返利券能让顾客自由购买,可以刺激顾客的消费欲,更具可操作性。方案五因为赠送的物品是固定的,要考虑消费者的偏好。

需要指出的是,不同销售货物的模式产生不同税负和收益,企业并不能仅仅依据以税负和税后利润这两个指标来作为税收筹划方案选择的依据。选择经营策略要进行税收筹划,又不能拘泥于税收筹划,还需要综合考虑市场需求情况、消费者的偏好和消费者心理,最终选出适合企业发展的货物促销模式。

第二节　销售服务和销售无形资产及不动产的税收筹划

中小企业在销售服务、无形资产和不动产的税收筹划中,应准确理解和掌握低税率的适用范围。纳税人还可以通过转变经营模式,将适用高税率的应税项目转变为适用低税率的应税项目,以减轻税负,获取税收利益,使产品符合低税率的标准,实现节税的目标。

一、销售服务的税收筹划

(一) 经营租赁服务的税收筹划

销售服务的税收筹划方法主要是税率筹划法,本书主要以经营租赁服务为例阐释该方法的运用。经营租赁服务,是指在约定时间内将有形动产或者不动产转让他人使用且租赁物所有权不变更的业务活动。按照标的物的不同,经营租赁服务可分为不动产经营租赁服务和有形动产经营租赁服务。

(二) 不动产租赁的税收筹划

1. 不动产租赁计税方法的选择

不动产的租赁中,一般计税方法纳税人提供不动产租赁服务适用的增值税税率为9%,其进项税额可以抵扣;简易计税方法纳税人提供不动产租赁服务适用的增值税征收率为5%,其进项税额不可以抵扣。

一般计税方法纳税人出租 2016 年 1 月 30 日前取得的不动产,可以选择适用简易计税方法,按照 5% 的征收率计算应纳税额。在计税方法可以选择的情况下,纳税人可以根据企业不动产租赁服务的增值率或抵扣率的情况,选择应纳税额较小的计税方法。

2. 不动产租赁的税收筹划案例

◎ 案例 6-5

居民企业明林公司为一般规模纳税人,企业所得税税率为 25%。现有一栋 2016 年 3 月购置的店面房闲置,公司准备于 2022 年 1 月出租。预计全年租金不含税收入为 400 万元,维修等支出预计会产生进项税额 5 万元。请问公司该选择哪种计税方法节约增值税?

【解析】

若选用一般计税方法,应缴纳增值税=400×9%-5=31(万元)

若选用简易计税方法,应缴纳增值税=400×5%=20(万元)

显然,简易计税方法比一般计税方法节税 11 万元。本案例如果仅从增值税税负角度看,应选择简易计税方法。

需要指出的是,在简易计税方法下,维修费用产生的 5 万元的进项税额不能进行抵扣,只能计入成本,导致应纳税所得额减少 5 万元,会抵减企业所得税 1.25 万元(5×25%)。因此,企业在选择筹划方案时应综合考虑筹划方案,关注对企业总体税负及净利润、现金流量的影响。

3. 改变不动产租赁经营模式的税收筹划

不动产租赁是租赁双方在约定的时间内,出租方将不动产的使用权让渡给承租方,并收取租金的一种经营行为。如果改变不动产租赁经营模式,将租赁服务转变为其他服务缴纳增值税,适用的税率将会降低,达到节税效果。

🎯 **案例 6-6** ▬▬▬▬▬

居民企业华明公司增值税一般纳税人,主要生产汽车配件。2022 年 1 月该公司将 2017 年 3 月购入的仓库用于出租,预计仓库租金收入不含税 100 万元,当月仓库水电费维修用料等发生可抵扣的增值税进项税额为 5 万元,其他税费仅考虑增值税附加税,公司对租赁收入选择一般计税方式。请为华明公司的该出租业务进行税收筹划。

【解析】

方案一:不动产租赁服务

仓库出租应按不动产租赁服务计税,选择一般计税方法,适用税率9%。

应缴纳增值税=100×9%-5=4(万元)

应缴纳增值税附加税=4×12%=0.48(万元)

合计应纳税额=4+0.48=4.48(万元)

方案二:出租仓库并配备仓库保管人员,提供仓储服务

纳税人出租仓库并提供仓储服务时,按物流辅助服务计税,选择一般计税方法,适用税率 6%。

应缴纳增值税=100×6%-5=1(万元)

应缴纳增值税附加税=1×12%=0.12(万元)

合计应纳税额=1+0.12=1.12(万元)

方案二的经营模式比方案一的经营模式少缴税款 3.36 万元(4.48-1.12)。其主要原因是配备仓库保管人员后,将租赁服务转变为仓储服务,缴纳增值税时适用税率由9%降为 6%。

🎯 **案例 6-7** ▬▬▬▬▬

承[案例 6-6],如果纳税人对出租业务选择简易计税方式,又该如何进行税收筹划。

【解析】

方案一:仓库出租应按不动产租赁服务计税,选择简易计税方法,适用税率 5%

应纳增值额=100×5%-5=0(万元)

方案二:出租仓库并配备仓库保管人员,提供仓储服务

纳税人出租仓库并提供仓储服务,应按物流辅助服务计税,选择简易计税方法,适用税率 3%。

应缴纳增值税=100×3%-5=-2(万元)

经营模式的改变,方案二与方案一相比,产生了增值税的留抵 2 万元。

🎯 **案例 6-8** ▬▬▬▬▬

承[案例 6-7],如果纳税人对出租业务选择简易计税,并且假设华明公司为小规模纳税

人,其他信息不变。

【解析】

方案一:仓库出租应按不动产租赁服务计税,选择简易计税方法,适用税率5%

应缴纳增值税＝100×5%＝5(万元)

应缴纳增值税附加税＝5×12%＝0.6(万元)

合计应纳税额＝5＋0.6＝5.6(万元)

方案二:出租仓库并配备仓库保管人员,提供仓储服务

纳税人出租仓库并提供仓储服务时,应按物流辅助服务计税,选择简易计税方法,适用税率3%。

应缴纳增值税＝100×3%＝3(万元)

应缴纳增值税附加税＝3×12%＝0.36(万元)

合计应纳税额＝3＋0.36＝3.36(万元)

方案二的经营模式比方案一的经营模式少缴税款2.24万元(5.6－3.36)。

仓储是在约定的时间内,库房所有人利用仓库代为客户储存、保管货物,并收取仓储费的一种经营行为。[案例6-5]、[案例6-6]、[案例6-7]中租赁改仓储服务,要增加仓库人员,增加用工成本。租赁改仓储后,出租方需要交纳房产税,还会增加税收成本。公司要结合自身经营情况综合考虑租赁模式改为仓储是否合适。另外,仓储服务还可以选择简易计税,公司到税务局备案后,可以选择简易计税对应的征收率为3%。

仓库租赁改仓储,改变经营模式,通过转变服务的提供方式降低税率,同样,会场租赁服务改会议展览服务也能达到节税的目的。

案例 6-9

居民企业新苑宾馆为一般纳税人,主营住宿服务、会场服务、餐饮服务等,预计2022年会场服务不含税收入预估计为400万元,会场服务对应的进项税额为15万元。其他税费仅考虑城市增值税附加税,请为新苑宾馆进行税收筹划。

【解析】

方案一:仅提供会场租赁服务

新苑宾馆仅提供会场服务,但不提供配套服务的服务属于不动产租赁服务,增值税税率为9%。

应缴纳增值税＝400×9%－15＝21(万元)

应缴纳增值税附加税＝21×12%＝2.52(万元)

合计应纳税额＝21＋2.52＝23.52(万元)

方案二:会议展览服务

新苑宾馆既提供场地租赁服务,又提供饮水、打扫等服务时,该服务为会议展览服务,一般纳税人按照6%的税率计税,小规模纳税人按照3%的税率计税。如果会议服务还需提供含餐饮服务、住宿服务,应分别按照会议服务、餐饮服务、住宿服务计税。需要注意的是,除了餐饮服务不得开具增值税专用发票,其他均可开具增值税专用发票。

应缴纳增值税＝400×6％－15＝9(万元)

应缴纳增值税附加税＝9×12％＝1.08(万元)

合计应纳税额＝9＋1.08＝10.08(万元)

方案二的经营模式比方案一的经营模式少缴税款13.44万元(23.52－10.08)。改变服务的提供方式,将会场租赁的不动产租赁服务转变为会议展览服务缴纳增值税,适用的税率由9％降低为6％。当然本例中要增加会议服务人员,会增加用工成本。

需要注意的是,税法明确,将建筑物、构筑物等不动产或者车辆等有形动产的广告位出租给其他单位或者个人用于发布广告,按照经营租赁服务缴纳增值税,不动产租赁服务适用9％的税率。

(三) 有形动产租赁的税收筹划

《营业税改征增值税试点实施办法》、《财政部　税务总局关于调整增值税税率的通知》(财税〔2018〕32号)和《财政部　税务总局　海关总署关于深化增值税改革有关政策的公告》(财政部　税务总局　海关总署公告〔2019〕39号)规定,提供有形动产租赁服务适用13％的税率,那是不是所有的有形动产租赁服务都统一适用增值税税率呢? 不同业务模式的有形动产租赁适用增值税税率是不同的,要注意区分自身的业务实质和内容,分别核算,根据不同的税目选择适用税率。

1. 车辆租赁业务的税收筹划

案例 6-10

和缘公司为增值税一般纳税人,主要从事汽车租赁业务。预计该公司2022年1月将取得不含税经营租赁业务收入100万元,可抵扣的进项税额为6万元,其他税费仅考虑增值税附加税,请为该公司进行税收筹划。

【解析】

汽车租赁业经营形式主要有两种模式:一种是仅提供车辆出租服务,不配备驾驶人员,承租人自己使用;另一种是提供车辆出租服务,同时配备了驾驶人员,如商务包车服务。

方案一:仅提供车辆出租服务,不配备驾驶人员,承租人自己使用

仅租赁汽车未配备驾驶人员,承租人自行使用,提供的服务属于有形动产租赁服务,一般纳税人适用税率为13％。

应缴纳增值税＝100×13％－6＝7(万元)

应缴纳增值税附加税＝7×12％＝0.84(万元)

合计应纳税额＝7＋0.84＝7.84(万元)

方案二:提供车辆出租服务,同时配备了驾驶人员

租赁汽车配备了驾驶人员,驾驶人员根据旅客的要求,负责将旅客送达目的地,提供的服务属于交通运输服务。利用运输工具将货物或者旅客送达目的地,一般纳税人适用税率为9％。

应缴纳增值税＝100×9％－6＝3(万元)

应缴纳增值税附加税＝3×12％＝0.36(万元)

合计应纳税额＝3＋0.36＝3.36(万元)

方案二的经营模式比方案一的经营模式少缴税款4.48万元(7.84－3.36)。其主要原因是配备驾驶人员后,将汽车租赁服务转变为交通运输服务,缴纳增值税时适用的税率由13％降为9％。同样的收入额,只需要对经营模式进行一些恰当合理的变换,就能够达到节约税款的目的。

当然本例中要增加驾驶人员,增加了用工成本,公司要结合自身经营情况来进行决策。同样是出租汽车,但是否配备驾驶人员,适用税率却不一样。这两种模式之间业务实质不同,适用税率不同,若不注意区分,可能会导致税务风险。

在销售服务活动中,通过调整服务提供方式达到降低税率的目的情形还包括酒店外卖业务和出租建筑设备业务。

2. 酒店外卖业务的税收筹划

若是酒店外购直接出售的外卖服务属于销售货物,一般纳税人适用的增值税税率是13％,但是酒店提供的外卖服务则属于餐饮服务,一般纳税人适用增值税税率6％。

3. 出租建筑设备业务的税收筹划

将建筑施工设备出租给他人使用但没有配备操作人员的服务属于有形动产租赁服务,一般纳税人适用增值税税率13％;但是将建筑施工设备出租给他人使用并配备操作人员的服务,则属于建筑服务,一般纳税人适用增值税税率9％。

改变提供服务的方式,降低了税率,一定程度上会降低增值税相关的税收成本,但相应会增加用工成本、其他税收成本等,因此企业是否改变经营模式,需要综合权衡。

二、销售无形资产和不动产的税收筹划

(一)销售无形资产的税收筹划

销售无形资产的税收筹划常见的途径是利用税收优惠政策。目前,纳税人提供技术转让、技术开发和与之相关的技术咨询、技术服务免征增值税。

技术转让、技术开发,是指在《销售服务、无形资产、不动产注释》中研发和技术服务范围内的业务活动。技术咨询,是指就特定技术项目提供可行性论证、技术预测、专题技术调查,分析评价报告等业务活动。与技术转让、技术开发相关的技术咨询、技术服务,是指转让方(或者受托方)根据技术转让或者开发合同的规定,为帮助受让方(或者委托方)掌握所转让(或者委托开发)的技术。

纳税人提供技术转让、技术开发和与之相关的技术咨询、技术服务免征增值税要具备条件,即提供的技术咨询、技术服务业务,且这部分技术咨询、技术服务的价款与技术转让或者技术开发的价款应当在同一张发票上开具,如果分开开具发票,则要交纳增值税。

案例 6-11

高新技术企业明阳公司为一般纳税人,2022年3月拟将一项专利权转让给林立公司,专

利权的转让款为含税价 100 万元,并为林立公司提供与专利权相关的技术咨询和技术服务,收取技术咨询、技术服务费含税 31.8 万元,均采取支票结算方式。请为明阳公司的此项经济业务进行税收筹划。

【解析】

方案一:将技术转让收入与技术咨询、技术服务费分别开具在两张发票上

技术咨询、技术服务销项税额=31.8÷(1+6%)×6%=1.8(万元)

方案二:同一张发票上开具技术转让收入与技术咨询、技术服务两个项目

若在同一张发票上开具技术转让收入和技术咨询、技术服务则免征增值税。

综上所述,方案二免征增值税,与方案一相比节省增值税 1.8 万元,因此选择方案二。

实践中要注意的是,技术咨询和技术服务的会计期间可能滞后于技术转让所得,因此对技术咨询和技术服务的估价要相对准确。后续企业再提供的与专利相关技术咨询和技术服务需要缴纳增值税。

(二) 销售不动产的税收筹划

销售不动产是指有偿转让不动产所有权的业务活动,一般分为房地产开发企业销售自行开发的房地产和非房地产开发企业销售不动产两种业务。房地产开发企业开发的工程项目分为老项目和新项目两部分。老项目在 2016 年 2 月 1 日之后发生纳税义务的,可以采用简易计税方法,即按照 5% 的征收率计算应纳税额。销售"营改增"试点后开工的新项目,或者销售未选择简易计税方法的老项目,适用一般计税方法,税率为 9%,但可从销售额中扣除上缴政府的土地价款,也可采用简易计税方法,适用 5% 的征收率。

1. 销售不动产计税方法的选择

案例 6-12

天阳公司为一般计税方法纳税人,拟于 2022 年 1 月销售位于市中心的非自建店面房,店面房系 2015 年 12 月购置,根据有关原始凭证确认该店面房的购置成本为 300 万元,店面房含税销售额为 545 万元,并拟于合同签订日办妥相关产权转移手续,若在销售过程中共发生其他税费 50 万元,采用银行存款转账结算方式。若不考虑其他进项税额项目,请问该选择何种计税方法可以节约增值税?

【解析】

方案一:选择一般计税方法计税

税法政策规定,一般计税方法纳税人转让其 2016 年 4 月 30 日前取得的不动产(不含自建),选择适用一般计税方法计税的,以取得的全部价款和价外费用为销售额计算应纳税额,按照 9% 的税率申报纳税。

应缴纳增值税=545÷(1+9%)×9%=45(万元)

方案二:选择简易计税方法计税.

税法政策规定,一般计税方法纳税人转让其 2016 年 4 月 30 日前取得的不动产(不含自建),可选择适用简易计税方法计税,以取得的全部价款和价外费用扣除不动产购置原价或

者取得不动产时作价后的余额为销售额,按照5%的征收率计算应纳税额。纳税人应按照上述方法向不动产所在地主管税务机关预缴税款,向机构所在地主管税务机关申报纳税。因此,纳税人选择适用简易计税方法计税,要以取得的全部价款扣除该店面房的购置成本后的余额为销售额。

应缴纳增值税=(545-300)÷(1+5%)×5%=11.67(万元)

由此可见,纳税人选择简易计税方法比选择一般计税方法少缴增值税33.33万元(45-11.67)。

2. 避免成为价外费用减少计税依据

税法规定,房地产开发企业中的一般计税方法纳税人销售自行开发的房地产项目,适用一般计税方法计税,按照取得的全部价款和价外费用,扣除当期销售房地产项目对应的土地价款后的余额计算销售额。销售额的计算公式如下:

$$销售额=(全部价款和价外费用-当期允许扣除的土地价款)÷(1+9\%)$$

这里的价外费用包含以委托方名义开具发票,代委托方收取的款项。因此,房地产开发公司销售房地产时,如果将代收的款项与房地产销售收入一并开具发票,则代收款项会被当作价外费用合并计算增值税,因此,房地产开发公司将代收的款项以委托方名义单独开具发票,可避免成为价外费用计算缴纳增值税。

案例 6-13

和阳房地产开发公司为增值税一般纳税人,2022年1月拟销售2020年1月建成的一栋普通住宅,该住宅含税销售额为650万元,当初取得该住宅的土地使用权支付的价款为50万元,将为客户代收维修基金54万元。该项经济业务的增值税销项税额如何筹划才能更节约?

【解析】

方案一:将各项代收款项与房地产销售收入一并开具发票

销项税额=(650+54-50)÷(1+9%)×9%=54(万元)

方案二:房产销售额和住房维修款项分开开票

销项税额=(650-50)÷(1+9%)×9%=49.54(万元)

可见,方案二比方案一少缴纳增值税4.46万元(54-49.54)。因此,选择方案二,即房地产开发公司将房产销售额和住房维修款项分开开票。将代收住房维修款项委托方名义单独开具发票,避免成为价外费用,减少了计税依据。

3. 巧用土地增值税增值率的临界点

企业转让房产需要缴纳土地增值税。土地增值税是指转让国有土地所有权、地上的建筑物及附着物并取得收入的单位和个人以增值额为计税依据向国家缴纳的一种税。土地增值税的计算公式为:

土地增值税应纳税额=增值额×适用税率-扣除项目金额×速算扣除系数

增值额=收入额-扣除项目金额

增值率=增值额÷扣除项目金额×100%

计算增值额的扣除项目包括：

(1) 取得土地使用权所支付的金额。

(2) 开发土地的成本、费用。

(3) 新建房及配套设施的成本、费用，或者旧房及建筑物的评估价格。

(4) 与转让房地产有关的税金。

(5) 财政部规定的其他扣除项目。根据《土地增值税暂行条例实施细则》第七条的规定，这里的"其他扣除项目"为取得土地使用权所支付的金额以及开发土地和新建房及配套设施的成本之和的 20%。

需要注意的是，根据《土地增值税暂行条例》第八条的规定，纳税人建造普通标准住宅出售，增值额未超过扣除项目金额 20% 的，免征土地增值税。如果能够将企业建造的普通标准住宅的增长率控制在 20% 的临界点上，可以有效避免缴纳增值税，当然前提是销售的是普通标准住宅，普通标准住宅的标准根据《国务院办公厅转发建设部等部门关于做好稳定住房价格工作意见的通知》(国办发〔2005〕26 号)和建设部、发展改革委、财政部等发布的《关于做好稳定住房价格工作的意见》的规定，普通标准住宅的标准为住宅小区建筑容积率在 1.0 以上，单套建筑面积在 120 平方米以下，实际成交价格低于同级别土地上住房平均交易价格1.2 倍以下。各省、自治区、直辖市要根据实际情况，制定本地区享受优惠政策普通住房的具体标准。允许单套建筑面积和价格标准适当浮动，但向上浮动的比例不得超过上述标准的 20%。

◎ 案例 6-14

明城房地产开发公司建造了一幢普通标准住宅，2022 年 1 月拟以 1 300 万元的价格出售，税法允许扣除的项目金额为 1 080 万元。请提出税收筹划方案。

【解析】

方案一：不进行税收筹划

项目增值额＝1 300－1 080＝220（万元）

项目增值额占扣除项目的比率＝220÷1 080×100%＝20.37%

根据税法规定，应当按照 30% 的税率缴纳土地增值税，即：

应纳土地增值税＝220×30%＝66（万元）

方案二：降低销售收入 4 万元

项目增值额＝(1 300－4)－1 080＝216（万元）

项目增值额占扣除项目的比率＝216÷1 080×100%＝20%

增值率没有超过 20%，可以免征土地增值税。如果该企业降低销售收入 4 万元，减轻土地增值税负担62 万元(66－4)。

第三节　兼营行为的税收筹划

兼营是指纳税人的经营中既包括销售货物和加工修理修配劳务，又包括销售服务、无形资产和不动产的行为,其本质是多项应税行为,是企业经营范围多样性的反映,强调的是在同一纳税人的经营活动中存在着不同类别经营项目。兼营行为涉及增值税、消费税等税种,在税务处理上的规定也不同,因此需要进行税收筹划。

一、兼营行为涉及增值税的税收筹划

(一) 兼营行为涉及增值税的税法规定

兼营行为一般分为三类,第一类是混业经营行为,当一项销售行为既涉及货物又涉及服务,即混业经营行为;第二类是兼营不同税率或征收率的货物、劳务或服务的行为;第三类兼营免税减税项目的行为。每个企业的主营业务确定以后,其他业务为兼营业务。

混业经营行为主要按照《财政部 国家税务总局关于全面推开营业税改征增值税试点的通知》(财税〔2016〕36号)《营业税改征增值税试点实施办法》第40条规定进行增值税的税务处理,即当一项销售行为如果既涉及货物又涉及服务,为混合销售。从事货物的生产、批发或者零售的单位和个体工商户的混合销售行为,按照销售货物交纳增值税;其他单位和个体工商户的混合销售行为,按照销售服务交纳增值税。上述从事货物的生产、批发或者零售的单位和个体工商户,包括以从事货物的生产、批发或者零售为主,并兼营销售服务的单位和个体工商户在内。上述规定明确了一项销售行为如果既涉及服务又涉及货物,称为混合销售。事实上,混合销售本质上是一项纳税行为,混合销售的纳税主要原则是按"经营主业"划分,分别按照"销售货物""销售服务"等不同应税交易征收增值税。

纳税人有销售货物、加工修理修配劳务、服务、无形资产或者不动产等多项纳税义务时,适用不同税率或者征收率的,应当分开核算适用不同税率或者征收率的销售额,未分开核算销售额的,按照以下方法适用税率或者征收率:

(1) 兼有不同税率的销售货物、加工修理修配劳务、服务、无形资产或者不动产,从高适用税率。

(2) 兼有不同征收率的销售货物、加工修理修配劳务、服务、无形资产或者不动产,从高适用征收率。

(3) 兼有不同税率和征收率的销售货物、加工修理修配劳务、服务、无形资产或者不动产,从高适用税率。适用不同税率或者征收率的,应分开核算适用不同税率或者征收率,从而计算相应的增值税应缴税额。

上述规定表明兼营行为的本质是多项应税行为,兼营应当分开核算适用不同税率或者征收率应税行为的销售额,从而计算相应的增值税应缴税额。兼营的纳税原则是分开核算、分别按照适用税率或征收率征收增值税,对兼营行为不分开核算的,从高适用税率或征收率征收增值税。

(二) 兼营行为涉及增值税的税收筹划案例

1. 混业经营的兼营行为涉及增值税的税收筹划案例

混业经营中纳税的关键的问题是如何确认纳税人的主营业务,主营业务的确认并不是完全按照营业执照上列示的主营项目,而是与采购方签订的经济合同密切相关。

案例 6-15

居民企业通南建筑公司为居民纳税企业,是增值税一般纳税人,主营业务为销售建筑材料,同时也为客户提供装潢服务。预计 2022 年 3 月为美达公司提供建筑材料不含税收入 1 000 万元,装潢服务不含税收入 2 000 万元。通南建筑公司的该项经济业务如何交纳增值税更为经济?

【解析】

本项经济业务,既有销售货物又涉及劳务。如果是按销售金额来确认主营业务,装潢收入占比超过 50%,应按照服务来交纳增值税。如果这样的话,销售建筑材料需要按 9% 交纳增值税,而如果按企业营业执照或者企业实际经营来看,销售建筑材料才是公司的主营业务。按照混合销售开具增值税专用发票,存在一定的税收风险,所以在合同中要明确货物和劳务的具体内容和各个项目的金额。

此项业务应缴纳增值税销项税额=(1 000+2 000)×9%=270(万元)

为了进一步防范税务风险,建议分立出装潢服务公司。装潢服务类的公司,人工成本非常高,可供抵扣的进项税额比较少,装潢服务公司可以选择增值税小规模纳税人身份,公司专门承接装潢类服务,装潢类服务按照 3% 的征收率交纳增值税,也可以为客户提供 3% 的增值税专用发票。原建筑材料公司专门销售建筑材料,可以满足客户需要公司开具增值税专用发票 13% 的业务需求。这样的处理遵循了兼营行为的纳税原则,即分开核算和分别按照适用税率或征收率征收增值税。

案例 6-16

华明公司为增值税一般纳税人,主要生产计算机产品配件,2022 年 1 月将空置的仓库用于提供仓储服务。预计 2022 年 1 月华明公司取得的计算机产品配件收入的销项税额为 26 万元,仓储服务不含税收入为 40 万元。当月可抵扣的增值税进项税额为 8 万元。如何核算才能减轻该公司的税负?

【解析】

方案一:两类收入未分开核算

华明公司生产销售汽车配件并且提供仓储服务。兼营不同税率的应税项目,如果未分别核算销售额的,从高适用税率。销售计算机产品配件适用增值税税率 13%,仓储服务适用增值税税率 6%,因为没有分开核算销售额的,仓储服务适用从高适用征收率。

应缴纳增值税=26+40×13%-8=23.2(万元)

方案二:两类收入分开核算

兼营业务适用不同税率或者征收率的,应当分别核算适用不同税率或者征收率的销售额,销售计算机产品配件适用增值税税率 13%,仓储服务适用增值税税率 6%。

应缴纳增值税=26+40×6%-8=20.4(万元)

可见,华明公司分别核算两类收入要比未分别核算两类收入少交增值税 2.8 万元(23.2-20.4)。因此,当纳税人兼有不同税率或者征收率的销售货物、提供应税劳务或者应税服务时,要完善自己的财务核算,对不同收入分类核算,避免从高适用税率或征收率而增加不必要的税收负担。

2. 兼营免税减税项目行为的税收筹划案例

对于兼营不同应税项目的纳税人,在兼营业务的纳税处理中,要将征税业务与免税业务分离出来,分开核算减免税和没有减免的各项目的收入额,这样才能分别确定享受免税的收入和应该征税的收入,争取享受税收优惠。

◎ 案例 6-17

海成农业生产公司为增值税一般纳税人,主要种植蔬菜和粮油作物。该公司 2022 年 1 月的粮油作物和蔬菜的销项税额为 13 万元,当月购进化肥等农用物资增值税专用发票注明进项税额为 8 万元。请对该公司的销售业务进行税收筹划。

【解析】

案例中海成农业生产公司的生产经营业务为兼营不同税率的两项应税行为,应分开核算,其中蔬菜的批发零售为免税项目,这主要是根据税法的规定,对从事蔬菜批发、零售的纳税人销售的蔬菜免征增值税。经挑选、清洗、切分、晾晒、包装、脱水、冷藏、冷冻等工序加工的蔬菜;纳税人既销售蔬菜又销售其他增值税应税货物的,应分开核算蔬菜和其他增值税应税货物的销售额;未分开核算的,不得享受蔬菜增值税免税政策。

方案一:未分开核算,合并经营

应缴纳增值税=13-8=5(万元)

方案二:分开核算,分立经营

经过调研发现,2022 年 1 月该公司销售粮油作物和蔬菜的合计销项税额 13 万元中,粮油作物的销项税额为 6.8 万元。当月购进化肥等农用物资增值税专用发票注明进项税额 8 万元,其中粮油作物领用农用物资的进项税额为 5 万元。

应缴纳增值税=6.8-5=1.8(万元)

方案二将应税项目、免税项目分开核算,减轻了企业的增值税负担,少交增值税 3.2 万元(5-1.8)。本例中建议公司将粮油作物和蔬菜的批发和零售分别设立两个部门分立经营。

需要指出的是,对于兼营应税项目、免税或非应税项目的企业而言,本例所得到的结论是分开核算时企业税负低。将征税业务与免税业务分离出来,分开核算减免税和没有减免的各项目的销项税额不一定都会降低企业税负,需要比较免税项目的增值额。如果免税项目的增值额很小甚至出现负数,则应该考虑不分开核算应税项目、免税或非应税的项目,税负才会更低。

当免税产品的进项税额占全部产品进项税额的比重与免税产品销项税额占全部产品销项税额的比重相等时,将兼营业务分立经营与合并经营,应缴纳增值税和附加税费是相等的。如果能找到这个临界点,就可以确定企业的经营方式。

设全部产品增值税进项税额为 A,生产免税产品的进项税额为 A_1,全部产品的销项税额为 B,免税产品的销项税额为 B_1,其临界的公式是:

$$\frac{A_1}{A} = \frac{B_1}{B}$$

从上面的分析,可以得到以下推论:

(1)当免税产品的进项税额占全部产品进项税额的比重大于免税产品销项税额占全部产品销项税额的比重时,即:

$$\frac{A_1}{A} > \frac{B_1}{B}$$

此时,合并经营比分立经营更节税,免税产品的进项税额占全部产品进项税额的比重越大,合并经营的节税金额越多。

(2)当免税产品的进项税额占全部产品进项税额的比重小于免税产品销项税额占销项税额的比重时,即:

$$\frac{A_1}{A} < \frac{B_1}{B}$$

此时,分立经营比合并经营更节税,即免税产品的进项税额占全部产品增值税进项税额的比重越小,分立经营的节税金额越多。

利用免税规定进行增值税的税收筹划还可以有其他的途径。根据税法规定,已经抵扣进项税额的购进货物或应税劳务如果事后改变用途,如用于简易计税项目、免税项目时,应将该项购进货物或应税劳务的进项税额转出不得扣减,无法准确确定该项进项税额的,按当期实际成本计算应减的进项税额。由于改变用途有时间间隔,会产生资金的时间价值。改变用途的时间越长,资金的时间价值越大。如果已抵进项税额的时间与进项税额转出的时间间隔长,企业会获得延迟纳税的收益。

● 案例 6-18

海成农业生产公司为增值税一般纳税人,主要种植蔬菜和粮油作物。该公司 2022 年 1 月的粮油作物和蔬菜的销项税额 13 万元中,粮油作物的销项税额为 6.8 万元,当月购进化肥等农用物资增值税专用发票注明进项税额为价款 8 万元,其中生产蔬菜用物资的进项税额为 3 万元。请对该公司的销售业务进行税收筹划。

【解析】

免税产品的进项税额占全部产品进项税额的比重=3÷8×100%=37.5%

免税产品的销项税额占全部产品销项税额的比重=(13-6.8)÷13×100%=47.69%

当批发零售蔬菜的增值税进项税额占全部产品增值税进项税额的比重 37.5% 小于批发零售蔬菜销项税额占全部产品销项税额的比重 47.69%,免税产品蔬菜的增值税进项税额占全部产品增值税进项税额的比重越小,选择粮油作物和蔬菜的分立经营,会获得增值税免税收益,降低税负,分立经营对海成公司有利。

(三)纳税人销售机器设备同时提供安装服务的税收筹划

纳税人销售机器设备同时提供安装服务,这里的设备来源包括自产机器设备和外购设备,适用的政策是《国家税务总局关于明确中外合作办学等若干增值税征管问题的公告》(国税公告〔2018〕42 号)。该政策还明确了纳税人对安装运行后的机器设备提供的维护保养服务,按照"其他现代服务"交纳增值税。

1. 纳税人销售自产机器设备同时提供安装服务的税收筹划

1) 纳税人销售自产机器设备同时提供安装服务的相关税法政策

按照现行税法规定,纳税人销售自产机器设备同时提供安装服务的兼营业务时,如果不能分开核算,则从高适用货物的税率交纳增值税。如果能将销售机器设备和安装服务的销售额分开核算,应分别核算机器设备和安装服务的销售额,安装服务可以按照甲供工程,选择适用简易计税方法计税。

就税务处理而言,一般纳税人销售自产的机器设备的同时提供安装服务,如果不能分开核算,销售机器设备和安装服务的销售额从高适用货物的13%税率交纳增值税。如果能分开核算机器设备和安装服务的销售额,一般纳税人按13%的税率计算销售机器设备的销项税额;安装服务的销售额既可以按照一般计税方法计税,根据9%的税率计算销项税额,也可以按照"甲供工程",按简易计税方法计税,根据3%的征收率计算缴纳增值税。

销售自产机器设备并提供安装服务的增值税政策,如表6-1所示。

表 6-1 销售自产机器设备并提供安装服务的增值税政策

企业类型	合同注明情况	税率或征收率
既有生产与销售,又有安装资质的生产制造企业	合同未分别注明,未分开核算	货物、安装服务均13%
	合同分别注明,分开核算	货物13%
		安装服务选择3%或9%
具有生产、销售和安装资质的建筑安装企业,特别是具有生产、销售和安装资质的钢结构安装企业	施工合同未分别注明,未分开核算	货物、安装服务均13%
	施工合同分别注明,分开核算	安装服务选择3%或9%

自产机器设备的销售和安装服务是兼营行为,必须分开核算机器设备和安装服务的销售额,但如若纳税人分不清,就要从高适用税率或征收率。一般纳税人销售自产机器设备按13%的税率计算增值税销项税额。为了降低税负,安装服务是选择一般计税方法还是简易计税方法?

假定安装金额 A(不含税),安装服务对应的进项税额为 B,则:

$$A \times 9\% - B = A \times 3\%$$
$$\frac{B}{A} = 6\%$$

若 $\frac{B}{A} > 6\%$,即安装服务的进项税额占不含税安装金额的比重大于6%时,安装服务可以抵扣的金额较大,选择一般计税方法,按9%税率缴纳增值税,税负轻。

若 $\frac{B}{A} < 6\%$,即安装服务的进项税额占不含税安装金额的比重小于6%时,安装服务可

以抵扣的金额较小,选择简易计税方法,按 3% 征收率缴纳增值税,税负轻。

2) 纳税人销售自产机器设备同时提供安装服务的税收筹划案例

案例 6-19

达阳公司具有生产与安装电梯的资质,为增值税一般纳税人,2022 年 3 月兴城房地产公司准备从达阳公司购进电梯及安装电梯服务。假设合同不含税总额为 190 万元,电梯不含税销售金额为 160 万元,安装费不含税金额为 30 万元。已知当期生产电梯购料的进项税额 16 万元,与安装电梯有关的进项税额 2.4 万元,请为兴城房地产公司进行税收筹划。

【解析】

根据临界原理直接判断:

$$\frac{B}{A} = \frac{2.4}{30} = 8\% > 6\%$$

则选择一般计税方法,按税率 9% 缴纳增值税的税负轻。

验证:

方案一:合同中未分别注明销售电梯与安装费的金额

在合同中未分别注明销售电梯货物与安装费的金额,从高适用税率 13% 缴纳增值税。

应缴纳增值税 = 190 × 13% - 2.4 - 16 = 6.3(万元)

方案二:合同中分别注明销售电梯与安装费的金额,安装费按一般计税方法计税

在合同中分别注明销售电梯与安装费的金额,则销售电梯和安装费分别按税率 13% 和 9% 计算缴纳增值税。

销售电梯应缴纳增值税 = 160 × 13% - 16 = 4.8(万元)

安装服务应缴纳增值税 = 30 × 9% - 2.4 = 0.3(万元)

一共缴纳增值税 = 4.8 + 0.3 = 5.1(万元)

方案三:合同中分别注明销售电梯与安装费的金额,安装费按照简易计税方法计税

在合同中分别注明电梯金额与安装费,则销售电梯和安费费分别按税率 13% 和 3% 计算缴纳增值税。

销售电梯应缴纳增值税 = 160 × 13% - 16 = 4.8(万元)

安装服务应缴纳增值税 = 30 × 3% = 0.9(万元)

一共缴纳增值税 = 4.8 + 0.9 = 5.7(万元)

通过以上分析可以看出,方案一的税负最重,方案三次之,方案二的税负最轻,选择方案二,在合同中分别注明销售电梯货物与安装费的金额,销售电梯按税率 13%、安装费选择税率 9% 计算缴纳增值税。

需要提醒的是,根据《国家税务总局关于简化建筑服务增值税简易计税方法备案事项的公告》(国税公告〔2017〕43 号)的规定,增值税一般纳税人提供建筑服务,按规定适用或选择适用简易计税方法计税的,实行一次备案制。

2. 纳税人销售外购机器设备同时提供安装服务的税收筹划

1) 销售外购机器设备同时提供安装服务的税法政策

纳税人销售外购机器设备的同时提供安装服务分两种情况：一是纳税人未分开核算机器设备和安装服务的销售额，那么应按照混合销售的有关规定，确定其适用税目和税率；二是纳税人已按照兼营业务核算的有关规定，分开核算机器设备和安装服务的销售额，将此机器设备视为"甲供"的机器设备，将安装服务视为甲供工程的安装服务，选择适用简易计税方法计税，同时对适用简易计税方法计税的，实行一次备案制。

从税务处理上来说，销售外购的机器设备的同时提供安装服务，如果不能分开核算，则按照经营主业划分只按一种税率征收，如经营主业为销售货物则按销售货物缴纳增值税，如经营主业为销售服务则按销售服务缴纳增值税。如果分开核算机器设备和安装服务的销售额，一般纳税人销售机器设备按 13% 的税率，计算增值税销项税额；安装服务在按 9% 的税率和 3% 征收率的选择后计算应缴增值税。

销售外购机器设备并提供安装服务增值税政策，如表 6-2 所示。

表 6-2　销售外购机器设备并提供安装服务的增值税政策

企业类型	合同注明情况	税率或征收率
具有生产、销售和安装资质的生产制造企业；具有销售和安装资质的商业企业	合同未分别注明，混合销售	货物、安装服务均 13%
	合同分别注明，分开核算	货物 13%
		安装服务选择 3% 或 9%
具有生产、销售和安装资质的建筑安装企业；具有销售和安装资质的建筑安装企业	合同未分别注明，混合销售（外购钢结构、机电设备和材料等在企业 1 年中的收入比重超过 50%）	货物、安装服务均 13%
	合同未分别注明，混合销售（外购钢结构、机电设备和材料等在企业 1 年中收入比重未超过 50%）	货物、安装服务均 9%
	合同分别注明，分开核算	货物 13%
		安装服务选择 3% 或 9%

为了降低税负，分开核算时，安装服务的税率是选择 9% 的税率还是 3% 的征收率呢？

假设整个甲供工程合同中约定的工程不含税价格为 A，建筑劳务公司采购辅料的不含税价格为 B，则分包方的增值税计算方法选择分析如下。

(1) 一般计税方式下的建筑劳务公司应缴纳增值税为：

$$A \times 9\% - B \times 13\%$$

(2) 简易办法下的建筑劳务公司应缴纳增值税为：

$$A \times 3\%$$

(3) 两种方法下税负相同的临界点：

$$B = 46.15\% \times A$$

甲供工程模式下,选择按一般计税方法或者简易计税方法的临界点参考值为 $B = 46.15\% \times A$ 时,即建筑劳务公司采购辅料物资不含税价等于 $46.15\% \times$ "清包工"合同中约定的工程不含税价 A 时,简易计税方法与一般计税方法应缴纳增值税相等。因此,可以得出以下结论:

(1) 当 $B > 46.15\% \times A$ 时,建筑劳务公司采购辅料物资不含税价大于 $46.15\% \times$ "清包工"合同中约定的工程不含税价,则选择一般计税方法更节税。

(2) 当 $B < 46.15\% \times A$ 时,建筑劳务公司采购辅料物资不含税价小于 $46.15\% \times$ "清包工"合同中约定的工程不含税价,则选择简易计税方法更节税。

需要注意的是,此判别法则适用于外购机器设备同时提供安装服务分开核算。

2) 销售外购机器设备同时提供安装服务的税收筹划案例

◎ **案例 6-20**

林德公司主营销售小型精密机床安装业务,并且具有安装资质,为增值税一般纳税人,营业执照登记显示为销售机床设备公司。该小型机床属于尖端产品,安装费用高于设备的价格。假设预测 2022 年林德公司销售额 1 000 万元,包括安装精密机床服务收费。公司可抵扣增值税进项税额为 55 万元,其中与安装设备相关的辅料物资价格为 100 万元,进项税额为 13 万元。请为林德公司进行增值税税收筹划。

【解析】

本例中,辅料物资价格 100 万元 < 276.9 万元 $(46.15\% \times 600)$,建筑劳务公司采购辅料物资不含税价小于 $46.15\% \times$ "清包工"合同中约定的工程不含税价,则选择简易计税方法有利。以下进行计算验证。

方案一:合同中未分别注明销售机床设备与安装费的金额

在合同中未分别注明销售机床设备与安装费的金额,安装服务从高适用 13% 缴纳增值税。

应缴纳增值税 $= 1\,000 \div (1 + 13\%) \times 13\% - 55 = 60.04$(万元)

方案二:合同中未分别注明销售机床设备与安装费的金额

合同签订时,未分别注明机床和安装服务的销售额,调整现行的主营范围为安装精密机床服务公司,将全年度销售精密机床的金额控制在总收入的 50% 以下,安装服务按税率 9% 缴纳增值税。

应缴纳增值税 $= 1\,000 \div (1 + 9\%) \times 9\% - 55 = 27.57$(万元)

方案三:合同中分别注明销售机床设备与安装费的金额

合同签订时,分别注明机床和安装服务的销售额,销售机床按增值税税率 13% 缴纳增值税;安装合同按清包工或甲供材,按征收率 3% 简易计税。

与客户签订合同注明精密机床销售金额 400 万元,按增值税税率 13% 缴纳;与客户合同注明安装服务销售金额 600 万元,按简易计税征收率 3% 缴纳增值税。

销售精密机床应缴纳增值税 $= 400 \div (1 + 13\%) \times 13\% - (55 - 13) = 4.02$(万元)

安装服务应缴纳增值税 $= 600 \div (1 + 3\%) \times 3\% = 17.48$(万元)

两家企业合计应缴纳增值税＝4.02＋17.48＝21.5(万元)

综上所述,两方案比较,方案三应缴增值税的金额最小,方案二次之。需要强调的是,方案二的结论并不唯一,其结论取决于机床销售金额与安装服务销售金额的比重以及安装服务的进项税额的大小。

二、兼营行为涉及消费税的税收筹划

消费税有关税法规定,当纳税人同时生产不同税率的应税消费品时,应当将不同税率的消费品分开核算,若企业在核算时没有分开或将税率不同的应税消费品组成套装一并销售则应当从高适用税率。除非成套销售应税消费品给企业带来的收益远远大于因此增加的消费税,或者企业为了占领市场、宣传新产品等战略目标,否则单从税收角度筹划,应当分开核算不同税率应税消费品的销售数量和销售金额,避免将不同税率的应税消费品组成成套销售。

◎ **案例 6-21**

盛明酒厂生产税率为20％的白酒,同时生产税率为10％的黄酒。临近春节,为了增加销售量,该厂拟在2022年1月将一瓶500克白酒、一瓶500克高档黄酒包装成一套礼品销售。其中,白酒的价格为110元/瓶,黄酒的价格为90元/瓶,礼品套装的价格为200元/套,预计能销售套装1 000套共2 000斤酒,总金额为20万元。白酒的消费税税率为20％,每斤白酒定额税为0.5元,黄酒的消费税税率为10％,此项销售业务怎样处理可以节约消费税的缴纳?

【解析】

方案一:套装酒混合销售

套装酒应纳消费税＝2 000×0.50＋200 000×20％＝41 000(元)

方案二:先分开销售,销售后再包装

白酒的应缴纳消费税＝(0.50＋110×20％)×1 000＝22 500(元)

黄酒的应纳消费税＝90×1 000×10％＝9 000(元)

合计应纳消费税＝22 500＋9 000＝31 500(元)

分开销售比组成套装销售可减少消费税＝41 000－31 500＝9 500(元)

方案一中套装酒的税负高于方案二两类酒分开销售的原因在于套装销售时,黄酒从高适用了白酒的消费税税率20％,采取混合销售的方式增加了企业的税收负担。因此针对本案例可以通过先销售酒品然后再包装的形式来降低应税销售额,从而降低应纳消费税税额。

第四节　纳税义务发生时间的税收筹划

增值税纳税义务发生时间,是指增值税纳税义务人、扣缴义务人发生应税、扣缴税款行为应承担纳税义务、扣缴义务的时间。这一规定在增值税管理中非常重要,说明纳税义务发生时间一经确定,必须按此时间计算应缴税款。企业增值税纳税义务发生时间的税收筹划实质上就是销项税额确认时点的税收筹划,销项税额确认时点筹划的目标是要使现金流入的时间点与销项税额确认的时间点尽量实现同步,做到四流合一,以保证有足够的现金流交纳税款。这里的四流合一指的是合同流、物流、票流和现金流。

一、增值税纳税义务发生时间的税收政策

(一) 基本规定

《增值税暂行条例》明确规定了增值税纳税义务发生时间有以下两个方面:销售货物、劳务、服务、无形资产或不动产,为收讫销售款或者取得索取销售款凭据的当天;先开具发票的,为开具发票的当天。进口货物纳税义务发生时间为报关进口的当天。增值税扣缴义务发生时间为纳税人增值税纳税义务发生的当天。

收讫销售款项,是指纳税人销售服务、无形资产、不动产过程中或者完成后收到款项。取得索取销售款项凭据的当天,是指书面合同确定的付款日期;未签订书面合同或者书面合同未确定付款日期的,为服务、无形资产转让完成的当天或者不动产权属变更的当天。

(二) 具体规定

销售货物或者提供应税劳务的纳税义务发生时间,按销售结算方式的不同,具体为:

(1)采取直接收款方式销售货物,不论货物是否发出,均为收到销售款或取得索取销售款凭据的当天。纳税人生产经营活动中采取直接收款方式销售货物,已将货物移送对方并暂估销售收入入账,但既未取得销售款或取得索取销售款凭据也未开具销售发票的,其增值税纳税义务发生时间为取得销售款或取得索取销售款凭据的当天;先开具发票的,为开具发票的当天。

(2)采取托收承付和委托银行收款方式销售货物,为发出货物并办妥托收手续的当天。

(3)采取赊销和分期收款方式销售货物,为书面合同约定收款日期的当天。无书面合同或者书面合同没有约定收款日期的,为货物发出的当天。

(4)采取预收货款方式销售货物,为货物发出的当天。但生产销售生产工期超过2个月的大型机械设备、船舶、飞机等货物,为收到预收款或者书面合同约定的收款日期的当天。

(5)委托其他纳税人代销货物,为收到代销单位的代销清单或者收到全部或者部分货款的当天;未收到代销清单及货款的,为发出代销货物满180日的当天。

(6)销售应税劳务,为提供劳务时收讫销售款或收得索取销售款凭据的当天。

(7)纳税人发生除将货物交付其他单位或者个人代销和销售代销货物以外的视同销售货物行为,为货物移送的当天。

从上述规定可以看出,我国目前实行的增值税纳税义务发生时间主要依据权责发生制或现金收付制原则确定。这主要是考虑与现行企业财务制度进行衔接,同时加强企业财务管理,确保及时取得财政收入。对企业而言,按照权责发生制确认纳税义务,现金流与合同流、物流和票流可能会不同步,如果企业的会计利润小于现金净流量,可能会造成税款的交

纳没有足够的现金流。因此,如果现金流入的时间点等于销项税额确认的时间点,就能保证交纳税款时有足够的现金流,这是增值税销项税额税收筹划的目的。因此,增值税纳税义务的税收筹划要关注销售合同中关于销售货款结算方式的确定。

二、增值税纳税义务发生时间的税收筹划

(一) 充分利用赊销和分期收款方式进行税收筹划

赊销和分期收款结算方式以合同约定日期为纳税义务发生时间,在纳税义务发生时间的确定上,企业有充分的自主权就有充分的筹划空间。因此,企业在产品销售过程中,在应收货款一时无法收回或部分无法收回的情况下,可选择赊销或分期收款结算方式,尽量回避直接收款方式。直接收款方式不论货款是否收回,都得在提货单移交并办理索要销售额的凭据之日计算增值税销项税额,承担纳税义务,企业具有相当大的主动性,完全可以在货款收到后履行纳税义务,有效推迟增值税纳税时间。

◎ **案例 6-22**

伟达商贸公司为增值税一般纳税人,拟于 2022 年 1 月 1 日签订 3 份委托收款结算方式的销售合同,合同中均约定:签合同的当日全部发出货物,3 份合同不含税总额为 200 万元,货款分别于 2021 年 1 月 1 日收回 100 万元,2022 年 2 月 1 日收回 60 万元,2023 年 2 月 1 日收回 40 万元。这批洗衣机的销售成本(采购价格)为 120 万元,已经付现 100 万元,尚欠材料款 20 万元约定于 2023 年 1 月支付,销售费用 30 万元已经在上月以转账支票预付。请对伟达商贸公司合理确定纳税义务进行税收筹划。

【解析】

方案一:签订委托收款结算方式销售合同

依据税法规定,委托收款结算方式下,无论是否收到货款,发出货物并办妥托收手续的当天,就要对 200 万元销售收入在第一年要全部确认为收入,计算交纳各种税金。

第一年应纳税费及其他相关指标计算如下:

应缴纳增值税=(200−120)×13%=10.4(万元)

应缴纳增值税附加税=10.4×12%=1.248(万元)

应缴纳企业所得税=(200−120−30−1.248)×25%=12.188(万元)

合计纳税=10.4+1.248+12.188=23.836(万元)

账面净利润=200−120−30−1.248−12.188=36.564(万元)

净现金流量=100−100−23.836=−23.836(万元)

第一年净现金流量为−23.836 万元,涉及本销售业务交纳的全部税款,账面净利润为 36.564 万元;第二年收回现金 60 万元,支付 20 万元货款,净现金流量为 40 万元,账面净利润为 0;第三年收回现金 40 万元,净现金流量也为 40 万元,账面净利润为 0。

方案二:签订赊销方式的销售合同

依据税法规定,签订赊销方式的销售合同,在合同中约定一次性全额收款的时间点和额度。这样销售收入就可以按合同规定的日期确认并计算交纳各种税金,同时对洗衣机成本

120万元相应分摊。

第一年应纳税费及其他相关指标计算如下：

应缴纳增值税＝(100－60)×13％＝5.2(万元)

应缴纳增值税附加税＝5.2×12％＝0.624(万元)

应缴纳企业所得税＝(100－60－30－0.624)×25％＝2.344(万元)

合计纳税＝5.2＋0.624＋2.344＝8.168(万元)

账面净利润＝100－60－30－0.624－2.344＝7.032(万元)

净现金流量＝100－100－8.168＝－8.168(万元)

第二年应纳税费及其他相关指标计算如下：

应缴纳增值税＝(60－36)×13％＝3.12(万元)

应缴纳增值税附加税＝3.12×12％＝0.374 4(万元)

应缴纳企业所得税＝(60－36－0.374 4)×25％＝5.906 4(万元)

合计纳税＝3.12＋0.374 4＋5.906 4＝9.400 8(万元)

账面净利润＝60－36－0.374 4－5.906 4＝17.719 2(万元)

净现金流量＝60－20－9.400 8＝30.599 2(万元)

第三年应纳税费及其他相关指标计算如下：

应缴纳增值税＝(40－24)×13％＝2.08(万元)

应缴纳增值税附加税＝2.08×12％＝0.249 6(万元)

应缴纳企业所得税＝(40－24－0.249 6)×25％＝3.937 6(万元)

纳税合计＝2.08＋0.249 6＋3.937 6＝6.267 2(万元)

账面净利润＝40－24－0.249 6－3.937 6＝11.812 8(万元)

净现金流量＝40－11.812 8＝28.187 2(万元)

签订委托收款结算方式销售合同与签订分期收款合同，3年的合计纳税、账面利润和现金流是一样的。签订委托收款结算方式销售合同第一年就把3年的税款缴齐了，净现金流量为－53.836万元，当年账面净利润确认为36.564万元。当前净现金流量与账面净利润不一致，主要是因为税法规定的增值税纳税义务发生时间是依据权责发生制，而不是收付实现制，事实上100万元的货款实际并未收到。但是按照税法规定企业必须按照销售额200万元全部计提增值税销项税额，这样企业就要垫付上交的增值税税款。对企业而言，当年利润没有现金作支撑，账面净利润指标比较虚，造成企业经营出现困境。

对于第一年未收到的100万元应收账款，企业在货款结算中采用赊销收款结算方式，签订赊销结算方式的销售合同后，第一年少交纳税款15.668万元(23.836－8.168)，第二年和第三年逐渐交齐剩余的税款，改变销售的结算方式实现了推迟纳税，在税法规定的范围内，达到延缓纳税的目的。第一年账面利润减少29.532万元(36.564－7.032)，是因为没有把尚未收到的现金100万元算作本年收入；同时30万元销售费用也全部在第一年全额被税前扣除了。

为保证企业有足够的现金流交纳税款，企业要避免采用纳税义务产生在前、收取款项时间在后的结算方式,例如,在没有收到销售款项的时候开发票,或者超过销售额开具发票,采用托收承付、委托收款的方式销售货物等。企业要尽量采用按预收账款的方式或先收款、后发货以及一手交钱一手交货的直接收款方式销售货物;采用赊销(分期收款时),选择分期收款的结算方式,在合同中约定收取款项的时间点和额度;企业赊销(一次性全额收款时),在合同中约定收款的时间点和额度。先发货、后收款的直接收款方式销售货物,经客户验收确认,并拿到客户入库验收单和货款结算单等凭据后,才能收款开发票。

(二) 利用委托代销方式销售货物进行税收筹划

委托代销商品是指委托方将商品交付给受托方,受托方根据合同要求,将商品出售后,开具销货清单交给委托方,这时委托方才确认销售收入的实现并计提增值税销项税额,或者最迟180天的当天确认销售收入,确认纳税义务的发生。根据这一原理,如果企业的产品销售对象是商业企业,且在商业企业实现销售后再付款结算,就可采用委托代销结算方式、货款付款有一定的难度,但利用商业信誉开具商业承兑汇票却不是太难。企业在资金紧张时通过开具商业承兑汇票,同样可以在当期抵扣进项税额,达到推迟纳税的目的。

会计准则规定企业发生的代销行为分为收取手续费方式和视同买断方式两种方式进行处理。收取手续费方式,受托方根据所代销的商品数量或金额的一定标准向委托方收取手续费,收取的手续费实际上是一种劳务收入。视同买断方式下,委托方按协议价收取所代销的货款,实际售价可由受托方自定,实际售价与协议价之间的差额归受托方所有。

代销和经销(视同买断)是企业经常使用的销售方式。由于代销和经销在税务处理上是不同,企业选择代销和经销的商业行为对于企业的税收负担也不同。在代销的销售方式下,产品或商品的物权归委托方所有,受托方在约定的时间内未销售出的货物可选择退还,不承担市场经营风险,只收取手续费。代销方式下,受托方的应税货物销售发票要开具给购货方;而手续费的应税劳务发票则是开具给委托方。在经销(视同买断)销售方式下,产品或商品的物权归经销方所有;没有销售出的货物不可选择退还,承担市场经营风险,获取差额利润。视同买断方式下,受托方销售应税货物的发票开具给购货方,没有手续费所以通常不开具应税劳务发票。

税法规定单位或者个体工商户将货物交付其他单位或者个人代销视同销售货物;单位或者个体工商户销售代销货物的行为,视同销售货物。在税收征管实务中,税务机关在认定代销行为时关注受托方是否按照按委托方规定的条件出售,如果受托人将代销商品自由加价出售,与委托方按买断价格结算,则税务机关常常将其视为经销行为和经销商品,不作为代销业务处理相关涉税事宜。

🎯 **案例 6-23**

明华生产公司(简称明华公司)和林和销售公司(简称林和公司)拟于2021年1月签订一项购销协议,由明华公司向林和公司销售一批空气炸锅。明华公司空气炸锅的单位成本为300元,空气炸锅不含税销售单价为500元。假设当月林和公司可销售出该产品1万件,明华公司当期购进材料等可抵扣进项税额为25万元。明华公司、林和公司均为增值税一般纳税人。现可采用两种方案:

方案一,收取手续费方式。林和公司按明华公司规定的价格对外销售,向明华公司收取不含税每件50元的代销手续费,林和公司将增加人工费30万元。

方案二,视同买断方式。林和公司按每件450元的价格协议买断后以每件500元的价格销售。

请问明华公司如何进行税收筹划?

【解析】

方案一:委托代销方式,受托方收取手续费

委托代销方式下,明华公司实际增加收入500万元,增值税销项税额为65万元(500×13%),当期购进材料等可抵扣进项税额为25万元。此外,还收到林和公司因为代销手续费开具的"经纪代理服务"增值税专用发票,进项税额为3万元(50×6%)。

应缴纳增值税=500×13%-3-25=37(万元)

应缴纳增值税附加税=37×12%=4.44(万元)

应缴纳企业所得税=(500-50-300-4.44)×25%=36.39(万元)

应缴纳税额合计=37+4.44+36.39=77.83(万元)

税后利润=(500-50-300-4.44-36.39)×(1-25%)=81.88(万元)

林和公司采取收取手续费的代销方式,代销费收入增加50万元,按照商务辅助服务中的"经纪代理服务"按税率6%交纳应税服务的增值税。受托销售客气炸锅时开具给消费者的增值税销项税额65万元(500×13%)与明华公司给予的名义采购发票进项税额65万元(500×13%)相等,该应税货物应缴增值税为零。

应缴纳增值税=50×6%=3(万元)

应缴纳增值税附加税=3×12%=0.36(万元)

应缴纳企业所得税=(50-30-0.36)×25%=4.91(万元)

应缴纳税额合计=3+0.36+4.91=8.27(万元)

税后利润=(50-30-0.36)×(1-25%)=14.73(万元)

方案二:经销方式,受托方不收取手续费

经销方式下,明华公司增加收入450万元,增值税销项税额为58.5万元(450×13%),当期购进材料等可抵扣进项税额为25万元。

应缴纳增值税=58.5-25=33.5(万元)

应缴纳增值税附加税=33.5×12%=4.02(万元)

应缴纳企业所得税=(450-300-4.02)×25%=36.5(万元)

应缴纳税额合计=33.5+4.02+36.5=74.02(万元)

税后利润=(450-300-4.02)×(1-25%)=109.5(万元)

林和公司收入增加500万元,增值税销项税额为65万元(500×13%),进项税额为58.5万元(450×13%),相抵后,就该项业务的应缴纳增值税13万元。

应缴纳增值税=65-58.5=6.5(万元)

应缴纳增值税附加税=6.5×12%=0.78(万元)

应缴纳企业所得税=(500-450-30-0.78)×25%=4.81(万元)

应缴纳税额合计＝6.5＋0.78＋4.81＝12.09(万元)

净利润＝(500－450－30－0.78)×(1－25％)＝14.42(万元)

从以上分析可知,采取收取手续费方式与采取视同买断方式的代销方式相比:

明华公司收入减少 50 万元(500－450),增值税少交 3.5 万元(37－33.5),税后利润减少 27.62 万元(109.5－81.88)。

林和公司收入增加 450 万元(500－50),但是增值税多交 3.5 万元(6.5－3),净利润减少 0.31 万元(14.73－14.42)。

林和公司增值税多交 3.5 万元的原因由税率差异造成的,代销手续费 50 万元是"经纪代理服务"按 6％税率计算的,即 3.5＝50×(13％－6％)。如果选择委托代销方式,林和公司可能没有积极性,可以与明华公司协商,把节约的 3.5 万元增值税及部分净利润 0.31 万元利益转移给林和公司,这样明华公司仍然可以获得延期纳税的好处,最长时间可以延长 180 天。

第五节　销售环节其他业务的税收筹划

一、应税消费品连同包装物销售的税收筹划

(一) 随同应税消费品一起出售包装物的相关税费政策

1. 随同应税消费品一起出售包装物的消费税政策

会计核算中,随同应税消费品一起出售包装物分成单独计价和不单独计价两种情形,其中仅单独计价的包装物情形计入销售额交纳增值税。但是根据《消费税暂行条例实施细则》第十三条的规定,应税消费品连同包装物销售的,无论包装物是否单独计价以及在会计上如何核算,均应并入应税消费品的销售额中缴纳消费税。因此,企业如果想在包装物层面省消费税,不能将包装物单独作价随同产品出售,应采取收取"押金"的形式,这样"押金"就不并入销售额计算消费税额。

包装物押金是指企业出借包装物时,按包装物价值的一定标准收取的抵押款项。如果借入单位因包装物损坏或其他原因不能归还时,借出单位可以用押金抵补损失。如果包装物不作价随同产品销售,而是收取押金,收取的押金不应并入应税消费品的销售额中征税。要注意的是,由于啤酒和黄酒实行从量定额的办法征收消费税,征税的多少与应税消费品的销售金额无直接关系。因此,对酒类产品包装物押金征税的规定不适用于实行从量定额办法征收消费税的啤酒和黄酒。同时,对因逾期未收回的包装物不再退还,或者已收取的时间超过 12 个月的押金,还是要并入应税消费品的销售额,按照应税消费品的适用税率缴纳消费税。显然 12 个月以后,尽管需要将押金并入应税消费品的销售额征收消费税,纳税人获得了该笔消费税的 12 个月的时间价值收益,增加了企业的运营资金,为企业生产经营提供了便利。

从以上两类涉税法规可以看出,包装物押金的涉税处理,关键是围绕是否逾期的时间界

定以及是否区分酒类产品两个方面展开的。

此外,包装物租金与包装物押金不同,包装物租金视为价外费用,并入应税消费品销售额征税,几乎不存在税收筹划的空间,应当避免对应税消费品收取包装物租金。

2. 随同应税消费品一起销售包装物的增值税政策

随同应税消费品一起销售包装物的增值税政策包括包装物租金和押金方面的增值税相关的政策。根据现行增值税的规定,纳税人为销售货物而出租、出借包装物收取的押金,单独记账核算的,可不并入销售额征税。但对逾期未收回包装物不再退回的押金,应按所包装货物的适用税率征收增值税。对销售除啤酒、黄酒外的其他酒类产品而收取的包装物押金,无论是否返还以及会计上如何核算,均应并入当期销售额征税。包装物租金视为价外费用,并入货物销售额征增值税。

(二)随同应税消费品一起销售包装物的税收筹划案例

案例 6-24

小企业艾阳化日化用品公司于 2022 年 1 月生产一批高档化妆品共 1 万套,对外不含税销售单价 370 元,包含包装物不含税单价 30 元,高档化妆品的消费税税率为 15%。请问如何筹划可以节约消费税的缴纳?

【解析】

方案一:包装物随同化妆品一起出售

应纳消费税税额=(370+30)×15%×1=60(万元)

方案二:收取 30 元包装物押金,包装物随同化妆品一起发出

通过税收筹划,该高档化妆品厂以每箱 370 元的价格销售,并收取 30 元押金,同时规定,包装物如有损坏则从押金中扣除。

应纳消费税税额=370×15%×1=55.5(万元)

与方案一相比,方案二应纳消费税少交 4.5 万元(60-55.5)。

1 年以后,如果该批包装物的押金没有退回,该企业应当补缴消费税。

应当补缴消费税=1×30×15%=4.5(万元)

对于企业来讲,相当于获得了 4.5 万元的 1 年无息贷款。故选择方案二,即收取 30 元包装物押金,随同化妆品一起发出。

因此,在条件允许的情况下,如果包装物一定要随同产品出售,企业要避免将包装物作价随同产品出售,可以转换为收取包装物押金的方式,而且不论押金是否按期收回,都可以达到减少增值税和消费税缴纳金额。

案例 6-25

桑美公司为小规模纳税人,增值税征收率为 1%,拟于 2022 年 1 月销售饼干 1 000 箱给德明超市,每件不含税价收入 100 元,另外收取包装箱租金为每件 10.1 元。请针对此项经济业务进行筹划帮助桑美公司节约增值税的应纳税额。

【解析】

方案一：合同约定收取包装物租金

当期应缴纳增值税＝100×1 000×1‰＋1 000×10.1÷(1＋1‰)×1‰＝1 100(元)

方案二：合同约定收取包装物押金

收到包装物押金不用并入销售额中征收增值税。

当期应缴纳增值税＝100×1 000×1‰＝1 000(元)

方案二比方案一少缴纳增值税 100 元(1 100－1 000)，所以应当选择方案二，在合同中约定将包装物的租金改押金。

在条件允许的情况下，企业最好不要采用收取包装物租金的方式，而是应该采用收取包装物押金的方式，这样才能够达到税后利润最大化的目的。

◎ 案例 6-26

青阳啤酒公司为一般规模纳税人，拟于 2022 年 3 月销售啤酒 10 吨，不含税销售收入为 29 000 元，增值税税额为 2 770 元，收取包装物押金 1 152.6 元。请对青阳啤酒公司包装物押金进行税收筹划。

【解析】

现行消费税规定，啤酒实行从量定额的办法征收消费税，包括甲类啤酒和乙类啤酒。啤酒每吨出厂价(含包装物及包装物押金)在 3 000 元(含 3 000 元，不含增值税)以上的是甲类啤酒，税率为 250 元/吨；每吨出厂价(含包装物及包装物押金)在 3 000 元(不含增值税)以下的是乙类啤酒，税率为 220 元/吨。

方案一：收取的包装物押金为 1 152.6 元

啤酒出厂价格＝29 000÷10＋1 152.6÷1.13÷10＝3 002(元/吨)

啤酒出厂价格是 3 002 元/吨，适用甲类啤酒的消费税税率为 250 元/吨。

(1) 情形一，购货单位当月退还包装物。购货单位退还包装物，青阳啤酒公司要退还已收取的包装物押金，则包装物押金不构成青阳啤酒公司的销售收入。

应缴纳消费税＝10×250＝2 500(元)

应缴纳增值税和消费税附加税＝(2 770＋2 500)×12％＝632.4(元)

税前利润＝29 000－2 500－632.4＝25 867.6(元)

应缴纳企业所得税＝25 867.6×25％＝6 466.9(元)

税后利润＝25 867.6×(1－25％)＝19 400.7(元)

(2) 情形二，购货单位没有退还包装物。青阳啤酒公司按照协议没收已收取的包装物押金，根据押金金额开出销售发票，则包装物押金构成青阳啤酒公司的销售收入。

应缴纳消费税＝10×250＝2 500(元)

应缴纳增值税＝2 770＋1 152.6÷(1＋13％)×13％＝2 902.6(元)

应缴纳增值税和消费税附加税＝(2 902.6＋2 500)×12％＝648.31(元)

税前利润＝29 000＋1 152.6÷(1＋13％)－2 500－648.31＝26 871.69(元)

应缴纳企业所得税＝26 871.69×25％＝6 717.92(元)

税后利润＝26 871.69×(1－25%)＝20 153.77(元)

方案二：收取包装物押金调整为1 107.4元

啤酒出厂价格＝29 000÷10＋1 107.4÷1.13÷10＝2 998(元/吨)

调整包装物租金，将啤酒出厂价格调整到小于3 000元/吨，适用乙类啤酒的消费税税率为220元/吨。

(1) 情形一，购货单位当月退还包装物。购货单位退还包装物，青阳啤酒公司要退还已收取的包装物押金，则包装物押金不构成青阳啤酒公司的销售收入。

应缴纳消费税＝10×220＝2 200(元)

应缴纳增值税、消费税附加税费＝(2 770＋2 200)×12%＝596.4(元)

税前利润＝29 000－2 200－596.4＝26 203.6(元)

应缴纳企业所得税＝26 203.6×25%＝6 550.9(元)

税后利润＝26 203.6×(1－25%)＝19 652.7(元)

(2) 情形二，假设购货单位没有根据协议约定退还随同产品出售的包装物。青阳啤酒公司按照协议没收已收取的包装物押金，则包装物押金构成青阳啤酒公司的销售收入。

应缴纳消费税＝10×220＝2 200(元)

应缴纳增值税＝2 770＋1 107.4÷(1＋13%)×13%＝2 897.4(元)

应缴纳增值税和消费税附加税费＝(2 897.4＋2 200)×12%＝611.69(元)

税前利润＝29 000＋1 107.4÷(1＋13%)－2 200－611.69＝27 168.31(元)

应缴纳企业所得税＝27 168.31×25%＝6 792.08(元)

税后利润＝27 168.31×75%＝20 376.23(元)

购货单位退还包装物的情况下，方案二比方案一少缴纳消费税300元(2 500－2 200)，税后利润增加252元(19 652.7－19 400.7)，所以应当选择方案二。与方案一相比，方案二的税后利润增加与少缴纳的消费税有关。少缴纳消费税，相对应地，企业城市维护建设税和教育费附加也会少缴纳，间接增加了企业应纳税所得额和税后利润。本例中，少缴纳消费税和消费税附加税费合计金额为336元[300×(1＋12%)]，增加了应纳税所得额336元，多缴纳企业所得税84元(336×25%)，因而增加了税后利润252元(336×75%)。

购货单位不退还包装物的情况下，方案二比方案一少缴纳消费税300元(2 500－2 200)，少缴纳增值税5.2元(2 902.6－2 897.4)，少缴纳增值税附加税费0.62元(5.2×12%)，增加了税后利润222.46元(20 376.23－20 153.77)，所以应当选择方案二。与方案一相比，方案二的税后利润增加与少缴纳的消费税、增值税以及少收的押金有关。少缴纳消费税和增值税，导致企业少缴纳城市维护建设税和教育费附加，增加了应纳税所得额和税后利润，同时没收押金金额的减少使得收入少确认，减少了应纳税所得额和税后利润。本例中，少缴纳消费税和消费税附加税费合计336元[300×(1＋12%)]，增加了应纳税所得额336元，多交企业所得税84元(336×25%)，增加了税后利润252元(336×75%)；少缴纳增值税5.2元(2 902.6－2 897.4)，少缴纳增值税税附加税费0.62元(5.2×12%)，增加了应纳税所得额0.62元，多交企业所得税0.16元(0.62×25%)，增加了税后利润0.46元(0.62×75%)；少收取的包装物押金45.2元(1 152.6－1 107.4)，少确认了企业的不含税收入40元

[45.2÷(1+13%)]，少缴纳企业所得税税额 10 元（40×25%），减少了税后利润 30 元（40×75%）。上述因素的影响，合计增加净利润为 222.46 元（252＋0.46－30）。

总体而言，包装物押金对从量定额征收消费税的啤酒生产企业存在影响，包装物押金金额的大小，直接影响销售啤酒单位出厂价格从而影响啤酒缴纳消费税的单位数额，进一步影响企业的消费税应纳税额和税后利润。包装物押金的调整成为啤酒企业大量使用的税收筹划方法，这种方法虽然导致企业节约大量税款，实际上也导致国家税收的流失。

二、按小规模纳税人纳税的个体工商户等增值税起征点的税收筹划

纳税人销售额未达到国务院财政、税务主管部门规定的增值税起征点的，免征增值税；达到起征点的，依照规定全额计算缴纳增值税。增值税起征点仅适用按照小规模纳税人纳税的个体工商户和其他个人，不适用于认定为一般纳税人的个体工商户。小规模纳税人应充分利用增值税起征点的优惠政策，避免多缴纳增值税。

（一）纳税申报期的税收筹划

按固定期限纳税的小规模纳税人可以选择 1 个月或按照 1 个季度为纳税期限，一经选择，一个会计年度内不得变更。小规模纳税人按月申报增值税和按季申报增值税的起征点不同，为小规模纳税人提供了税收筹划的空间。

根据《国家税务总局关于小规模纳税人免征增值税征管问题的公告》（国税公告〔2021〕5 号）等文件的规定，自 2021 年 4 月 1 日起，小规模纳税人发生增值税应税销售行为，合计月销售额未超过 15 万元的，以 1 个季度为 1 个纳税期的，季度销售额未超过 45 万元的，免征增值税。

🎯 案例 6-27

个体工商户王德明经营装修材料店，为小规模纳税人，增值税征收率为 1%。2021 年12 月，王德明预计 2022 年 1～3 月店铺的不含税销售额分别是 16 万元、10 万元和 18 万元。请为王德明的增值税纳税申报事项进行税收筹划。

【解析】

方案一：按月申报纳税

2022 年 1 月和 3 月的销售额均超过 15 万元，需要缴纳增值税，2 月的销售额在免税标准范围内，可以享受免税政策。

则 2022 年 1～3 月应缴纳增值税合计＝（16＋18）×1%＝0.34（万元）

方案二：按季申报纳税

2022 年第一季度销售额＝16＋10＋18＝44（万元）

第一季度的销售额在免税标准范围内，未超过 45 万元。因此，1～3 月全部能够享受免税政策，无需缴纳增值税。

方案二比方案一少缴纳增值税 0.34 万元（0.34－0），所以选择方案二，按季申报增值税。

案例 6-28

个体工商户陈琳经营装修材料店,为小规模纳税人,增值税征收率为1%。在2021年12月月底,陈琳预计2022年1~3月店铺的销售额分别是15万元、12万元和20万元。请为她的增值税纳税申报事项进行税收筹划。

【解析】

方案一:按月申报纳税

2022年1月和2月的销售额均在免税标准范围内,能够享受免征增值税政策;3月需要缴纳增值税。

2022年1~3月应缴纳增值税合计$=20\times1\%=0.2$(万元)

方案二:按季申报纳税

第一季度销售额$=15+12+20=47$(万元)

第一季度的销售额超过45万元的免税标准,因此,47万元应全额缴纳增值税,无法享受免税政策。

2022年第一季度应缴纳增值税合计$=47\times1\%=0.47$(万元)

方案一比方案二少缴纳增值税0.27万元(0.47-0.2),所以选择方案一,按月申报增值税。

案例 6-29

个体工商户陈琳经营装修材料店,为小规模纳税人,增值税征收率为1%。增值税按月申报,在2021年12月底,陈琳预计2022年1月店铺的货物销售额将会达到40万元,2月提供建筑服务将取得收入10万元,同时向其他建筑企业支付分包款12万元,3月销售非自建不动产不含税额100万元,不动产预缴征收率为5%,不动产所在地和经营地一致。请为她的增值税纳税申报事项进行税收筹划。

【解析】

方案一:按月申报纳税

2022年2月销售额未超过月销售额15万元的免税标准,能够享受免征增值税政策;1月的销售额超过月销售额15万元的免税标准,需要缴纳增值税额。

2022年1~3月应缴纳增值税(货物)合计$=(40-12)\times1\%=0.28$(万元)

不动产的销售额依法纳税,向所在地税务机关预缴增值税,另行申报。

不动产预缴增值税税额$=100\times5\%=5$(万元)

方案二:按季申报纳税

2022年第一季度应税销售额(货物)$=10+(40-12)=38$(万元)

2022年第一季度销售额38万元不超过45万元,可以享受小规模纳税人增值税免税政策。

不动产的销售额依法纳税,向所在地税务机关预缴增值税,另行申报。

不动产预缴增值税税额$=100\times5\%=5$(万元)

方案一比方案二货物的销售多缴纳增值税0.28万元,所以选择方案二,按季申报增值税更合算。

但是,由于增值税小规模纳税人的纳税期限(按月或按季)不能随便调整。增值税小规模纳税人的纳税期限一经确定,年度内不得调整。如需调整纳税期限,应在每年12月份向主管税务机关提出申请,主管税务机关在每年12月底前进行调整,从次年度1月1日起正式实行。个体工商户陈琳应综合考虑经营情况,决定是否要向主管税务机关提出申请变更纳税申报期限。

此外,关于不动产的纳税申报:一是纳税人选择按月纳税,销售不动产销售额超过月销售额15万元免税标准则应在不动产所在地预缴税款;二是该纳税人选择按季纳税,销售不动产销售额未超过季度销售额45万元的免税标准,则无须在不动产所在地预缴税款。

(二) 销售额的税收筹划

小规模纳税人增值税按月申报的起征点为不含税销售额15万元,按季申报的起征点为不含税销售额45万元,为了避免多交增值税,要关注销售额起征点的临界值。

假设小规模纳税人的月度含税销售额为 X,R 为不含税销售额,增值税征收率1%,则 $R = X \div (1 + 1\%)$。当 $R = 150\,000$ 时,$X = 151\,500$,即含税销售额 X 为 $151\,500$ 时,无需缴纳增值税。

当月度含税销售额在151 500元以下时,由于不超过月度免征增值税销售额的临界点,则不用缴纳增值税,因此收入越多越好;当月度含税销售额大于151 500时,要考虑应负担的税收情况,缴纳增值税就会产生增值税附加税费,即城市维护建设税、教育费附加、地方教育附加,三者的税率之和为12%,会增加至少0.12%(1%×12%)的税收成本。税后收益计算如下:

$$应缴纳增值税 = \frac{X}{(1 + 1\%)} \times 1\%$$

$$增值税附加税 = \frac{X}{(1 + 1\%)} \times 1\% \times 12\%$$

$$税后收益 = X - \frac{X}{(1 + 1\%)} \times 1\% - \frac{X}{(1 + 1\%)} \times 1\% \times 12$$

由于月度含税销售额超过151 500元要全额征收增值税及附加税,存在节税点问题,因此需要计算月销售额为多少时会使其税后收益与取得151 500元含税销售额的免税收益相等。设税后收益相等时的含税销售额为 X:

$$X - \frac{X}{(1 + 1\%)} \times 1\% - \frac{X}{(1 + 1\%)} \times 1\% \times 12\% = 150\,000$$

$$X \approx 151\,682$$

这表明当小规模纳税人的月度含税销售额等于151 682元时,其税后收益为150 000元。小规模纳税人月度税后收益的平衡点为151 682元。因此可以得出以下结论:

(1) 月度含税销售额落在区间(151 500, 151 682)时,其净收益小于150 000元,应当将月度含税销售额降到151 500元。

（2）月度含税销售额等于 151 682 元时，其净收益等于 150 000 元，即含税销售额 151 682元为税后收益的平衡点。

（3）月度含税销售额落在区间(151 682，∞)时，其净收益大于 150 000 元，含税销售越大，税后收益越大。

同样，按季申报的起征点为 45 万元，即 $M \div (1+1\%) = 450\,000$，$M = 454\,500$，说明季度含税销售额为 454 500 时无需缴纳增值税。此时，

$$M - \frac{M}{(1+1\%)} \times 1\% - \frac{M}{(1+1\%)} \times 1\% \times 12\% = 450\,000$$

则 $M \approx 455\,046$

即小规模纳税人季度税后收益的平衡点为 455 046 元。

案例 6-30

明城咨询公司是小规模纳税人，增值税征收率为 1%。预计第一季度含税销售额为 455 000元。若该公司按季度申报纳税，请帮助该公司进项纳税筹划节约增值税的缴纳。

【解析】

季度含税销售额为 455 000 元落在区间(454 500，455 046)之外时，其净收益小于 450 000元，应当将月度含税销售额降到 454 500 元。以下进行验证。

方案一：季度含税销售额为 455 000 元

不含税销售额＝455 000÷(1+1%)＝453 495.05(元)

不含税销售额超过起征点 450 000 元，需要缴纳增值税。

应缴纳增值税＝453 495.05×1%＝4 504.95(元)

增值税附加税＝4 504.95×12%＝540.59(元)

税后收益＝455 000－4 504.95－540.59＝449 954.46(元)

当季度含税销售额为 455 000 元时，企业实际的税后收益小于 450 000 元。

方案二：季度含税销售额降为 454 500 元

不含税销售额＝454 500÷(1+1%)＝450 000(元)

季度含税销售额没有超过季度增值税起征点 450 000 元，所以免征增值税。

税后收益＝不含税销售额＝454 500(元)

与方案一相比，方案二少缴纳增值税 4 504.95 元，少缴纳增值税附加税 544.16 元，税后收益增加 4 545.54 元(454 500－449 954.46)，所以选择方案二，季度含税销售额降为 454 500 元。

第七章

中小企业利润分配环节的税收筹划

利润分配是指企业按照国家规定的政策和比例,对在一定时期内实现的净利润在企业和投资者之间按照有关规定的顺序进行合理分配的过程。利润分配环节的经济业务涉及的主要税种是企业所得税和个人所得税,涉及增值税及其附加税费的事项较少。企业的利润分配策略影响企业或股东的税收负担,利润分配环节的税收筹划对于企业或股东的税负意义重大。

第一节 利润分配环节的税收筹划概述

一、利润分配顺序

企业在利润分配时既要"以丰补歉"给企业自身留有余地,为后续生产经营做好资金的储备,又要给予投资者回报,平衡各会计年度的投资回报水平,处理好企业和投资者之间的经济关系。根据《中华人民共和国公司法》第 166 条、《企业财务通则》第 50 条和《企业所得税法》第 18 条等有关法律法规的规定,企业当年实现的净利润一般应当按照如下顺序进行分配。

1. 承担被没收的财物损失,支付各项税收滞纳金和罚款

企业因违反各项法规而被没收的财物损失和因违反税法被税务机关处以滞纳金和罚金,这些支出与企业发生的一般成本费用支出项目不同。按照《企业会计准则》的规定,被没收的财物损失、税收滞纳金和罚款等项目是利润总额前的扣除项目,是在税前列支的项目。但是这些项目是企业所得税法中规定的不予税前扣除的项目,在计算应纳税所得额时,企业承担的被没收的财物损失和税收滞纳金和罚款要被作为纳税调整增加项进行处理,实质上是税后利润列支项目,影响的是企业净利润,作为净利润的扣除项目,不具备抵税的作用。因此,被没收的财物损失,支付各项税收滞纳金和罚款作为利润分配的第一个步骤。

2. 弥补企业以前年度的亏损

一般情况下,企业发生的亏损,如果未能在 5 年内用税前利润进行弥补,就只能用税后利润弥补。即企业的税后利润用于弥补以前年度亏损的部分,也不会影响到企业的应纳税所得额。

3. 提取法定盈余公积

盈余公积是企业按照一定比例从税后利润中提取的,用于企业发展和积累的资金,包括法定盈余公积和任意盈余公积。

公司制企业法定盈余公积按照净利润 10% 的比例提取,非公司制企业法定盈余公积的提取比例可超过净利润的 10%。法定盈余公积累计额达到公司注册资本的 50% 时,可以不再提取。

值得注意的是,如果以前年度未分配利润有盈余(即年初未分配利润余额为正数),在计算提取法定盈余公积的基数时,不应包括企业年初未分配利润;如果以前年度有亏损(即年初未分配利润余额为负数),应先弥补以前年度亏损再提取盈余公积。一般情况下,企业以前年度的未分配利润,可以并入本年度向股东分配。但若公司用盈余公积补亏后,为了维护企业形象和信誉,经股东大会特别决议,也可以用盈余公积分派现金股利,但必须确保留存的法定盈余公积不得低于企业注册资本的 25%。企业在提取法定盈余公积前,不得向股东分配利润。

4. 提取任意盈余公积

公司制企业可根据股东会或股东大会的决议,在提取法定盈余公积后提取任意盈余公积。非公司制企业经类似权力机构批准,也可提取任意盈余公积。

法定盈余公积和任意盈余公积的区别在于其各自计提的依据不同,前者以国家的法律法规为依据,后者由企业的权力机构自行决定。

5. 向投资者分配利润或股利

企业弥补亏损和提取盈余公积后的剩余利润,有限责任公司按照股东的出资比例向股东分配利润;股份有限公司按照股东持有股份比例分配股利。非公司制企业则按照投资者投资比例分配利润。

一般而言,作为法人企业的股东,从被投资企业分回的利润(股利),应缴纳企业所得税,符合免税条件的除外。作为个人投资者或者合伙人即合伙企业,从被投资企业分回的利润(股利),构成个人收入,按照个人所得税法的规定应当申报缴纳个人所得税。

二、利润分配环节的税收筹划

企业在决定利润分配政策时,应当尽量选择能够合法降低法人股东和个人股东的税收负担的利润分配方案。

(一) 充分利用税收优惠政策来降低企业所得税税负

利润分配的主要基数来自于企业所属会计期间的净利润,净利润是利润总额与所得税费用的差额。企业当期所得税费用是应纳税所得额与企业所得税税率的乘积,因此企业利润分配时,要关注应纳税所得额。应纳税所得额是企业每一个纳税年度的收入总额减除补征税收入、免税收入、各项扣除以及允许弥补的以前年度亏损后的余额。应纳税所得额的正确计算直接关系到国家财政收入,关系到企业的税收负担。应纳税所得额的计算必须符合《企业所得税法》及其实施条例的规定,具有很强的刚性。应纳税所得额的计算也可以用间接法,即以按照企业准则计算的利润总额为基础,加上纳税调整增加额减去纳税调整减少额计算而得。通过合理安排,让企业充分享受企业所得税的各项税收优惠政策,比如税前弥补亏损等政策,尽可能减少应纳税所得额,才能达到税收筹划的目的。

1. 尽量利用税前利润弥补以前年度亏损

纳税人发生年度亏损的,可以用下一个纳税年度的税前利润弥补,下一个年度的税前利润仍不足弥补的,可以在规定的延续弥补期内逐年延续弥补。企业最大限度地增加税前利润,用税前利润弥补以前年度亏损,可以达到降税的目的。企业在选择资产计价和摊销方法、费用列支范围和列支标准以及其他会计处理方法时,应尽量少列支税前扣除项目和扣除金额,尽量提前确认营业收入取得的时间。企业如果用税后利润弥补亏损,则没有真正起到降税效果。

2. 减免税年度增加税前利润

在享受减免税优惠政策的纳税年度里,特别是减免税优惠结束前的最后一年的纳税年度里,企业应在不违反税法和企业会计准则的前提下,选择合理的会计处理方法,尽量在该年度里将列支的成本费用损失降至最低限度,从而增加税前利润,才能减轻企业未来所得税税负。例如,企业在减免税优惠期内领用低值易耗品时,通常选择分期摊销法而不采用一次摊销法。因为分期摊销法下,低值易耗品价值的一部分会分摊到正常的纳税年度,可以降低企业未来正常纳税年度的应纳税所得额。

3. 推迟实现营业收入的年度

对于一些特殊项目,推迟收入实现的年度,可以充分享受税收优惠。例如,根据《企业所得税法》第 27 条和《企业所得税法实施条例》第 80 条规定,中小企业从事国家重点扶持的公共基础设施项目投资经营的所得,自项目取得第一笔生产经营收入所属纳税年度起,第 1 ～第 3 年免征企业所得税,第 4 ～第 6 年减半征收企业所得税。国家重点扶持的公共基础设施项目是指《公共基础设施项目企业所得税优惠目录(2008 版)》(财税〔2008〕116 号)规定的港口码头、机场、铁路、公路、城市公共交通、电力、水利等项目。当中小企业从事这类行业,可享受到定期优惠的项目建设时,应尽量推迟第一笔经营收入取得的时间。

(二)股利分配环节的税收筹划

经过所得税前弥补亏损和缴纳企业所得税后,按规定顺序进行的净利润分配政策与企业自身的所得税税负已经不相关,但是利润分配政策会影响到企业股东的税收负担。因此,企业应对净利润的分配进行合法合理的税收筹划,利润分配环节税收筹划主要包括弥补亏损的税收筹划、股利分配时机的税收筹划、追加投资而不直接分配股息延期纳税的税收筹划以及股利形式的税收筹划。

第二节　弥补亏损的税收筹划

一、弥补亏损的概述

(一)弥补亏损的含义

税法意义上的亏损是指应纳税所得额小于 0 时的情形,表示企业在一定时期的经营成果。应纳税所得额是企业依照《企业所得税法》及其实施条例的规定,将每一纳税年度的收入总额减除不征税收入、免税收入和各项扣除后小于零的数额,即应纳税所得额为负数时的状态。它也可以在《企业会计准则》下,按照会计核算得到的会计利润按照税法规定的进行纳税调整计算后的数据。因此,它既不是资产负债表中的未分配利润项目中列示的负数,也不是利润表中的利润总额项目中列示的负数。应纳税所得额不是利用成本推算和多列支费用而虚报出来的,如果这样的话企业不但要补缴企业所得税,还要缴纳税收滞纳金并接受相应的处罚。

企业所得税法中的亏损弥补是指以当年应纳税所得额为正数的金额去抵减以前年度的亏损(负数)金额,进而计算当年应纳税所得额的过程。如果计算出的差额是正数,则以差额为依据计算并交纳当年应缴纳企业所得税;如果差额是负数,表明亏损仍需要以后年度税前利润或税后利润继续弥补,当年无需交纳应缴纳企业所得税。税法充分考虑了企业暂时的困境,允许企业用下一个纳税年度的应纳税所得额弥补本年度的亏损,在税收层面实施帮助。与此同时,此规定也为纳税人提供了税收筹划的空间,即纳税人可以通过对本企业投资和收益的控制充分利用亏损弥补的规定,尽可能地进行亏损弥补。

需要注意的是,弥补亏损的前提是企业应当正确地向税务机关申报应纳税所得额。

(二) 弥补亏损的税法政策规定

税法规定,企业某一纳税年度发生的亏损可以用下一年度的所得弥补,下一年度的所得不足以弥补的,可以逐年延续弥补,但最长不得超过 5 年。而且,企业在汇总计算缴纳企业所得税时,其境外营业机构的亏损不得抵减境内营业机构的盈利。

亏损弥补期限包括三层含义,一是弥补亏损年限是从亏损年度的下一年度起不间断地连续计算,5 年中无论是盈利还是亏损,都作为实际弥补期限计算;二是连续发生亏损的,从第一个亏损年度起计算弥补期限,先亏先补,按顺序连续计算亏损弥补期,不能将每个亏损年度的连续弥补期相加,不可以间断计算;三是若在规定的弥补期(如 5 年)未弥补完,则不能再用以后年度的应纳税所得额弥补。

企业从开始生产经营的年度起开始计算企业损益的年度。企业从事生产经营之前进行筹办活动期间发生筹办费用支出,不得计算为当期的亏损。企业可以在开始经营之日的当年一次性扣除筹办费用,也可以按照税法有关长期待摊费用的处理规定处理,但一经选定,不得改变。

税务机关对企业以前年度纳税情况进行检查时调增的应纳税所得额可以弥补亏损。凡企业以前年度发生亏损,且该亏损属于《企业所得税法》规定允许弥补的,调增的应纳税所得额弥补该亏损后仍有余额的,应按照《企业所得税法》规定计算缴纳企业所得税。对检查调增的应纳税所得额应根据其情节,依照《中华人民共和国税收征收管理法》有关规定进行处理或处罚。

不是所有的企业亏损的弥补期限都是 5 年,以下是弥补亏损的具体税法政策规定,要关注每条政策适用的条件。

(1) 自 2018 年 1 月 1 日起,当年具备高新技术企业或科技型中小企业资格(以下简称资格)的企业,其具备资格之前5个年度发生的尚未弥补完的亏损,准予结转以后年度弥补、最长结转年限由5年延长至10年。

(2) 自2020年1月1日起,国家鼓励的线宽小于130纳米(含)的集成电路生产企业,属于国家鼓励的集成电路生产企业清单年度之前5个纳税年度发生的尚未弥补完的亏损,准予向以后年度结转,总结转年限最长不得超过10年。国家鼓励的集成电路生产企业或项目清单由国家发展改革委员会、工业和信息化部会同财政部、国家税务总局等相关部门制定。

(3) 受疫情影响较大的困难行业企业2020年度发生的亏损,最长结转年限由5年延长至8年。

困难行业企业,包括交通运输、餐饮、住宿、旅游(指旅行社及相关服务、游览景区管理两类)四大类行业的企业,具体判断标准按照现行《国民经济行业分类》执行。困难行业企业2020年度主营业务收入须占收入总额(剔除不征税收入和投资收益)的50%以上。受疫情影响较大的困难行业企业按照规定适用延长亏损结转年限政策的,应当在2020年度企业所得税汇算清缴时,通过电子税务局提交《适用延长亏损结转年限政策声明》。

(4) 对电影行业企业2020年度发生的亏损,最长结转年限由5年延长至8年。电影行业企业限于电影制作、发行和放映等企业,不包括通过互联网、电信网、广播电视网等信息网络传播电影的企业。

(5) 根据《企业资产损失所得税税前扣除管理办法》(国税公告〔2011〕25号)第6条规定,企业以前年度发生的资产损失未能在当年税前扣除的,可以按照《企业资产损失所得税税前扣除管理办法》的规定,向税务机关说明并进行专项申报扣除。其中,属于实际资产损失,准予追补至该项损失发生年度扣除,其追补确认期限一般不得超过5年,但因计划经济体制转轨过程中遗留的资产损失、企业重组上市过程中因权属不清出现争议而未能及时扣除的资产损失、因承担国家政策性任务而形成的资产损失以及政策定性不明确而形成资产损失等特殊原因形成的资产损失,其追补确认期限经国家税务总局批准后可适当延长。属于法定资产损失,应在申报年度扣除。

企业因以前年度实际资产损失未在税前扣除而多缴的企业所得税税款,可在追补确认年度企业所得税应纳税款中予以抵扣,不足抵扣的,向以后年度递延抵扣。企业实际资产损失发生年度扣除追补确认的损失后出现亏损的,应先调整资产损失发生年度的亏损额再按弥补亏损的原则计算以后年度多缴的企业所得税税款,并按上述办法进行税务处理。

(三) 弥补亏损的税收筹划原则

1. 亏损弥补有效期内合法扩大应纳税所得额

如果企业已经没有需要弥补的亏损或者企业在组建的初期,预计未来几年可能发生亏损的,从税收筹划的角度讲,应当尽可能地先安排企业的亏损,再安排企业的盈利。如果某年度发生了亏损,企业应当尽可能使相邻的纳税年度获得较多的利润,即尽可能早地将亏损予以弥补。

2. 避免用免税所得项目弥补亏损

弥补亏损尽量用非免税项目弥补亏损,避免用免税所得项目弥补亏损。用免税所得项目弥补亏损,没有真正实现税收收益。

二、弥补亏损的税收筹划案例

(一)亏损弥补有效期内合法扩大应纳税所得额原则的运用

🎯 **案例7-1** ▬▬▬▬▬▬▬▬▬

居民企业光华公司成立于2021年1月,预计2021年亏损1 000万元,2022年亏损200万元,2023年开始盈利,2023年至2027年度应纳税所得额合计数为2 200万元,具体分布见表7-1。该公司适用的企业所得税税率为25%,税前利润的弥补亏损期限为5年,试对该公司弥补亏损业务进行税收筹划。

表7-1　2021—2027年应纳税所得额　　　　　单位:万元

年　度	2021	2022	2023	2024	2025	2026	2027
应纳税所得额	−1 000	−200	50	150	200	300	1 500

【解析】

方案一:按照表中的方式进行亏损弥补

2021年的税前利润亏损弥补期限截止2026年,2022—2026年中连续5年的应纳税所得额的合计数弥补2021年的亏损,2023—2026年的应纳税所得额的合计数700万元(50+150+200+300)全部用来弥补2021年的亏损额1 000万元,遵循先亏先弥补的原则,2022年的亏损暂时未被弥补。2023—2026年的应纳税所得额无需缴纳企业所得税。

2021年尚未弥补的亏损余额为300万元(1 000−700)。该亏损不可以用2027年的应纳税所得额来弥补,只能用2027年的税后利润弥补。

2022年亏损的弥补期限截止2027年。但是2023年的税前利润按照“先亏先补”的原则,全部弥补了2021年的亏损。2027年的应纳税所得额弥补2022年200万元亏损后,余额应缴纳企业所得税。

2027年应缴纳企业所得税=(1 500−200)×25%=325(万元)

2027年税后利润=(1 500−200)×75%=975(万元)

2027年税后利润975万元,可以弥补2021年的未弥补完的亏损300万元。

2027年可供分配利润=975−300=675(万元)

方案二:2026年度合理提前确认收入300万元或合理推迟确认费用300万元

在2026年,2021年尚有未弥补的亏损为600万元(1 000−50−150−200),预计2026年应纳税所得额为300万元,因此该企业应在2026年下半年作出适当安排,可采用的办法如下。

第一,尽量加大2026年度的收入300万元。例如,预计有些可能在2027年才实现的销售项目,可以通过与客户协商,将其提前到2026年,这样实际上将2027年的部分收入提前到2026年实现,增加了2026年的收入,增加了2026年的利润或应纳税所得额。

第二,将2026年成本费用300万元合法合理推迟到2027年确认,在2027年进行费用确认核算,这样可以增加 2026 年的应纳税所得额 300 万元。如果采用上述办法之一将 2026 年的应纳税所得额提高至 600 万元,在法定的弥补有效期限内,2026 年的税前利润全部弥补完 2021 年的亏损。因此,作出以下税收筹划的方案:2026 年提前确认收入 300 万元或者将 2026 年的支出 300 万元推迟到 2027 年发生,则 2026 年的税前利润由 300 万元提高到 600 万元,2027 年的税前利润 1 500 万元下降到为 1 200 万元。公司可按照表 7-2 中的方式弥补亏损。

表 7-2　2021—2027 年应纳税所得额　　　　　　　　　单位:万元

年　度	2021	2022	2023	2024	2025	2026	2027
本年度应纳税所得额	−1 000	−200	50	150	200	600	1 200

据表 7-2,2021 年的税前利润亏损弥补期限截止 2026 年,2023—2026 年的应纳税所得额的合计数 1 000 万元(50+150+200+600),正好弥补完 2021 年的亏损,2023—2026 年充分享受到税前利润弥补亏损的税收优惠,无需缴纳企业所得税。

2022 年的税前利润亏损弥补期限截止 2027 年,提前确认的应纳税所得额在 2026 年确认的 300 万元享受到因弥补亏损不用交纳企业所得税的税收优惠。

2027 年缴纳企业所得税=(1 200−200)×25%=250(万元)

2027 年税后利润=(1 200−200)×75%=750(万元)

计算得出 2027 年可供分配利润为 750 万元。

与方案一相比较,方案二在 2027 年少缴纳的企业所得税 75 万元(325−250)。少缴纳的企业所得税是充分利用税前利润弥补亏损的税收政策进行纳税筹划的结果,提前确认前期收入或延迟确认费用,扩大了计提所得税的税基 300 万元,使得企业少缴纳的企业所得税 75 万元,即少确认利润 300 万元与税率 25% 的乘积。因此,选择方案二进行税收筹划。

在实际生产经营中,有些时候,企业相邻年度的盈利与亏损是可以进行调整的,从税收筹划的角度看,这种调整就可以帮助企业对前期亏损实现充分弥补。[案例 7-1]在符合税法规定的政策范围内,2026 年提前确认收入 300 万元或将 2026 年的费用 300 万元推迟到 2027 年发生,2027 年也享受到亏损弥补的税收减负,延长了税前利润补亏优惠政策的期限。

(二)避免用免税所得项目弥补以前年度亏损原则的运用

税法允许用有效期限内的税前利润弥补企业发生的年度亏损,但是,这个有效期限是有截止期限的,企业应多争取税前利润来弥补亏损,在亏损延续弥补期限内合法合理少列支前扣除项目和扣除金额,在延续弥补期限到期前,避免用免税所得项目弥补以前年度亏损,从而延长税前利润补亏这一优惠政策的期限。

需要注意的是,股息、红利收入免税所得项目属于事后备案事项,还需企业到主管税务机关备案方能享受免税优惠。

🎯 案例 7-2 ━━━━━━━━━━━━━━━━━━━━

居民企业明华公司于 2018 年 3 月准备以设备和银行存款投资达明公司,投资额占达明公司股本总额的 75%。明华公司是一家高新技术企业,2021 年由于疫情等原因,出现了产品滞销情况,预计亏损 300 万元。2021 年达明公司经营业绩很好,可供分配的利润为 2 000 万元,按照投资比例,明华公司可分得利润 1 500 万元。明华公司和达明公司的企业所得税税率分别为 15% 和 25%。现有以下两个方案可供选择:

方案一,2021 年,达明公司分配股利 2 000 万元;

方案二,2021 年,达明公司决定暂不分配股利 2 000 万元。

企业该如何选择?

【解析】

方案一:2021 年,达明公司决定分配利润 2 000 万元

明华公司以直接投资方式投资达明公司,并且投资期限已经超过 1 年,明华公司从达明公司分回的 1 500 万元股利,属于符合条件的居民企业之间的股息、红利等权益性投资收益,是税法规定的免税所得项目,无须缴纳企业所得税。该权益性投资收益可以弥补当年亏损。弥补完的亏损无需缴纳企业所得税。

2021 年明华公司弥补完的亏损后的利润额＝1 500－300＝1 200(万元)

方案二:2021 年,达明公司决定暂不分配股利 2 000 万元

如果 2021 年达明公司保留税后利润暂不分配,那么明华公司 2021 年度待弥补的亏损为 300 万元,可以用以后年度有生产经营的税前利润(所得税应税项目)弥补亏损,由于明华公司取得达明公司的控股权,可以决定利润分配的时间。在明华公司用自身的生产经营应税所得弥补完亏损后或弥补期过后再分回 1 500 万元的权益性投资收益,此项免税所得项目就可以真正享受免税收入的税收优惠。相对而言,明华公司可以节约税负 22.5 万元(150×15%)。

如果 2022 年明华公司盈利在 300 万元以上,则企业可以用当年度经营的应税所得 300 万元弥补全部亏损,此时分回 1 500 万元投资收益无需弥补亏损,这时明华公司才真正获得免税的实际收益。

本例中,投资企业明华公司与被投资企业达明公司的企业所得税尽管存在税率差,但是达明公司不需要再缴纳企业所得税,因为明华公司从达明公司分回的股利,达明公司已经缴纳过企业所得税。

鉴于股息红利是税后利润分配形成的,对居民企业之间的股息红利收入免征企业所得税,这是国际上消除法律性双重征税的通行做法,我国企业所得税法也采取了这一做法。我国《企业所得税法》第 26 条规定,符合条件的居民企业之间的股息、红利等权益性投资收益,为免税收入。《企业所得税法实施条例》第 83 条中规定的符合条件的居民企业之间的股息、红利等权益性投资收益,是指居民企业直接投资于其他居民企业取得的投资收益,不包括连续持有居民企业公开发行并上市流通的股票不足 12 个月取得的投资收益。居民企业应符合的条件有:

(1) 该投资为权益性直接投资,鼓励企业进行直接投资,参与生产经营,如果投资的是上市公司公开发行流通的股票,需连续持有 12 个月以上,不鼓励投机行为。

(2) 被投资方为居民企业。同时,为更好体现税收优惠意图,保证企业投资充分享受到西部大开发、高新技术企业、微型企业等实行低税率的好处,《国家税务总局关于印发〈新企业所得税法精神宣传提纲〉的通知》(国税函〔2008〕159 号)第 24 条已经明确居民企业之间的股息红利收入不再要求补税率差。

第三节　股利分配的税收筹划

一、股利分配的定义及税收筹划主要方法

(一) 股利的内涵

股利是公司将盈余按照股东的持股比例分配给股东的收益。股利是股息和红利的总称,股息基本是固定的,但红利的数额还要看公司的盈利状况。在年终结算之后,股份有限公司通常会根据股东出资比例或者持股比例,以事先确定好的固定比例把盈利作为股息分配给股东。股息发放之后,公司会根据自身盈利的状况,再将剩余利润作为红利分配出去。如果公司盈利不佳,可以少分甚至不分红。

关于上市公司股利的发放有四个重要的日期,分别是宣告日、除息日、股权登记日和股利发放日。宣告日是公司董事会宣布股利发放时间的日期。股权登记日为股东在某一天进行股权登记的日期,这一天是公司统计和确认参加本期股利分配的股东的日期,在此日期持有公司股票的股东方能享受股利发放。这主要是因为股票的自由交易流通性,持有股票的股东在不断变化,公司需要确定某一期间的股利应该发放的对象。除息日又称除息除权日,通常为股权登记日之后的 1 个工作日,本日之后(含本日)买入的股票不再享有本期股利。对于投资者至关重要,除息是指证券不再含有最近已宣布发放的股息(现金股利),除权是指证券不再含有最近已宣布的送股、配股及转增权益。股利发放日是正式发放股利的日期。例如,某上市公司 3 月 15 日的宣布股利分配方案如下:如董事会通过决议,定于 4 月 16 日向 3 月 30 日登记在册的所有股东每 10 股发放 1.5 元的现金股利。根据该方案可以确定:3 月 15 日为股利宣告日,即公司董事会将分红派息的消息公布于众的时间;3 月 30 日为股权登记日,除息日为 3 月 31 日,投资者在 3 月 31 日当天以后购买的股票,已无权参加此期的股息红利分配。4 月 16 日为股利支付日。根据证券存管和资金划转的效率不同,通常会在几个工作日之内到达股东账户。

(二) 股利分配方案

股利分配是指企业向股东分派股利,是企业利润分配的一部分。股利分配在公司的经营中起着非常重要的作用,关系到公司未来的发展。公司董事会负责制定具体的股利分配方案,股利的派发权属于股东大会,股利分配方案经过股东大会的认可后就可以执行。股利分配方案包括股利支付程序中各日期的确定、股利支付比率的确定、支付现金股利所需资金的筹集方式的确定等。公司管理层在制定股利分配方案时,要遵循一定的原则,并充分考虑

影响股利分配政策的相关因素与市场反应,使公司的收益分配规范化。合理的股利分配方案能在一定程度上反映出公司的经营状况,所以对于市场来说,它也是一种有效的信息传递工具。因此研究股利分配方案是投资者了解一家公司投资价值的有效途径。

常见的股利分配政策有剩余股利政策、固定股利支付率政策、稳定性股利政策和低正常股利加额外股利政策等。

(三) 股利分配的支付方式

目前我国的股利支付的类型通常有现金股利、股票股利和财产股利三种。

1. 现金股利

现金股利是以现金形式(货币形式)发放的股利,俗称"派现",现金股利是股利支付的主要方式。公司支付现金股利除了要有累积盈余(特殊情况下可用弥补亏损后的盈余公积金支付)外,还要有足够的现金。

2. 股票股利

股票股利是公司以发放的股票作为股利的支付方式,股票股利被称为"送红股",是股份公司以增发的本公司股票,代替现金向股东发放的一种股利形式,在企业成长初期的公司,往往会多发股票股利而少发现金股利。

3. 财产股利

财产股利主要以用持有的其他企业的有价证券或实物的形式发放的股利作为股利分配给股东。

(四) 股利分配税收筹划的主要方法

1. 延期纳税的税收筹划

税后利润在企业与股东之间分配时,对公司股东分配的股利,如果不符合免税条件,股东为法人企业的,要合并计入其利润总额征收企业所得税;股东为合伙人或个人分得的股利要征收个人所得税。在这种情况下,企业如何使股东尽量减少税收负担呢?其可行的方式是延期分配股利或直接将股东(合伙人)应分得的股利转作投资,以获得延期纳税的好处。延期纳税相当于使纳税人获得了一笔长期无息贷款,实质上降低了所得税的实际课征率,实现了税收筹划的目的。

国内企业可以直接将股东(合伙人)应分得的股利转作投资,可以实现延期纳税。例如股份公司可以采取不直接分配股利,将股东应分到的股利进行折算追加到原股本中去,通过保留盈余提升股票价值增加股东的利益,实现股利分配的目的。与发放股利的常规做法相比,保留盈余的好处很多。一方面,由于没有从股份公司分得股息,股东个人或合伙人无须缴纳个人所得税(股利部分);另一方面,对于公司本身而言,既可以增强自身的资产实力,公司取得了再投资部分的优惠待遇,又减少了再次筹资的成本。

延期分配股利也适用于企业跨国的投资。由于各国企业所得税税率存在差异,当高税国企业向低税国家或地区投资时,通常需考虑补缴税款的时间问题。延期分配股利将产生延期纳税,延期纳税是指实行居民管辖权的国家对外国子公司取得的利润收入,在没有以股息等形式汇给母公司前,不对母公司就国外子公司应分的股息征税。征税行为可以推迟到母公司取得股息之时。跨国公司还可以设法使外国子公司将其税后利润长期积累,在公司内部不予分配,或有意识地降低应分配股息的比例,从而可以相应地推迟或减少股东向母国缴纳的税收,降低企业税负。

股份公司采取追加投资而不直接分配股息的办法,进行税收筹划的过程中,应当注意只有在投资者资金较充裕的情况下,此节税方法才适用。

2. 利用股利与资本利得的计税差异进行税收筹划

投资者从被投资企业获得的收益主要有股利(包括股息性所得)和股权转让所得。企业股权投资取得的股利与股权转让所得的税收政策存在差异。股利属于股息性所得,是投资方从被投资单位获得的税后利润,属于已征过税的税后利润,满足一定的条件原则上不再重复征收企业所得税。股权转让所得是投资企业处置股权的净收益,是企业处置股权投资时所获得的收入减除股权投资成本后的余额。股权转让所得作为资本利得应全额并入企业的应纳税所得额,缴纳企业所得税。

投资方可以充分利用上述政策差异进行税收筹划。例如,投资方打算将拥有的被投资企业的全部或部分股权对外转让,如果没有将被投资企业的税后利润进行分配,股权转让所得中包含的本应享受免税政策或部分纳税的股息性所得要全额缴纳企业所得税,产生股息性所得转化为资本利得纳税现象。因此,企业股权欲转让之前必须分配股利。对投资方来说,股利实现了不纳税或部分纳税,同时有效地避免股息性所得转化为资本利得,防止重复纳税。

一般情况下,被投资企业保留税后利润不分配,对被投资企业来说,不分配税后利润可以减少现金流出。如果被投资企业是母公司下属的全资子公司,可以考虑不分配股利。当投资企业准备转让股权时,应在转让之前将未分配利润进行分配。通过这样的筹划,一方面,对被投资方来说,不分配的股利相当于是一笔无息贷款,企业可以充分利用这部分资金,从而获得资金的时间价值;另一方面,对投资方来说,不但可以有效地避免股息所得转化为资本利得,出现被重复征税的现象,还可以达到少缴税款的目的。

3. 利用财产股利与现金股利的计税差异进行税收筹划

企业直接以财产形式发放股利,与出售财产后发放现金股利相比,当投资企业与被投资企业的税率差异较大时,财产股利可以利用转让定价转移一定的利润,从而达到较好的节税效果。

4. 利用股票股利和现金股利的计税差异进行税收筹划

当企业用相同金额的盈余或累计留存收益发放现金股利,现金股利和股票股利存在着一定的差别,现金股利按照发放的全额计税,而股票股利按照面值而非市值全额计税。需要注意的是,只有当股利需要纳税情况下,才存在现金股利和股票股利的差异。

二、股利分配的税收筹划案例

(一)延期纳税的税收筹划案例

将股东个人或合伙人应分得的股利转作投资,可以实现延迟纳税。在股利分配方案的选择时,企业也要利用科学的延期纳税方式进行税收筹划。

◎ **案例 7-3** ━━━━━━━━━━━━━━━━━━━━━━━━━━━━━━

成华公司为非上市股份公司,股份数为 8 000 万股,每股面值 1 元,分别为企业员工和高管持股,持股期限均超过 1 年。2021 年当年实现净利润为 5 000 万元,现有两个股利支付方案。2022 年,公司有新项目需要筹资 5 000 万元,资金成本为 8%。股利分配方案有以下两种:

方案一,采取固定股利支付率政策,每年的股利支付率为 30%;

方案二,采取稳定股利政策,每 10 股股利为 1 元。

从税负角度考虑,成华公司应该选择哪个股利支付方案?

【解析】

方案一:采取固定股利支付率政策

固定股利支付率方案的税负及成本的计算如下:

(1) 股东层面。

支付股利金额＝5 000×30%＝1 500(万元)

股东应缴纳个人所得税＝1 500×20%＝300(万元)

股东税后净收益＝1 000－300＝700(万元)

(2) 公司层面。

公司剩余未分配利润金额＝5 000－1 500＝3 500(万元)

新项目需再筹资金额＝5 000－3 500＝1 500(万元)

筹资成本＝1 500×8%＝120(万元)

由于债务融资利息支出可以抵减应纳税所得额,因此可以减少筹资的实际成本。

筹资的实际成本为＝120×(1－25%)＝90(万元)

在固定股利支付率方案下,

公司股利支付及筹资的实际成本＝1 500＋90＝1 590(万元)

方案二:采取稳定股利政策

稳定股利方案的税负及成本的计算如下:

(1) 股东层面。

股利支付金额＝8 000÷10×1＝800(万元)

股东应缴纳个人所得税＝800×20%＝160(万元)

股东税后净收益＝800－160＝640(万元)

(2) 公司层面。

公司剩余未分配利润金额＝5 000－800＝4 200(万元)

新项目需再筹资金额＝5 000－4 200＝800(万元)

筹资成本＝800×8%＝64(万元)

由于债务融资利息支出可以抵减应纳税所得额,减少企业所得税的缴纳,可以减少筹资的实际成本。

筹资的实际成本＝64×(1－25％)＝48(万元)

公司股利支付及筹资的实际成本＝800＋48＝848(万元)

方案二与方案一相比,节约支出742万元(1 590－848)。

由于节约的支出会提高当年未分配利润金额,将增加股东的税后收益。若这笔金额推迟到3个月后支付,当该期间贴现率为2.5％时,

股东增加的税后收益＝742×(1－20％)÷(1＋2.5％)－(1 500－800)×(1－20％)＝19.12(万元)

可见,方案二将获得延期纳税的好处。

(二)股利分配时机选择的税收筹划案例

案例7-4

光华公司于2013年3月8日以存货和银行存款投资于达明公司,投资额占达明公司(非上市公司)股本总额的70％。2021年,达明公司可供分配利润为3 000万元。经过了解,光华公司拟将其拥有的明达公司70％的股权全部转让给森德公司,转让价为6 000万元,股权的计税成本为3 500万元。光华公司的企业所得税税率为25％,达明公司是一高新技术企业,企业所得税税率为15％。

光华公司是否应该在达明公司股利分配前转让股权给森德公司,如何对光华公司的利润分配业务进行税收筹划?

【解析】

方案一:股利分配前转让股权

达明公司股利分配前转让股权给森德公司,光华公司应对股权转让所得全额交纳企业所得税。

股权转让所得应缴纳企业所得税＝(6 000－3 500)×25％＝625(万元)

方案二:在转让股权之前进行股息分配

光华公司在达明公司将可供分配的利润的全额作为分配股利分配后,再转让股权给森德公司,光华公司从达明公司分得权益性投资收益2 100万元(3 000×70％),该收益为符合条件的居民企业之间的股息、红利等权益性投资收益,为税法规定的免税收入。

经与森德公司协商,股权转让价为3 900万元(6 000－2 100)。

光华公司股权转让所得＝3 900－3 500＝400(万元)

光华公司股权转让所得应缴纳所得税额为＝400×25％＝100(万元)

方案二比方案一税负低525万元(625－100)的原因在于,方案二在股权转让之前进行了可供分配的利润,从而有效地避免了重复征税。节约的所得税额525万元(2 100×25％)是权益性投资额2 100万元与税率25％的乘积。

需要注意的是,投资方在转让股权之前,应当最大限度地进行股息、红利分配,即先分配后转让,避免股息、红利所得转化为股权转让所得,进而达到少缴纳企业所得税的目的。但是,要注意被投资企业对投资方的分配支付额,如果超过被投资企业的累计未分配利润和累

计盈余公积而低于投资方的投资成本的,视为投资回收应当冲减投资的成本。超过投资成本的部分,视为投资方企业的股权转让所得,应当并入企业的应纳税所得额中,依法缴纳企业所得税。因此在进行股权转让之前分配股息时,其分配额应当以不超过可供分配的被投资单位累计未分配利润和盈余公积的部分为限。要注意的是,法定盈余公积金转增资本时,所留存的法定盈余公积余额不得少于转增前公司注册资本的25%。

(三) 股利形式的税收筹划案例

1. 利用现金股利与财产股利的税负差异进行的税收筹划案例

🎯 **案例 7-5** ━━━━━━━━━━━━━━━━━━━━━━━━━━━━━━━━━━━━━

天成公司是爱达公司于2010年投资成立的全资子公司,为一般规模纳税人。2022年3月天成公司准备派发股利,有两种方案可供选择:方案一,直接派发现金股利2 000万元;方案二,将天成公司的自己生产的甲产品100万件作为股利派发给爱达公司。甲产品的市场单价在16~24元之间,平均单价为20元,单位成本为12元。天成公司按照每件产品16元销售给爱达公司,爱达公司再按照市场单价20元对外销售。爱达公司为高新技术企业,企业所得税税率为15%,天成公司的所得税税率为25%。请选择合理的税收筹划方案。

【解析】

方案一:直接派发现金股利2 000万元

派发现金股利2 000万元的现金流量相当于按照市场均价单价20元出售100万件甲产品。

天成公司实现利润=(20-12)×100=800(万元)

天成公司应缴纳企业所得税=800×25%=200(万元)

据增值税暂行条例的有关规定,将自产、委托加工或购买的货物分配给股东或投资者时视同销售行为,应缴纳增值税。

天成公司应缴增值税和增值税附加税=(20-12)×13%×(1+12%)=1.16(万元)

爱达公司分回利润不需补税,双方共缴税额=200+1.164 8=201.16(万元)

方案二:将自产的甲产品100万件作为股利派发给爱达公司

天成公司实现利润=(16-12)×100=400(万元)

天成公司应缴纳所得税=400×25%=100(万元)

应缴增值税和增值税附加税=(16-12)×13%×(1+12%)=0.58(万元)

爱达公司分回利润不需补税,而销售甲产品获利应缴纳税款,具体情况如下:

爱达公司应缴纳企业所得税=(20-16)×100×15%=60(万元)

爱达公司应缴增值税和增值税附加税=(20-16)×13%×(1+12%)=0.58(万元)

双方共同纳税=100+60+0.58+0.58=161.16(万元)

方案二比方案一少缴纳企业所得税40万元(201.16-161.16)。

从本案例中可以看出,财产股利可以在一定程度上利用转移定价实现利润的转移,从而减轻税收。由于存在税率差,爱达公司节约了应纳税额40万元。

爱达公司节约的应纳税额＝(20－16)×100×(25%－15%)＝40(万元)

2. 股票股利与现金股利税负差异的税收筹划案例

根据财政部、国家税务总局、证监会发布的《关于上市公司股息红利差别化个人所得税政策有关问题的通知》(财税〔2015〕101号)的规定,我国针对上市公司股息、红利实行差别化的个人所得税政策,具体内容如下:

(1) 个人从公开发行和转让市场取得的上市公司股票,持股期限超过1年的,股息、红利所得暂免征收个人所得税。个人从公开发行和转让市场取得的上市公司股票,持股期限在1个月以内(含1个月)的,其股息、红利所得全额计入应纳税所得额;持股期限在1个月以上至1年(含1年)的,暂减按50%计入应纳税所得额;上述所得统一适用20%的税率计征个人所得税。上市公司是指在上海证券交易所、深圳证券交易所挂牌交易的上市公司;持股期限是指个人从公开发行和转让市场取得上市公司股票之日至转让交割该股票之日前一日的持有时间。

(2) 上市公司派发股息、红利时,对个人持股1年以内(含1年)的,上市公司暂不扣缴个人所得税;待个人转让股票时,证券登记结算公司根据其持股期限计算应纳税额,由证券公司等股份托管机构从个人资金账户中扣收并划付证券登记结算公司,证券登记结算公司应于次月5个工作日内划付上市公司,上市公司在收到税款当月的法定申报期内向主管税务机关申报缴纳。个人应在资金账户留足资金,依法履行纳税义务。证券公司等股份托管机构应依法划扣税款,对个人资金账户暂无资金或资金不足的,证券公司等股份托管机构应当及时通知个人补足资金,并划扣税款。

◎ 案例 7-6

大明公司目前发行在外的普通股为10 000万股,每股面值1元,持有者即股东均为个人,持股期限超过1年的占比为50%,持股期限在1个月以上至1年(含1年)的占比为40%,1个月以内(含1个月)的占比10%。当前,每股市价为40元。假定大明公司目前有8 000万元的留存收益可供分配。为了方便比较,假定8 000万元留存收益既发放现金股利,也可以发放股票股利。有以下两种方案可供选择。

方案一:发放股票股利8 000万元,每10股发1股,共发1 000万股。

方案二:发放现金股利8 000万元,每10股现金股利8元。

请为大明公司做出股利分配方案的选择。

【解析】

方案一:发放股票股利

持股期限超过1年的占比为50%的股东分得的股利无需交纳个人所得税;持股期限不满1年的股东为50%(40%＋10%),分得的股利暂减按50%计入应纳税所得额。

全体股东应缴纳个人所得税＝1 000×1×20%×50%＝100(万元)

每股除权价＝40÷(1＋0.1)＝36.36(万元)

方案二:发放现金股利

持股期限超过1年的占比为50%的股东分得的股利无需交纳个人所得税;持股期限在

1个月以上至1年(含1年)的占比为40%的股东分得的股利暂减按50%计入应纳税所得额;1个月以内(含1个月)的占比为10%的股东分得的股利全额计入应纳税所得额。

全体股东应缴纳个人所得税＝8 000×(10%＋40%×50%)×20%＝480(万元)

通过以上对比,可以看出,发放股票股利的税负比发放现金股利的税负要轻380万元(480－100)。同时,股票股利除了能够节税以外,对于派发股利的投资企业而言,保留了现金流,增加了投资机会。对于股东而言,股价在除权时可能下降,本例中,股价市价40元/股,股票股利发放后,每股除权价为36.16元。但如果是一个成长性较好的公司,股利分配后随着股价的上升,可能会出现较好的填权行情,股票股利的派发通常可以暗示公司成长状态很好的信号。

第八章

个人所得税税收筹划

个人所得税是以个人(包括个体工商户、合伙企业中的个人投资者、承租承包者)取得的各项应税所得为征收对象征收的一种税。根据《中华人民共和国个人所得税法》(以下简称《个人所得税法》)(主席令〔2018〕9号)所列举的个人所得共九项,《个人所得税法实施条例》(国务院〔2018〕707号)及相关法规具体确定了个人各项所得的征税范围以及各项优惠政策,为个人税收筹划提供了空间。

第一节　工资薪金所得的税收筹划

一、工资薪金所得的税法政策

居民个人分月或分次取得工资薪金所得时,适用国家税务总局关于发布《个人所得税扣缴申报管理办法(试行)》的公告(国税公告〔2018〕61号)中的规定,支付单位预扣和预缴个人所得税时工资薪金所得适用3%~45%的七级超额累进预扣率,见表8-1。根据上述公告中的管理办法第六条规定:

$$\begin{matrix}\text{本期应预}\\\text{缴税额}\end{matrix}=\left(\begin{matrix}\text{累计预扣预缴}\\\text{应纳税所得额}\end{matrix}\times\begin{matrix}\text{预扣}\\\text{率}\end{matrix}-\begin{matrix}\text{速算}\\\text{扣除数}\end{matrix}\right)-\begin{matrix}\text{累计减}\\\text{免税额}\end{matrix}-\begin{matrix}\text{累计已预扣}\\\text{预缴税额}\end{matrix}$$

$$\begin{matrix}\text{累计预扣预缴}\\\text{应纳税所得额}\end{matrix}=\begin{matrix}\text{累计}\\\text{收入}\end{matrix}-\begin{matrix}\text{累计免}\\\text{税收入}\end{matrix}-\begin{matrix}\text{累计减}\\\text{除费用}\end{matrix}-\begin{matrix}\text{累计专}\\\text{项扣除}\end{matrix}-\begin{matrix}\text{累计专项}\\\text{附加扣除}\end{matrix}-\begin{matrix}\text{累计依法确定}\\\text{的其他扣除}\end{matrix}$$

表8-1　个人所得税税率表

(居民个人工资、薪金所得预扣预缴适用)

级数	累计预扣预缴应纳税所得额	预扣率	速算扣除数
1	不超过36 000元的部分	3%	0
2	超过36 000元至144 000元的部分	10%	2 520
3	超过144 000元至300 000元的部分	20%	16 920
4	超过300 000元至420 000元的部分	25%	31 920
5	超过420 000元至660 000元的部分	30%	52 920
6	超过660 000元至960 000元的部分	35%	85 920
7	超过960 000元的部分	45%	181 920

从表 8-1 中可以看出,降低累进预扣率税率档次,可以减轻个人所得税税负。需要注意的是,受《劳动法》和《劳动合同法》等法规的强制性规定约束,居民个人取得工资薪金应与用工单位签订劳动合同,所取得的工资薪金以劳动时间为基础,可以根据劳动绩效上下浮动,符合国家最低工资标准的要求。同时,劳动时间、地点等方面应服从用人单位劳动制度管理,用工单位依法为劳动者缴纳社保。

居民个人每一纳税年度的综合所得,包括工资薪金所得、劳务报酬所得、稿酬所得、特许权使用费所得,以每一纳税年度的收入额减除费用 6 万元以及专项扣除、专项附加扣除和依法确定的其他扣除后的余额,为应纳税所得额。专项扣除包括居民个人按照国家规定的范围和标准缴纳的基本养老保险、基本医疗保险、失业保险等社会保险费和住房公积金等;专项附加扣除包括子女教育、继续教育、大病医疗、住房贷款利息和住房租金、赡养老人等支出。个人所得税税率(综合所得)适用 3%～45% 的七级超额累进税率,如表 8-2 所示。

表 8-2　个人所得税税率表

(综合所得适用)

级数	全年应纳税所得额	税率	速算扣除数
1	不超过 36 000 元的部分	3%	0
2	超过 36 000 元至 144 000 元的部分	10%	2 520
3	超过 144 000 元至 300 000 元的部分	20%	16 920
4	超过 300 000 元至 420 000 元的部分	25%	31 920
5	超过 420 000 元至 660 000 元的部分	30%	52 920
6	超过 660 000 元至 960 000 元的部分	35%	85 920
7	超过 960 000 元的部分	45%	181 920

工资薪金所得的税收筹划主要通过调整税基、缩小计税收入、增加可扣除费用等方式实现,常见的筹划方法有收入福利化、收入保险化等,这些方法可以调整名义收入、保持实得收入不变,进而降低计税所得的税基,减轻税负。工资薪金所得形式的转化在本章第二节阐释。

二、工资薪金所得的税收筹划方法

(一) 收入福利化的税收筹划

《个人所得税法》第四条规定,个人取得福利费、抚恤金、救济金收入,免征个人所得税。根据《个人所得税法实施条例》第 11 条规定,福利费是指根据国家有关规定,从企业、事业单位、国家机关、社会组织提留的福利费或者工会经费中支付给个人的生活补助费;所称救济金,是指各级人民政府民政部门支付给个人的生活困难补助费。

福利费是从企事业单位按职工工资总额的比例计提的,企业所得税法规定不超工资总额的 14%,此外,职工教育经费不超过职工工资总额的 2%,工会经费不超过职工工资总额的 8%,企业发生的这些费用实质是增加了职工个人工资性收入,但是不必缴纳个人所得税。《国家税务总局关于企业工资薪金及职工福利费扣除问题的通知》(国税函〔2009〕3 号)规

定,企业职工福利费包括以下内容:

(1) 尚未实行分离办社会职能的企业,其内设福利部门所发生的设备、设施和人员费用,包括职工食堂、职工浴室、理发室、医务所、托儿所、疗养院等集体福利部门的设备、设施及维修保养费用和福利部门工作人员的工资薪金、社会保险费、住房公积金、劳务费等。

(2) 为职工卫生保健、生活、住房、交通等所发放的各项补贴和非货币性福利,包括企业向职工发放的因公外地就医费用、未实行医疗统筹企业职工医疗费用、职工供养直系亲属医疗补贴、供暖费补贴、职工防暑降温费、职工困难补贴、救济费、职工食堂经费补贴、职工交通补贴等。

(3) 按照其他规定发生的其他职工福利费,包括丧葬补助费、抚恤费、安家费、探亲假路费等。

企业职工福利费支出时,个人所得税口径下的福利费不扣缴个人所得税,将工资薪金转化为提供福利,即通过提供上述各种福利费支出,降低名义收入,这样既可以增加员工福利,职工个人可以少缴个人所得税。《企业所得税法实施条例》第四十条规定,企业发生的职工福利费支出,只要不超过工资薪金总额14%的部分,准予全额扣除,超过部分才会在年度企业所得税汇算清缴时纳税调整缴纳企业所得税。当然,纳税企业要准确把握福利费判断口径,把握福利费的限额扣除红线,否则会招致税收风险。需要注意的是,企业发生的职工福利费,应该单独设置账册,进行准确核算。

案例 8-1

中国居民陈先生为华明公司的技术总监,公司位于江苏省南京市。陈先生在南京无住房,需要租赁住房,每月需要支付房租 5 000 元。陈先生月工资薪金收入 50 000 元(未考虑房租租金的扣除)、月专项扣除 10 000 元、月专项附加扣除 2 000 元。如果陈先生没有其他收入来源,请为陈先生进行个人所得税的税收筹划。

【解析】

税法依据:关于房租收入的计税处理的法律依据《国务院关于印发个人所得税专项附加扣除暂行办法的通知》(国发〔2018〕41 号)第 17 条第 1 项的规定,即纳税人在主要工作城市没有自有住房而发生的住房租金支出,可以按照以下标准定额扣除:直辖市、省会(首府)城市、计划单列市以及国务院确定的其他城市,扣除标准为每月 1 500 元。

方案一:陈先生自己付房租

应缴纳个人所得税 $= (50\,000 \times 12 - 1\,500 \times 12 - 60\,000 - 10\,000 \times 12 - 2\,000 \times 12) \times 25\% - 31\,920 = 62\,580$(元)

方案二:公司为陈先生支付房租

经与公司协商,将其工资降至 45 000 元,公司愿意为陈先生支付住房房租,社保待遇仍然按照原先的标准。

应缴纳个人所得税 $= (45\,000 \times 12 - 60\,000 - 10\,000 \times 12 - 2\,000 \times 12) \times 25\% - 31\,920 = 52\,080$(元)

方案二与方案一相比,少缴纳个人所得税 10 500 元(62 580-52 080)。

公司为陈先生支付住房房租,工资薪金收入相应减少,但是效用并没有减少,对企业而言,职工工资薪金收入福利化的税收筹划可能会涉及成本费用支出账户科目的变化,不影响当期应纳税所得额和当期损益,没有形成利益损失。此种做法,虽然名义上降低了陈先生的工资薪金收入,实质上房租仍然由陈先生承担,只是改变了收入的形式。工资薪金收入福利化,减少了陈先生的税收负担。

需要指出的是,现行个人所得税法没有规定中国国内个人取得非现金形式或实报实销形式的住房补贴、伙食补贴、搬迁费、洗衣费可以免征个人所得税,也就是说,中国国内个人取得上述实报实销的费用需要缴纳个人所得税。但是,现行个人所得税法规定外籍个人以非现金形式或实报实销形式取得的住房补贴、伙食补贴、搬迁费、洗衣费免征个人所得税。纳税人一定要注意外籍人员的相关政策与中国国内人员的差异,进行合理合法的税收筹划,法条适用错误,会形成税务风险,产生罚款和滞纳金。

(二) 收入保险化的税收筹划

收入保险化是指利用工资薪金所得税前专项扣除的税法规定,尽量在政策规定的范围内增加基本养老保险、基本医疗保险(含生育)、失业保险、住房公积金等专项扣除金额,从而降低工资薪金的应税收入的筹划方法。

以住房公积金为例,阐释工资薪金收入保险化的税收筹划。根据《住房公积金管理条例》第十六条规定,职工住房公积金的月缴存额为职工本人上一年度月平均工资乘以职工住房公积金缴存比例。单位为职工缴存的住房公积金的月缴存额为职工本人上一年度月平均工资乘以单位住房公积金缴存比例。根据《关于规范和阶段性适当降低住房公积金缴存比例的通知》(建金政函〔2016〕73号)规定,各地区应当严格执行《住房公积金管理条例》和《建设部 财政部 中国人民银行关于住房公积金管理若干具体问题的指导意见》(建金管〔2005〕5号)规定,单位和职工的住房公积金缴存比例高于12%的,一律予以规范调整,不得超过12%;最低缴纳比例为5%。个人工资薪金收入中单位和个人每月缴纳的住房公积金可以免缴个人所得税。

根据上述政策的规定,住房公积金的税收筹划可以通过提高住房公积金计提比例,进而减少个人所得税应纳税额,从而提高职工实际工资薪金的收入水平。

案例 8-2

中国居民赵敏系南京东林公司的职工,2021年1月工资薪金收入为12 000元,2月工资薪金收入为15 000元,住房公积金提取比例为5%,不考虑专项扣除和附加专项扣除,请为赵敏的工资薪金所得进行税收筹划。

【解析】

方案一:按当前房公积金提取比例为5%

居民个人分月取得工资薪金所得时的预扣预缴税率见表8-1,

住房公积金1月份个人缴存额=12 000×5%=600(元)

预扣预缴应纳税所得额=12 000-5 000-600=6 400(元)

预扣预缴个人所得税额＝6 400×3％＝192(元)

实际收入＝12 000＋600－192＝12 408(元)

公司实际支出＝12 000＋600＝12 600(元)

住房公积金2月份个人缴存额＝15 000×5％＝750(元)

预扣预缴应纳税所得额＝12 000＋15 000－5 000×2－750－600＝15 650(元)

预扣预缴个人所得税＝15 650×3％－0－192＝277.5(元)

实际收入＝15 000＋750－277.5＝15 472.5(元)

公司实际支出＝15 000＋750＝15 750(元)

方案二：公积金提取比例提高到12％

若公积金提取比例提高到12％，在不增加企业支出12 600元的情况下，假定企业1月份支付给职工工资为X，则赵敏工资需满足下列公式：

$$12\% \times X + X = 12\,600$$

求解可得：$X=11\,250$(元)。

按12％提取住房公积金时，赵敏的收入及缴税状况为：

应提取的住房公积金＝11 250×12％＝1 350(元)

预扣预缴应纳税所得额＝11 250－5 000－1 350＝4 900(元)

预扣预缴税额＝4 900×3％－0＝147(元)

实际收入＝11 250－147＋1 350＝12 453(元)

假定企业2月份支付给职工工资为Y，则赵敏工资需满足下列公式：

$$12\% \times Y + Y = 15\,750$$

求解可得：$Y=14\,062.5$(元)。

按12％提取住房公积金时，赵敏的收入及缴税状况为：

住房公积金＝14 062.5×12％＝1 687.5(元)

预扣预缴应纳税所得额＝14 062.5＋11 250－5 000×2－1 350－1 687.5＝12 275(元)

预扣预缴个人所得税＝12 275×3％－0－147＝221.25(元)

实际收入＝14 062.5＋1 687.5－221.25＝15 528.75(元)

可见，方案二的实际收入为27 981.75元(12 453＋15 528.75)，比方案一的实际收入27 880.5元(12 408＋15 472.5)增加了101.25元(27 981.75－27 880.5)。其原因是方案二中，1月份少缴了个人所得税45元(192－147)，2月份少缴了个人所得税56.25元(277.5－221.25)，合计101.25元(45＋56.25)。提高公积金提取比例后，赵敏1月份、2月份的实际收入分别提高了45元和56.25元，实际收入的增加额实质上就是少缴纳的个人所得税，即两次预扣预缴税额的差额与预扣率3％的乘积。

需要指出的是，缴存单位可在5％～12％的区间内自主确定单位和个人住房公积金缴存比例。每个单位只能申请一个缴存比例，同一单位职工的缴存比例应一致，单位缴存比例和职工缴存比例应一致。在规定的范围内提高住房公积金的计提比例，对职工公积金贷款买房非常有利,一方面职工购房时,职工个人的公积金存款金额与住房公积金贷款额度挂钩,另一方面公积金的贷款利率远远低于商业银行住房贷款。

个人所得税的附加扣除项目如职工基本养老保险金、基本医疗保险金和失业保险金都可以参照类似住房公积金的思路进行税收筹划。收入保险化的税收筹划将会提高职工的实际收入,同时降低个人所得税税负。

(三) 利用公益慈善事业捐赠税收优惠政策的税收筹划

我国《个人所得税法》第六条规定,个人将其所得对教育、扶贫、济困等慈善事业进行捐赠,捐赠额未超过纳税人申报的应纳税所得额 30％的部分,可以从其应纳税所得额中扣除;国务院规定的对公益慈善事业捐赠实行全额税前扣除的,从其规定。《个人所得税法实施条例》第十九条进一步规定,个人将其所得对教育、扶贫、济困等慈善事业进行捐赠,应纳税所得额是指计算扣除捐赠额前的应纳税所得额。一般捐赠额的扣除以不超过纳税人申报的应纳税所得额的 30％为限。《关于公共租赁住房税收优惠政策的公告》(财税公告〔2019〕61 号)规定,个人捐赠住房作为公租房,符合税收法律法规规定的,对其公益性捐赠支出未超过其申报的应纳税所得额 30％的部分,准予从其应纳税所得额中扣除。

实际捐赠额小于或等于捐赠限额时,按实际捐赠额扣除,实际捐赠额大于捐赠扣除限额时,只能按捐赠限额扣除。《财政部　税务总局关于公益慈善事业捐赠个人所得税政策的公告》(财政部　税务总局公告〔2021〕99 号)对公益性捐赠作了规定,即个人通过中华人民共和国境内公益性社会组织、县级以上人民政府及其部门等国家机关,向教育、扶贫、济困等公益慈善事业发生的公益捐赠支出,可以按照个人所得税法有关规定在计算应纳税所得额时扣除。境内公益性社会组织,包括依法设立或登记并按规定条件和程序取得公益性捐赠税前扣除资格的慈善组织、其他社会组织和群众团体。

用公益慈善事业捐赠的税收优惠政策的税收筹划应注意以下事项:

第一,只有在纳税期间要纳税,公益性捐赠才具有抵税作用。捐赠时要选择适当的捐赠时期,捐赠额应当取决于本期取得的收入。

第二,要以有资格的受赠组织为媒介进行公益性捐赠,直接向捐赠者捐赠,由于缺乏独立的第三方,影响公正性,所以税前无法扣除。

◎ 案例 8-3

中国居民钱先生于 2021 年取得扣除专项扣除和附加专项扣除后的工资薪金收入600 000 元,现打算捐赠 200 000 元。某纳税筹划专业人士设计了 3 套方案。方案一,直接捐赠现金 200 000 元给所在地某市属小学;方案二,购买 200 000 元的图书通过所在地市级人民政府的民政局捐赠给贫困地区的图书馆;方案三,通过所在地市级人民政府的民政局捐赠现金 200 000 元给所在地农村的某村属小学。请帮助钱先生选择税收筹划方案。

【解析】

方案一:现金直接捐赠给所在地某市属小学

允许税前扣除的捐赠额为 0,直接捐赠不可以税前扣除,无法抵税。

全年应缴纳个人所得税＝(600 000－60 000)×30％－52 920＝109 080(元)

方案二：购买 200 000 元的图书通过民政局捐赠给贫困地区的图书馆

允许税前扣除的捐赠限额＝(600 000－60 000)×30％＝162 000(元)

实际捐赠额为 200 000 元,超过公益性捐赠允许的扣除的限额 162 000 元,税前允许扣除实际扣除的金额为 162 000 元。

全年应缴纳个人所得税＝(600 000－60 000－162 000)×25％－31 920＝62 580(元)

方案三：通过民政局捐赠现金 200 000 元给所在地农村的某村属小学

对农村义务教育的捐赠可以在税前全额扣除,因此实际捐赠额 200 000 元可以税前全额扣除。

全年应缴纳个人所得税额＝(600 000－60 000－200 000)×25％－31 920＝53 080(元)

可以看出,选择方案三个人所得税税负最低,建议选择方案三,通过民政局捐赠现金 200 000 元给所在地农村的某村属小学的捐赠获得税前全额扣除,该方案减少了税基,所以个人所得税税负最低。

(四) 特殊情形下个人所得税的税收筹划

1. 各项扣除的税收筹划

1) 职业年金的税收扣除筹划

企业和事业单位根据国家有关政策规定的办法和标准,为在本单位任职或受雇的全体职工缴付的企业年金或职业年金单位缴费部分,在计入个人账户时,个人暂不缴纳个人所得税。个人根据国家有关政策规定缴付的年金个人缴费部分,在不超过本人缴费工资计税基数的 4％标准内的部分,暂时从个人当期的应纳税所得额中扣除。超过上述规定的标准缴付的职业年金单位缴费和个人缴费部分,应并入个人当期的工资、薪金所得,依法计征个人所得税。税款由建立年金的单位代扣代缴,并向主管税务机关申报解缴。企业年金个人缴费工资计税基数为本人上一年度月平均工资。月平均工资按国家统计局规定列入工资总额统计的项目计算。月平均工资超过职工工作地所在设区城市上一年度职工月平均工资 300％的部分,不计入个人缴费工资计税基数。职业年金个人缴费工资计税基数为职工岗位工资和薪级工资之和。职工岗位工资和薪级工资之和超过职工工作地所在设区城市上一年度职工月平均工资 300％的部分,不计入个人缴费工资计税基数。因此,企业和职工个人职业年金缴费合计不超过本企业上年度职工工资总额的 12％成为税收筹划中要关注的事项。

由于目前事业单位强制设立职业年金,而企业年金的设立是自愿的,企业可以充分利用这一优惠,帮助员工减轻个人所得税负担,同时相应减少应发工资,由此也可以为企业减少社保费的支出。

2) 商业保险扣除的税收筹划

自 2017 年 7 月 1 日起,对个人购买符合规定的商业健康保险产品的支出,允许在当年(月)计算应纳税所得额时予以税前扣除,扣除限额为每年 2 400 元(每月 200 元)。单位统一为员工购买符合规定的商业健康保险产品的支出,应分别计入员工个人工资薪金,视同个人购买,按上述限额予以扣除。每年 2 400 元(每月 200 元)的限额扣除为个人所得税法规定减除费用标准之外的扣除。企业为员工统一购买商业健康保险既为员工提供了福利,也可以起到节税的作用。

自 2018 年 5 月 1 日起,在上海市、福建省(含厦门市)和苏州工业园区实施个人税收递延型商业养老保险试点。取得工资薪金、连续性劳务报酬所得的个人,其缴纳的保费准予在申报扣除当月计算应纳税所得额时予以限额据实扣除,扣除限额按照当月工资薪金、连续性劳务报酬收入的 6% 和 1 000 元孰低办法确定。位于试点地区的企业可以为员工统一购买税收递延型养老保险,在当期降低个人所得税负担。根据《关于个人取得有关收入适用个人所得税应税所得项目的公告》(财税公告〔2019〕74 号)的规定,个人按照财政部、税务总局等部门发布的《关于开展个人税收递延型商业养老保险试点的通知》(财税〔2018〕22 号)的规定,领取的税收递延型商业养老保险的养老金收入,其中 25% 部分予以免税,其余 75% 部分按照 10% 的比例税率计算缴纳个人所得税,税款计入"工资、薪金所得"项目,由保险机构代扣代缴后,在个人购买税延养老保险的机构所在地办理全员全额扣缴申报。

2. 专项附加扣除的税收筹划

专项附加扣除包括子女教育、继续教育、大病医疗、住房贷款利息和住房租金、赡养老人等支出。

根据税法规定,纳税人的子女接受全日制学历教育的相关支出,按照每个子女每月 1 000 元的标准定额扣除。学历教育包括义务教育(小学初中教育)、高中阶段教育(普通高中、中等职业、技工教育)、高等教育(大学专科、大学本科、硕士研究生、博士研究生教育)。年满 3 岁至小学入学前处于学前教育阶段的子女,按上述规定执行。父母可以选择由其中一方按扣除标准的 100% 扣除,也可以选择由双方分别按扣除标准的 50% 扣除,具体扣除方式在一个纳税年度内不能变更。凡是家庭中有 3～28 岁接受教育的子女,应积极申报。如果夫妻二人均需要缴纳个人所得税,子女教育扣除应由税率高的一方全额申报,税率低的一方不申报,可以减税负。

根据税法规定,在一个纳税年度内,纳税人发生的与基本医保相关的医药费用支出,扣除医保报销后个人负担(医保目录范围内的自付部分)累计超过 15 000 元的部分,由纳税人在办理年度汇算清缴时,在 80 000 元限额内据实扣除。纳税人发生的医药费用支出可以选择由本人或其配偶扣除;未成年子女发生的医药费用支出可以选择由其父母一方扣除。纳税人及其配偶、未成年子女发生的医药费用支出,按上述规定分别计算扣除额。纳税人发生符合上述规定的医疗费时,应积极申报扣除。对纳税人未成年子女发生的符合上述规定的医疗费,应由税率最高的父母一方申报扣除。

根据税法规定,纳税人赡养一位及以上被赡养人的赡养支出,统一按照以下标准定额扣除:

(1) 纳税人为独生子女的,按照每月 2 000 元的标准定额扣除。

(2) 纳税人为非独生子女的,由其与兄弟姐妹分摊每月 2 000 元的扣除额度,每人分摊的额度不能超过每月 1 000 元。可以由赡养人均摊或约定分摊,也可以由被赡养人指定分摊。约定或指定分摊的须签订书面分摊协议,指定分摊优先于约定分摊。具体分摊方式和额度在一个纳税年度内不能变更。被赡养人,是指年满 60 岁的父母,以及子女均已去世的年满 60 岁的祖父母、外祖父母。凡是有 60 岁以上被赡养人的纳税人均应积极申报赡养老人专项附加扣除。对多兄弟姐妹的家庭而言,应由税率最高的两位分别申报 1 000 元,可以降低税负。

家庭中夫妻双方谁的综合所得高,则让谁全额扣除专项扣除中的住房贷款利息、子女教育和大病医疗,这样就整个家庭而言,可以少缴纳个人所得税。

案例 8-4

中国居民纳税人赵明,于 2021 年取得工资薪金收入 280 000 元,个人缴纳的三险一金合计 50 000 元。赵明的妻子刘华 2021 年取得工资薪金收入 90 000 元,个人缴纳的社会保险费和住房公积金合计 30 000 元,单位为赵明购买了符合税法扣除条件的商业健康保险 200 元/月,符合税法扣除条件的职业年金全年共 24 800 元,夫妻双方育有两个孩子分别为 11 岁和 16 岁,夫妻双方每月支付首套房住房贷款利息 6 000 元。请对赵明和刘华的个人所得进行税收筹划。

【解析】

方案一:赵明和刘华工作薪金所得中,子女教育和首套房贷款利息各扣除 50%

赵明和刘华分别按子女教育扣除标准的 50% 扣除;赵明和刘华分别首套房贷款利息分别按扣除标准的 50% 扣除。

子女教育扣除金额合计 $= 1\,000 \times 12 \times 2 = 24\,000$(元)

赵明和刘华每年分别扣除子女教育支出 $= 24\,000 \div 2 = 12\,000$(元)

住房贷款利息扣除额合计 $= 1\,000 \times 12 = 12\,000$(元)

赵明和刘华每年分别扣除住房贷款利息 $= 12\,000 \div 2 = 6\,000$(元)

(1) 赵明个人所得税的计算。

减除费用 $= 60\,000$(元)

专项扣除 $= 50\,000 + 2\,400 + 24\,800 = 77\,200$(元)

专项附加扣除合计 $= 12\,000 + 6\,000 = 18\,000$(元)

法定扣除项目合计 $= 60\,000 + 77\,200 + 18\,000 = 155\,200$(元)

全年应纳税所得额 $= 280\,000 - 155\,200 = 124\,800$(元)

全年综合所得应缴纳个人所得税 $= 124\,800 \times 10\% - 2\,520 = 9\,960$(元)

(2) 刘华个人所得税的计算。

减除费用 $= 60\,000$(元)

专项扣除 $= 30\,000$(元)

专项附加扣除合计 $= 12\,000 + 6\,000 = 18\,000$(元)

法定扣除项目合计 $= 60\,000 + 30\,000 + 18\,000 = 108\,000$(元)

全年应纳税所得额 $= 90\,000 - 108\,000 = -18\,000 < 0$

综合所得应缴纳个人所得税 $= 0$(元)

赵明和刘华共缴纳个人所得税 9 960 元。

方案二:子女教育和首套房贷款利息全额在赵明工作薪金所得中,刘华不扣除子女教

育和首套房贷款利息

（1）赵明个人所得税的计算。

减除费用＝60 000（元）

专项扣除＝50 000（元）

子女教育扣除金额＝1 000×12×2＝24 000（元）

住房贷款利息扣除金额合计＝1 000×12＝12 000（元）

法定扣除项目合计＝60 000＋50 000＋24 000＋12 000＋2 400＋24 800＝173 200（元）

全年应纳税所得额＝280 000－173 200＝106 800（元）

全年综合所得应缴纳个人所得税＝106 800×10％－2 520＝8 160（元）

（2）刘华个人所得税的计算。

减除费用＝60 000（元）

专项扣除＝30 000（元）

法定扣除项目合计＝60 000＋30 000＝90 000（元）

全年应纳税所得额＝90 000－90 000＝0（元）

综合所得应缴纳个人所得税＝0（元）

赵明和刘华共缴纳个人所得税 8 160 元。

方案二比方案一少缴纳个人所得税 1 800 元（9 960－8 160），所以应当选择方案二，少缴纳的个人所得税是由于赵明应纳税所得额多抵扣 18 000 元与税率 10％的乘积形成的。多抵扣的应纳税所得额 18 000 元是住房贷款利息和子女教育支出全部由收入高的赵明扣除的缘故。

3. 全年一次性奖金的税收筹划

居民个人取得全年一次性奖金，可以按照以全年一次性奖金收入除以 12 个月得到的数额，根据按月换算后的综合所得税率表，也称月度税率表，见表 8-3，确定适用税率和速算扣除数，单独计算纳税。居民个人取得全年一次性奖金，也可以选择并入当年综合所得计算纳税。

表 8-3　个人所得税税率表

（非居民个人工资薪金所得、劳务报酬所得、稿酬所得、特许权使用费所得适用）

级数	应纳税所得额	税率	速算扣除数
1	不超过 3 000 元的部分	3％	0
2	超过 3 000 元至 12 000 元的部分	10％	210
3	超过 12 000 元至 25 000 元的部分	20％	1 410
4	超过 25 000 元至 35 000 元的部分	25％	2 660
5	超过 35 000 元至 55 000 元的部分	30％	4 410
6	超过 55 000 元至 80 000 元的部分	35％	7 160
7	超过 80 000 元的部分	45％	15 160

注：相对于综合所得税率表（见表 8-2），本表也称为月度税率表。

《关于延续实施全年一次性奖金等个人所得税优惠政策的公告》(财税〔2021〕42 号)规定：全年一次性奖金单独计税优惠政策,执行期限延长至 2023 年 12 月 31 日。上市公司股权激励单独计税优惠政策,执行期限延长至 2023 年 12 月 31 日。自 2024 年 1 月 1 日起,居民个人取得全年一次性奖金应并入当年综合所得计算缴纳个人所得税。

从表 8-3 中可以看出,全年一次性奖金单独计税相当于给纳税人额外提供了一次可以低税率纳税的方法,综合所得应纳税额超过 36 000 元的纳税人应充分利用。

利用全年一次性奖金单独计税进行税收筹划应注意两个问题：

第一,由居民纳税个人选择全年一次性奖金收入是否要计入、多少金额计入全年综合所得,因此税收筹划要对全年应纳税所得额进行合理拆分,合理分配综合所得和全年一次性奖金的分配结构。根据计税原理形成的全年一次性奖金的拆分表,如表 8-4 所示。

表 8-4　全年一次性奖金的拆分分布表　　　　　单位：元

序号	综合所得全年应纳税所得额	全年一次性奖金
1	(0,36 000]	在本区间中的任意数
2	(36 000,203 100)	36 000
3	203 100	36 000 或 144 000
4	(203 100,672 000)	144 000
5	672 000	144 000 或 300 000
6	(672 000,1 277 500)	300 000
7	1 277 500	300 000 或 420 000
8	(1 277 500,1 452 500)	420 000
9	1 452 500	420 000 或 660 000
10	(1 452 500,+∞)	660 000

注：表中综合所得全年应纳税所得额包含全年一次性奖金。

第二,全年一次性奖金不要落到"禁区区间",全年一次性奖金的计算方法实际上是全额累进,如果某笔全年一次性奖金的适用税率刚刚超过某个档次时,适当降低全年一次性奖金的数额,使其适用低一档次的税率才可以起到节税的效果。例如,当综合所得全年应纳税所得额落在(36 000,203 100)区间内,选择 36 000 元作为全年一次性奖金收入单独计税,剩余的金额作为全年综合所得计税,这样的拆分将导致个人所得税的税负达到最低。

案例 8-5

中国居民李红系海航公司员工,其 2021 年全部收入合计为 500 000 元,个人负担的社会保险费和住房公积金合计为 5 000 元/月。李红的独生子正在读初中;李红为独生女,其父母都已经超过 60 岁;李红正在偿还首套住房贷款及利息。李红的收入来源单一,只有工资薪金收入。请对李红全年收入进行个人所得税税收筹划。

【解析】

第一步,计算综合所得时税前可以扣除的全部项目。

减除费用＝60 000(元)

专项扣除＝5 000×12＝60 000(元)

专项附加扣除：

(1) 子女教育支出实行定额扣除,每年扣除 12 000 元(1 000×12)。

(2) 首套住房贷款利息支出实行定额扣除,每年扣除 12 000 元(1 000×12)。

(3) 赡养老人支出实行定额扣除,每年扣除 24 000 元(2 000×12)。

专项附加扣除合计＝12 000＋12 000＋24 000＝48 000(元)

法定扣除项目合计＝60 000＋60 000＋48 000＝168 000(元)

第二步,计算综合所得全年应纳税所得额(含全年一次性奖金)。

综合所得全年应纳税所得额＝500 000－168 000＝332 000(元)

第三步,计算拆分全年一次性奖金。

根据表 8-4,综合所得全年应纳税所得额 332 000 元落在区间(203 100,672 000)内,选择 144 000 元为全年一次性奖金单独计税,其余金额作为全年综合所得的应纳税额计税。

验算：

方案一：选择 144 000 元为全年一次性奖金单独计税

(1) 全年一次性奖金个人所得税的计算。

每月奖金额＝144 000÷12＝12 000(元)

根据表 8-3,适用 10％的个人所得税税率。

全年一次性奖金应缴纳个人所得税＝144 000×10％－210＝14 190(元)

(2) 全年综合所得个人所得税的计算。

全年综合所得额＝332 000－144 000＝188 000(元)

全年综合所得应缴纳个人所得税＝188 000×20％－16 920＝20 680(元)

共缴纳个人所得税＝20 680＋14 190＝34 870(元)

方案二：选择 36 000 元为全年一次性奖金单独计税

(1) 全年一次性奖金个人所得税的计算。

每月奖金额＝36 000÷12＝3 000(元)

根据表 8-3,适用 3％的个人所得税税率

全年一次性奖金应缴纳个人所得税＝36 000×3％＝1 080(元)

(2) 全年综合所得个人所得税的计算。

全年综合所得额＝332 000－36 000＝296 000(元)

全年综合所得应缴纳个人所得税＝296 000×20％－16 920＝42 280(元)

共缴纳个人所得税＝42 280＋1 080＝43 360(元)

方案三：选择 300 000 元为全年一次性奖金单独计税

(1) 全年一次性奖金个人所得税的计算。

每月奖金额＝300 000÷12＝25 000(元)

根据表 8-3,适用 20％的个人所得税税率。

全年一次性奖金应缴纳个人所得税＝300 000×20％－2 660＝57 340(元)

（2）全年综合所得个人所得税的计算。

全年综合所得额＝332 000－300 000＝32 000（元）

全年综合所得应缴纳个人所得税＝32 000×3％＝960（元）

共缴纳个人所得税＝960＋57 340＝58 300（元）

在三种方案中，选择方案一，144 000 元作为全年一次性奖金单独计税，整体个人所得税税负最低，与表 8-4 中的结论一致。

4. 股权激励的税收筹划

1）股权激励的税法政策

居民个人取得股票期权、股票增值权、限制性股票、股权奖励等股权激励（以下简称股权激励），符合《财政部 国家税务总局关于个人股票期权所得征收个人所得税问题的通知》（财税〔2005〕35 号）、《财政部 国家税务总局关于股票增值权所得和限制性股票所得征收个人所得税有关问题的通知》（财税〔2009〕5 号）、《财政部 国家税务总局关于将国家自主创新示范区有关税收试点政策推广到全国范围实施的通知》（财税〔2015〕116 号）第四条、《财政部 国家税务总局关于完善股权激励和技术入股有关所得税政策的通知》（财税〔2016〕101 号）第四条第(一)项规定的相关条件的，根据《财政部 税务总局关于延续实施全年一次性奖金等个人所得税优惠政策的公告》（财税〔2021〕42 号）的规定，上市公司股权激励单独计税优惠政策，执行期限延长至 2022 年 12 月 31 日。这表示，在 2023 年 1 月 1 日前，股权激励不并入企业当年综合所得，全额单独适用综合所得税率表计算纳税。自 2023 年 1 月 1 日起，股权激励所得应并入当年综合所得计算缴纳个人所得税。

企业员工股票期权（以下简称"股票期权"）是指上市公司按照规定的程序授予本公司及其控股企业员工的一项权利，该权利允许被授权员工在未来时间内以某特定价格购买本公司一定数量的股票。对于因特殊情况，员工在行权日之前将股票期权转让的，以股票期权的转让净收入为工资、薪金所得征收个人所得税。行权之后，员工将行权后的股票再转让时获得的高于购买日公平市场价的差额，为个人在证券二级市场上转让股票等有价证券而获得的所得，应按照财产转让所得计算缴纳个人所得税。目前，按现行税法和政策规定，个人将行权后的境内上市公司股票再行转让而取得的所得，暂不征收个人所得税；个人转让境外上市公司的股票而取得的所得，应按税法的规定计算应纳税所得额和应纳税额，依法缴纳税款。

由于股票期权将行权日作为纳税义务日，而行权之后再转让无须纳税，这就为个人所得税的税收筹划留下了空间。股票期权的股票市价在行权有效期内是波动的，被激励对象可以在行权有效期内合理选择行权日，尽可能选择在股票市价接近行权价的日期行权，从而降低应纳税所得额，达到个人所得税节税的目的。

2）股权激励的税收筹划案例

企业员工股票期权（以下简称"股票期权"）是指上市公司按照规定的程序授予本公司及其控股企业员工的一项权利，该权利允许被授权员工在未来时间内以某特定价格购买本公司一定数量的股票。对于因特殊情况，员工在行权日之前将股票期权转让的，以股票期权的转让净收入为工资薪金所得征收个人所得税。行权之后,员工将行权后的股票再转让时获得的高于购买日公平市场价的差额,是个人在证券二级市场上转让股票等有价证券而获得的所得,应按照财产转让所得计算缴纳个人所得税。目前,按现行税法和政策规定,个人将行权后的境内上市公司股票再行转让而取得的所得,暂不征收个人所得税;个人转让境外上市公司的股票而取得的所得,应按税法的规定计算应纳税所得额和应纳税额,依法缴纳税款。

根据《财政部 国家税务总局关于完善股权激励和技术入股有关所得税政策的通知》(财税〔2016〕101号)的规定,非上市公司授予本公司员工的股票期权、股权期权、限制性股票和股权奖励,符合规定条件的,经向主管税务机关备案,可实行递延纳税政策,即员工在取得股权激励时可暂不纳税,递延至转让该股权时纳税;在股权转让时,按照股权转让收入减除股权取得成本以及合理税费后的差额,适用财产转让所得项目,按照20%的税率计算缴纳个人所得税。上市公司授予个人的股票期权、限制性股票和股权奖励,经向主管税务机关备案,个人可自股票期权行权、限制性股票解禁或取得股权奖励之日起,在不超过12个月的期限内缴纳个人所得税。

由于股票期权将行权日作为纳税义务日,而行权之后再转让无须纳税,这就为个人所得税的税收筹划留下了空间。股票期权的股票市价在行权有效期内是波动的,被激励对象可以在行权有效期内合理选择行权日,尽可能选择在股票市价接近行权价的日期行权,从而降低应纳税所得额,达到个人所得税节税的目的。

◎ 案例 8-6

境内某公司于2020年实行企业员工股票期权计划,中国居民王先生于2020年2月10日在该计划中获得20 000股股票期权,授予日的股票价格为10元/股,王先生可以在1年后以20元/股的价格购买该公司20 000股股票。2021年2月10日,该股票的市价为20元/股。2021年4月10日,该股票的市价为24元/股。王先生有以下两个行权方案:

方案一,王先生于2021年2月10日行权,购买20 000股股票,并于2021年4月10日将该股票转让;

方案二,王先生于2021年4月10日行权,购买20 000股股票。

请问哪种方案的节税效果较好?

【解析】

方案一:2021年2月10日行权,4月10日转让股票

王先生于2021年2月10日行权时,

应纳税所得额 $=(20-10)\times 20\,000=200\,000$(元)

应缴纳个人所得税 $=200\,000\times 20\%-16\,920=23\,080$(元)

2021年4月10日转让股票,

财产转让所得 $=(24-20)\times 20\,000=80\,000$(元)

税法规定,个人将行权后的境内上市公司股票再行转让而取得的所得,暂不征收个人所得税。

方案二：2021年4日10日行权,购买20 000股股票

2021年1月10日,王先生在获得股票期权时不需要纳税。

2021年4月10日行权时,应按照工资、薪金所得缴纳个人所得税,应纳税所得额为该股票的市场价与施权价的差额

应纳税所得额=(24−10)×20 000=280 000(元)

应缴纳个人所得税=280 000×20%−16 920=39 080(元)

通过以上两种方案的比较,可以看出在股价较低时行权、在股价较高时卖出更为节税。

5. 股票期权所得与工资薪金所得、全年一次性奖金之间的转换

股票期权所得采取的是独立征收个人所得税的办法,股票期权所得在一年内多次取得的要合并计算,分次取得的合并为一次计税。纳税人可结合全年一次性奖金测算最低税负方案,在工资、股票期权以及全年一次性奖金之间进行转换,通过降低适用税率,以减少应纳税额。

◎ 案例8-7 ━━━━━━━━━━━━━━━━━━━━━━━━

中国居民王林系某上市企业高级管理人员,2020年,公司拟授予20 000股股票期权,有两个方案共其选择:

方案一,2020年1月1日,公司一次性授予王林20 000股股票期权,在两年后以10元/股购买公司20 000股股票;

方案二,2020年年初与2021年年初分两次向王林发放股票期权,每次发放10 000股股票。

如果股票期权在2020年年末、2021年年末的行权价格分别为10元/股、12元/股,预计2020年年末、2021年年末公司股票的市场价格分别为17元/股、18元/股,2021年度王林无全年一次性奖金,请问王林应该如何选择?

【解析】

方案一：一次性授予王林20 000股股票期权

如果企业可将行权价格定为11.8元,超过最初行权价格的差额以全年一次性奖金发放。

全年一次性奖金金额=(11.8−10)×20 000=36 000(元)

全年一次性奖金的应缴纳个人所得税税额=36 000×3%=1 080(元)

股票期权的应纳税所得额=(18−11.8)×20 000=124 000(元)

股票期权的应缴纳个人所得税=124 000×10%−2 520=9 880(元)

应纳税总额=9 880+1 080=10 960(元)

方案二：2020年年初与2021年年初分别向王林发放10 000股股票期权

企业在2020年年初与2021年年初分别向王林发放10 000股股票期权,此时,当业绩符合标准时,王林应缴纳的个人所得税的计算如下。

2020年：

应纳税所得额=(17−11)×10 000=60 000(元)

应缴纳个人所得税=60 000×10%−2 520=3 480(元)

2021 年：

应纳税所得额＝(18－12)×10 000＝60 000(元)

应缴纳个人所得税＝60 000×10％－2 520＝3 480(元)

两年应缴纳个人所得税合计＝3 480＋3 480＝6 960(元)

由此可见,以上两种税收筹划方案均降低了王林的个人所得税税负,方案二的节税效果更为明显。方案一利用股票期权所得与全年一次性奖金所得分别根据不同方式的收入确定适用税率,当某种方式取得的收入较少时,适用的税率也较低,因而将收入分解可以使总体税负下降。方案二是借助分年度取得的方法,利用累进税率模式的特点,通过分摊的方式同样降低了税负。需要注意的是,工资薪金所得不同的发放方式可能会产生交易成本的差异,所以在进行筹划时,必须将这些因素考虑在内,税收筹划并不只限于纳税额的减少,而要追求综合收益的最大化。

股票期权等股票激励所得单独计税为纳税人提供了将一年的综合所得分为两次纳税的机会,凡是综合所得应纳税所得额超过 36 000 元的纳税人,在满足适用条件的前提下,均可以利用股票期权所得单独计税的政策进行税收筹划。最佳的节税方案就是将综合所得中应纳税所得额的 50％分配至股票期权所得。

在条件允许的前提下,纳税人如能充分且合理地利用多种税收优惠政策,如综合利用年终奖与股票期权所得单独计税的政策,可以最大限度地降低整体税收负担。税收筹划的具体方法为,股权期权与综合所得适用相同的税率,年终奖适用的税率比综合所得适用的税率低一个档次。

案例 8-8

中国居民陈丹女士系某上市公司总经理,预计 2021 年度综合所得应纳税所得额为 600 万元。公司为陈女士设计了三套个人所得税纳税方案:

方案一:发放股票期权所得 3.6 万元,综合所得应纳税所得额为 596.4 万元;

方案二:发放股票期权所得 14.4 万元,综合所得应纳税所得额为 585.6 万元;

方案三:发放股票期权所得 300 万元,综合所得应纳税所得额为 300 万元。

请提出税收筹划方案。

【解析】

方案一:发放股票期权所得 3.6 万元

股票期权应缴纳个人所得税＝3.6×3％＝0.11(万元)

综合所得应缴纳个人所得税＝596.4×45％－18.19＝250.19(万元)

个人所得税合计税额＝0.11＋250.19＝250.3(万元)

方案二:发放股票期权所得 14.4 万元

股票期权应缴纳个人所得税＝14.4×10％－0.252＝1.188(万元)

综合所得应缴纳个人所得税＝585.6×45％－18.19＝245.33(万元)

个人所得税合计税额＝1.188＋245.33＝246.518(万元)

方案三:发放股票期权所得 300 万元

股票期权应缴纳个人所得税＝300×45％－18.19＝116.81(万元)

综合所得应缴纳个人所得税＝300×45％－18.19＝116.81(万元)

个人所得税合计税额＝116.81＋116.81＝233.62(万元)

上述分析中,方案三的个人所得税税负最低。可见,综合所得应纳税所得额超过36 000元的纳税人,利用股票期权所得单独计税的政策进行税收筹划时,将综合所得应纳税所得额600万元的一半,即300万元分配至股票期权所得,在这种税收筹划的方法下,个人所得税税负最低。

第二节　劳务报酬的税收筹划

一、劳务报酬的税收筹划的概述

(一)劳务报酬计税的税收政策

劳务报酬所得虽然应并入综合所得综合计征个人所得税,但在实际征管中采取的是预缴与汇算清缴相结合的方法。扣缴义务人向居民个人支付劳务报酬所得时,应当按照以下方法按次或者按月预扣预缴税款:

(1)劳务报酬所得以收入减除费用后的余额为所得额。

(2)预扣预缴个人所得税税款时,劳务报酬所得每次收入不超过4 000元时,减除费用按800元计算;每次收入4 000元以上的,减除费用按收入的20％计算。

(3)劳务报酬以每次所得额为预扣预缴应纳税所得额,计算应预扣预缴税额。

(4)居民个人办理年度综合所得汇算清缴时,应当依法计算劳务报酬所得的所得额,并入年度综合所得计算应纳个人所得税税款,税款多退少补。根据这一预扣预缴方法,纳税人应尽量降低每次取得劳务报酬的金额,从而可以降低预扣预缴税款的数额。

劳务报酬所得与工资薪金所得在预扣预缴时的减除项目、适用预扣预缴税率方面都有很大不同。劳务报酬所得适用的预扣预缴税率见表8-5。劳务报酬所得以收入减除20％的费用后的余额为收入额计入劳务报酬所得,与工资薪金收入为全额计入应税收入的情形不同,决定了两项所得的定性对纳税人的实际税负会造成差异,为纳税筹划提供了可能。扣缴比例只是一个预缴比例,具体税负的计算需要年终合并计算,预扣预缴比例对于最终税负的确定并无影响。

表8-5　个人所得税税率表

(居民个人劳务报酬所得预扣预缴适用)

级数	预扣预缴应纳税所得额	预扣率	速算扣除数
1	不超过20 000元的部分	20％	0
2	超过20 000元至50 000元的部分	30％	2 000
3	超过50 000元的部分	40％	7 000

（二）劳务报酬所得与工资薪金所得的税负差异分析

获得劳务报酬要与用人单位签订劳务合同,劳务合同关系强制性规定较少,个人与用工单位是平等的合同主体,不受劳动法等法规的强制性约束,个人可以自行安排劳动时间、地点,用工单位没有为劳动者缴纳社保的法定义务,用工单位只对劳动成果作出要求;劳务报酬以合同约定价款为基础,取得劳务报酬的代价除了消耗的劳动力以外,一般伴随着附随成本,比如自行购买辅助材料的成本、自备劳动工具的损耗等,这就是税法规定了 20% 的费用定率扣除的依据。个人综合所得进行全年的汇算清缴时,劳务报酬所得一般按照劳务收入额的 80% 计入。违反约定者承担违约责任,劳务提供者有可能因为违约承担违约责任而赔付违约金,劳务报酬所得可能为负数。

◎ 案例 8-9

中国居民季成在 2021 年应发工资薪金收入每月均为 30 000 元,每月社会保险费和住房公积金、符合扣除条件的企业年金以及商业健康保险专项扣除额一共为 4 500 元,此外还享受子女教育、赡养老人两项专项附加扣除共计 2 000 元。因为季成爱好装潢设计,工作业余时间为大成装修公司提供装修图纸的设计,每月取得劳务报酬所得 9 000 元。季成没有大病医疗和减免收入及减免税额等情况,若不考虑税务机关代开增值税发票产生的增值税附加税,试比较劳务报酬税负和工资薪金所得的税负差异。

【解析】

（1）预扣预缴阶段的税负差异。

第一,工资薪金预扣预缴个人所得税,预扣预缴个人所得税情况,如表 8-6 所示。

表 8-6 工资薪金预扣预缴个人所得税表　　　　　　　　单位:元

月份	每月应发工资	每月各项扣除	每月预扣预缴个人所得税
1 月	30 000	11 500	555
2 月	30 000	11 500	625
3 月	30 000	11 500	1 850
4 月	30 000	11 500	1 850
5 月	30 000	11 500	1 850
6 月	30 000	11 500	1 850
7 月	30 000	11 500	1 850
8 月	30 000	11 500	2 250
9 月	30 000	11 500	3 700
10 月	30 000	11 500	3 700
11 月	30 000	11 500	3 700
12 月	30 000	11 500	3 700
合计	360 000	138 000	27 480

注:表中每月各项扣除额＝5 000＋4 500＋2 000＝11 500(元)。

第二,劳务报酬预扣预缴个人所得税。

每月劳务费预扣预缴个人所得税＝9 000×(1－20％)×20％＝1 440(元)

全年劳务费预扣预缴个人所得税＝1 440×12＝17 280(元)

(2) 汇算清缴阶段的税负差异。

工资薪金收入额＝360 000(元)

劳务报酬收入额＝9 000×12×(1－20％)＝86 400(元)

综合收入额＝360 000＋86 400＝446 400(元)

各项扣除总额＝(5 000＋4 500＋2 000)×12＝138 000(元)

应缴纳个人所得税所得额＝446 400－138 000＝308 400(元)

应缴纳个人所得税＝308 400×25％－31 920＝45 180(元)

已经预扣预缴个人所得税＝27 480＋17 280＝44 760(元)

全年汇算应补缴个人所得税＝45 180－44 760＝420(元)

(三) 劳务报酬计税收入的税收筹划

个人取得劳务报酬收入时要承担交通、餐饮等其他多种垫支成本,但个人所得税法不允许税前扣除个人实际垫支的成本,实际垫支成本导致个人的实际收入水平下降,间接增加了个人所得税负。如果约定由雇佣方支付这些垫支成本,在不减少劳务提供方实际收益的情况下,降低劳务报酬的应纳税所得额,实质上就是缩小了计税的税基,可以减轻个人所得税税负,使得劳务报酬所得者获得更高的税后收益。此外,如果雇佣方提供的饮食、交通等服务时所发生的费用具有抵税作用,还可以降低雇佣方的企业所得税税负。

案例 8-10

中国居民钱先生为大学教授,经常到外地讲课。企业与钱教授签订的劳务合同中显示,甲方(企业)支付给乙方(钱教授)本次讲课费人民币 40 000 元,往返交通费、住宿费、伙食费等一概由乙方负责。钱教授讲课期间承担往返机票费 2 000 元,住宿费 2 000 元,伙食费 1 000 元。若不考虑税务机关代开增值税发票产生的增值税附加税,试对钱教授的课酬劳务进行税收筹划。

【解析】

钱教授的讲课属于劳务报酬事项,根据劳务报酬预扣预缴,

企业为钱教授代扣代缴个人所得税＝40 000×(1－20％)×30％－2 000＝7 600(元)

钱教授从企业处收到的讲课费＝40 000－7 600＝32 400(元)

钱教授讲课实际收入＝32 400－2 000－1 000－2 000＝27 400(元)

如果改变劳务合同的内容,劳务合同约定:甲方(企业)支付给乙方(钱教授)本次讲课费人民币 35 000 元,往返交通费、住宿费、伙食费等全部费用共 5 000 元由甲方负责。

企业为钱教授代扣代缴个人所得税＝35 000×(1－20％)×30％－2 000＝6 400(元)

钱教授讲课实际收入＝35 000－6 400＝28 600(元)

从上面的分析可以看出,表面上,钱教授虽然在合同中名义上讲课费减少了,可事实上在往返交通费、住宿费、伙食费等全部费用由企业负责的情况下,教授多获得了 1 200 元

(28 600−27 400)的实际收益,个人税负也降低了 1 200 元(7 600−6 400)。企业的实际支出没有变化,没有增加企业额外的负担,只是会计核算的账户发生了变化,发生的往返交通费、住宿费、伙食费等全部费用还可以在企业所得税税前扣除,起到了抵税作用。为此,纳税人在取得劳务报酬时,原则上应将各类成本转移至被服务单位,虽然降低了劳务报酬的名义数额,但实质上降低了劳务报酬的整体税收负担。

(四) 劳务报酬延期纳税的税收筹划

按照《个人所得税法实施条例》第 14 条规定,属于同一事项连续取得收入的,以 1 个月内取得的收入为 1 次。有的劳务不要求连续进行,而是跨月非连续进行的,相应的报酬也可以分解到若干个月支付,这样就可以避免以月按"次"纳税。有的劳务报酬所得属于同一事项连续取得收入,但报酬取得半年或一年结算 1 次,不是按次或按月,在这种方式下取得的劳务报酬,在取得相关事实证明的情况下,可以 1 个月内取得的收入为"1 次"。

◎ **案例 8-11**

中国居民李女士系森明公司的设计人员,另外还在常达公司兼职,因常达公司规模小、业务量少,李女士不必每天去常达公司,而是每个月去几次将当月工作完成。常达公司每年年底一次性支付李女士 36 000 元的税前劳务报酬。若不考虑税务机关代开增值税发票产生的增值税附加税,请为李女士的劳务报酬进行税收筹划。

【解析】

方案一:以 1 年的报酬作为一次劳务报酬所得

预扣预缴个人所得税＝36 000×(1−20%)×30%−2 000＝6 640(元)

方案二:合同约定每个月支付李女士劳务报酬

如果李女士与常达公司签订合同,注明支付的报酬是李女士每个月劳务报酬的合计数,那么李女士取得的劳务报酬属于同一事项连续取得收入,应该以 1 个月内取得的收入为 1 次。

平均每月劳务报酬所得＝36 000÷12＝3 000(元)

每月应缴个人所得税＝(3 000−800)×20%＝440(元)

每年应缴个人所得税＝440×12＝5 280(元)

与方案一相比,方案二节税额为 1 360 元(6 640−5 280)。

需要指出的是,年度汇算清缴时劳务报酬所得承担的个人所得税多退少补,这里的节税额有时并不是真正的节税额,劳务报酬的税收筹划可能只是起到延期纳税的作用。劳务报酬所得内容共有 29 项,一次性收入中如果劳务报酬所得内容不一样,但相互关联,就可以进行必要的分割。例如,设计、装潢这两项劳务,如果由同一人完成,用工单位一次性支付劳务报酬,税负较重。此时可以事先进行税收筹划,与用工单位分别签订运输、安装合同,也可以达到延期纳税目的。

◎ **案例 8-12**

中国居民王华于 2022 年 1 月对海航公司采购的 5 部货梯进行运输与安装,按签订的劳务合同规定,电梯工程验收合格后,公司支付王华税前劳务报酬 40 000 元。若不考虑税务机关代开增值税发票时产生的增值税附加税,请对王华的劳务报酬事项进行税收筹划。

【解析】

方案一:不进行税收筹划

根据税法规定,海航公司将应代扣代缴个人所得税。

代扣代缴个人所得税=40 000×(1−20%)×30%−2 000=7 600(元)

王华实际收入=40 000−7 600=32 400(元)

方案二:与海航公司分别签订运输、安装劳务合同

如果王华事先进行筹划,与海航公司分别签订运输、安装劳务合同,劳务报酬金额分别为 10 000 元和 30 000 元。

根据运输报酬劳务合同,

代扣代缴个人所得税=10 000×(1−20%)×20%=1 600(元)

根据安装报酬劳务合同,

代扣代缴个人所得税=30 000×(1−20%)×30%−2 000=5 200(元)

缴纳个人所得税合计数=1 600+5 200=6 800(元)

王华实际收入=40 000−6 800=33 200(元)

与方案一相比,方案二中王华可节税 800 元(7 600−6 800),将起到延迟纳税的作用。王华对海航公司的电梯的运输与安装的劳务报酬计入王华 2022 年综合所得进行汇算清缴,多退少补。

二、工资薪金项目转化为劳务报酬项目的税收筹划

劳务报酬项目的收入超过 4 000 元时,以收入减除 20%的费用后的余额为收入额,即劳务报酬项目在计算应纳税所得额时可以"打八折"。因此,如果居民纳税人每月能从一处或多处取得收入,建议选定一处作为工资薪金项目,其余各处收入作为劳务报酬项目,可以起到节税效果。此外,根据《国家税务总局关于个人兼职和退休人员再任职取得收入如何计算征收个人所得税问题的批复》(国税函〔2005〕382 号)的规定,个人兼职取得的收入应按照"劳务报酬所得"应税项目缴纳个人所得税。纳税人取得的兼职收入,可以按照劳务报酬所得进行纳税。如果收入项目在同一个集团内的不同公司里分别发放,将其中一处的工资薪金改为兼职收入应当具备一定的条件,纳税人需要有在不同公司任职的相关文件和资料,选定其中一家公司为专职,明确社保关系,其他收入项目确定为兼职,不考虑社保关系。若收入项目源自不同的用工单位,需确定一个用工单位与之签订劳动合同,其余均签订劳务合同。

销售服务、无形资产或者不动产,是指有偿提供服务、有偿转让无形资产或者不动产,但属于非经营活动的情形除外。根据《营业税改征增值税试点实施办法》(财税〔2016〕36 号附件 1)第十条第(二)款的规定,单位或者个体工商户聘用的员工为本单位或者雇主提供取得

工资的服务,由于劳务报酬所得不属于单位聘用的员工为本单位提供取得工资的服务,因此需要申请税务机关代开增值税发票,缴纳增值税和附加税费。

💥 **案例 8-13**

中国居民王先生系大明公司的总经理,月收入 50 000 元,大明公司在苏州全资设立了兴达公司,王先生兼任兴达公司的董事长。每月有 8 天时间王先生在苏州处理相关工作,兴达公司不给王先生支付工资。为计算简便,不考虑专项和专项附加扣除,请为王先生进行税收筹划。

【案例解析】

方案一:大明公司支付工资给王先生,兴达公司不支付工资

王先生全年应缴纳个人所得税=(50 000×12−60 000)×30%−52 920=109 080(元)

方案二:大明公司支付工资、兴达公司支付劳务报酬给王先生

经过筹划,将王先生在大明公司的职位设为专职,大明公司每月支付工资给王先生30 000 元;将兴达公司职位设为兼职,补签订劳务合同,兴达公司每月支付劳务报酬给王先生 20 000 元。

王先生取得的劳务报酬所得代开增值税专用发票时,预征个人所得税和增值税及税费附加。

全年缴纳个人所得税=(30 000×12+20 000×12×80%−60 000)×30%−52 920=94 680(元)

全年预征增值税=20 000×12÷(1+1%)×1%=2 376.24 元)

应缴纳增值税附加税=2 376.24×12%×50%=142.57(元)

税收筹划后,王先生全年应缴个人所得税、增值税、附加税费合计=94 680+2 376.24+142.57=97 198.81(元)

节税额=109 080−97 198.81=11 881.19(元)

节税比例=(11 881.19÷109 080)×100%=10.89%

通过上述分析可以看出,将部分工资改为劳务报酬所得的确能节省一些个税,节税比例达到 10.89%。

三、劳务报酬转化为经营所得的税收筹划

《个人所得税法实施条例》第十五条第三款规定,个体工商户、个人独资企业、合伙企业以及个人从事其他生产、经营活动,未提供完整、准确的纳税资料,不能正确计算应纳税所得额的,由主管税务机关核定其应纳税所得额。核定征收的前提是不设置账簿,不核算实际利润,操作简便、税负低。

将劳务报酬所得纳税筹划为经营所得,只需由个人成立一家个体工商户或个人独资企业(合伙企业),就可以将劳务报酬所得转化为经营所得。在大环境变化和新个人所得税法下,税务部门收紧核定征收的阀门,普遍推广查账征收后,这种转化是否合算需要综合计算和考虑。

《财政部 税务总局关于明确增值税小规模纳税人免征增值税政策的公告》(财税〔2021〕11号)规定,自2021年4月1日至2022年12月31日,对月销售额15万元以下(含本数)的增值税小规模纳税人,免征增值税。同时,为进一步支持微型企业和个体工商户发展,财政部、国家税务总局发布的《关于实施小微企业和个体工商户所得税优惠政策的公告》(财税〔2021〕12号)规定,微型企业年应纳税所得额不超过100万元的部分,减按25%计入应纳税所得额,按20%的税率缴纳企业所得税;对年应纳税所得额超过100万元但不超过300万元的部分,减按50%计入应纳税所得额,按20%的税率缴纳企业所得税。对于频繁取得劳务报酬且数额较大的个人,可以考虑成立公司来提供相关劳务,从而将个人劳务报酬所得转变为公司所得,由于小微企业可以享受较多税收优惠,这种转变可以大大降低个人的税收负担。

需要注意的是,个体工商户、个人独资企业、合伙企业都可以采取核定征收个人所得税。根据《个体工商户建账管理暂行办法》第三条的规定,符合下列情形之一的个体工商户,应当设置简易账,并积极创造条件设置复式账:

(1)注册资金在10万元以上20万元以下的。

(2)销售增值税应税劳务的纳税人或营业税纳税人月销售(营业)额在15 000～40 000元;从事货物生产的增值税纳税人月销售额在30 000～60 000元;从事货物批发或零售的增值税纳税人月销售额在40 000～80 000元的。

(3)省级税务机关确定应当设置简易账的其他情形。

第三节 经营所得的税收筹划

一、经营所得相关税收政策

根据《个人所得税法》第三条的规定,经营所得不属于综合所得项目,需要单独计算纳税。个体工商户的生产经营所得、对企事业单位的承包经营、承租经营所得、个人独资企业和合伙企业的生产经营所得,适用5%～35%的超额累进税率。经营所得的确定,以每一纳税年度的收入总额减除成本、费用以及损失后的余额,为应纳税所得额。对于取得经营所得的个人,如果没有综合所得的,计算其每一纳税年度的应纳税所得额时,应当减除费用6万元、专项扣除、专项附加扣除以及依法确定的其他扣除。但是专项附加扣除只能在办理汇算清缴时减除。需要注意的是,从事生产、经营活动,未提供完整、准确的纳税资料,不能正确计算应纳税所得额的,由主管税务机关核定应纳税所得额或者应纳税额。纳税人取得经营所得,按年计算个人所得税,由纳税人在月度或者季度终了后15日内向税务机关报送纳税申报表,并预缴税款;在取得所得的次年3月31日前办理汇算清缴,适用的税率,如表8-7所示。

表 8-7 个人所得税税率表

(经营所得适用)

级数	全年应纳税所得额	税率	速算扣除数
1	不超过 30 000 元的	5%	0
2	超过 30 000 元至 90 000 元的部分	10%	1 500
3	超过 90 000 元至 300 000 元的部分	20%	10 500
4	超过 300 000 元至 500 000 元的部分	30%	40 500
5	超过 500 000 元的部分	35%	65 500

在实务中,自然人个人在给企业代开发票时,对于"经营所得"项目,税务机关是按一定比例核定征收个人所得税。在增值税方面,其他个人属于小规模纳税人,增值税起征点由月销售额 3 万元提高到 15 万元,免交增值税。

二、个体工商户经营所得的税收筹划

个体工商户经营所得按照收入总额减去税法允许扣除的各项费用后的余额计算,因此,个体工商户在计算经营所得的应纳税所得额时,应充分利用税法规定的各项扣除,尽量减少应纳税所得额,从而降低税收负担。由于个体工商户的生产经营所得和企业所得税在费用扣除方面存在很大的相似性,因此可以借鉴企业所得税的筹划方法,从降低计税依据的层面来看,可以采用合理折旧、费用分摊和转化方法,从而降低税收负担。

由于个体工商户使用的是五级超额累进税率,若要使个体工商户的生产经营处于相对稳定状况,最佳方式就是平均费用,只要纳税人符合持续经营的原则,将一段时期内发生的各项费用进行最大限度的平均,其所适用的税率也会较低,税收负担就会降低。个体工商户减少应纳税所得额、减轻税负的筹划方法一般有以下四种方法:

(1)尽量将一些合理开支转化为费用列支。

(2)收取自有房产租金。如果个体工商户用自有的房地产进行生产经营,就可以考虑收取租金。房租作为经营的成本,可以减少应纳税所得额。

(3)给参加经营的家人发放工资。

(4)建立一定的福利制度,让员工家人享受医疗、卫生、保健等福利。当个体工商户生产经营处于上升时期时,考虑收入与费用的配比原则,尽量将折旧的计提和费用的分摊费用延后摊销,减少以后年度所得。

◎ **案例 8-14**

中国居民秦先生于 2021 年注册了个体工商户,主要从事餐饮服务,每月扣除各项扣除后,经营所得应纳税所得额为 10 万元。秦先生的妻子也在该餐馆帮忙,但考虑是一家人,并未领取工资。秦先生无其他收入来源。2022 年,秦先生有以下两套方案可供选择:

方案一,继续 2021 年的经营模式,即其妻子继续在餐馆帮忙,但不领取工资。

方案二,秦先生的妻子每月领取 5 000 元的工资。

若采取查账征收方式征收所得税,请帮助秦先生进行选择。

【解析】

方案一:妻子在餐馆帮忙,不领取工资

经营所得全年应纳税所得额＝10×12＝120(万元)

全年汇算应缴纳个人所得税＝120×35%－6.55＝35.45(万元)

方案二:妻子每月领取5 000元的工资

经营所得应纳税所得额＝(10－0.5)×12＝114(万元)

应缴纳个人所得税＝114×35%－6.55＝33.35(万元)

方案二比方案一节税＝35.45－33.35＝2.1(万元)

因此选择方案二,秦先生的妻子每月领取5 000元的工资,将少缴纳个人所得税2.1万元。

三、个人独资企业经营所得的税收筹划

(一) 个人独资企业的税款的计算

个人独资企业,是指依法在中国境内设立,由一个自然人投资,财产为投资人个人所有,投资人以其个人财产对企业债务承担无限责任的经营实体。个人独资企业只需要负担个人所得税,个人独资企业个人所得税的计算适用5%～35%的五级超额累进税率,如表8-7所示。如果全年应纳税所得额(R),则表8-7可以换算成表8-8。

表8-8 个人独资企业的个人所得税计算表　　　　　　　　　单位:元

序号	全年应纳税所得额(R)	应缴纳个人所得税额
1	$R \leqslant 30\,000$	$0.05 \times R$
2	$30\,000 < R \leqslant 90\,000$	$0.1 \times R - 1\,500$
3	$90\,000 < R \leqslant 300\,000$	$0.2 \times R - 10\,500$
4	$300\,000 < R \leqslant 500\,000$	$0.3 \times R - 40\,500$
5	$R > 500\,000$	$0.35 \times R - 65\,500$

(二) 一人有限责任公司税款的计算

一人有限责任公司具有法人资格,应当缴纳企业所得税。根据现行个人所得税法的规定,投资者从公司制企业分得的股息、红利按照20%的税率缴纳个人所得税。一人有限责任公司通常有税收优惠政策的扶持,如针对微型企业、高新技术企业。

假设企业的利润全部分配给投资者,投资者个人分得的税前所得就是全年应纳税所得额(R),公司制企业负担的税款与股东人数不相关,根据个人所得税、企业所得税以及微型企业税收优惠、高新技术企业税率优惠的计税原理,可以得出公司制企业税款计算表,如表8-9所示,表中R为全年应纳税所得额,"小微"指的是微型企业,"高企"指的是高新技术企业。

表 8-9 公司制企业税负情况表 单位：元

序号	企业组织形式	应缴纳企业所得税和个人所得税合计	
1	非小微、非高企	$0.025 \times R + (1 - 0.025) \times 0.2 \times R = 0.22 \times R$	
2	小微企业	$0 \leqslant R \leqslant 1\,000\,000$	$0.22 \times R$
		$1\,000\,000 < R \leqslant 3\,000\,000$	$0.28 \times R - 60\,000$
3	高新技术企业	$0.32 \times R$	

（三）个人独资企业和一人有限责任公司的税收筹划

一个自然人要成立企业，是选择个人独资企业还是一人有限责任公司？即将要承担的权利和义务（主要是税负）往往是自然人要考虑的主要因素。一人有限责任公司的投资者对公司的债务承担的是有限的责任。一人有限责任公司属于企业法人，需要缴纳企业所得税。根据计算原理可以得出个人独资企业和一人有限责任公司税负比较表，如表 8-10 所示。

表 8-10 个人独资企业和一人有限责任公司税负比较表

投资者个人分得的税前所得额区间	税负比较
$[0, 485\,185)$	个人独资企业税负较低
$485\,185$	个人独资企业税负与微型企业税负相等
$(485\,185, 3\,000\,000]$	微型企业税负较低
$(3\,000\,000, +\infty)$	如果一人有限公司符合高新技术企业条件，高新技术企业税负较低
	如果一人有限公司不符合高新技术企业条件，个人独资企业税负较低

◎ 案例 8-15

2021 年 1 月，自然人中国居民王红准备创办一家企业，经过王红的精心测算，预计每年的盈利额约为 2 200 000 元，符合微型企业的条件，利润 2 200 000 元全部分配。若采取查账征收方式征收所得税，是选择一人有限责任公司还是个人独资企业？请从税负的视角，帮助王红做出选择。

【解析】

企业每年的盈利额 2 200 000 元，落在区间 $(485\,185, 3\,000\,000)$ 内，根据表 8-10，从税负角度看，微型企业税负较低，因此选择设立一人有限责任公司。以下进行计算验证。

方案一：设立为个人独资企业

个人独资企业应缴纳个人所得税 $= 2\,200\,000 \times 45\% - 181\,920 = 808\,080$（元）

方案二：设立一人有限责任公司，该公司为微型企业

应缴纳企业所得税 $= 1\,000\,000 \times 12.5\% \times 20\% + 1\,200\,000 \times 50\% \times 20\% = 145\,000$（元）

股东应缴纳个人所得税 $= (2\,200\,000 - 145\,000) \times 20\% = 411\,000$（元）

交纳税额合计数 $= 145\,000 + 411\,000 = 556\,000$（元）

根据表 8-9，小微企业的应纳税所得额 220 万在区间（1 000 000，3 000 000）内，企业应缴纳税额合计＝0.28×R－60 000，

企业应缴纳税额合计＝0.28×2 200 000－60 000＝556 000（元）

方案二比方案一少缴纳企业所得税 252 080 元（808 080－556 000），所以选择方案二，设立一人有限责任公司的微型企业税负小。本案例验证了表 8-10 的观点。当企业应纳税所得额 2 200 000 元落在区间（485 185，3 000 000）内，一人有限责任公司为微型企业时，税负较低。

四、合伙企业经营所得的税收筹划

合伙企业以每个合伙人为纳税义务人，合伙企业合伙人是自然人的，缴纳个人所得税；合伙人是法人和其他组织的，缴纳企业所得税。合伙企业生产经营所得和其他所得采取"先分后税"的原则，合伙企业经营所得应纳税所得额的计算方法与个体工商户相同，略有区别的是，合伙企业的应纳税所得额会按照比例分配给每个合伙人，由合伙人计算缴纳个人所得税。由于增加一个合伙人就可以增加基本扣除 6 万元，合伙企业的合伙人越多，每个合伙人缴纳的个人所得税就越少。合伙人应纳税所得额适用的是超额累进税率，在全体合伙人平均分配合伙企业利润的情形下可以实现整体税负的最轻。

案例 8-16

成明公司为 4 个合伙人共建的合伙企业，合伙人均为自然人，2021 年度扣除合伙人的个人各项扣除后的应纳税所得额为 200 万元，年末企业共有三套利润分配方案：

方案一：4 个合伙人的分配金额分别为 3 万元、3 万元、3 万元和 191 万元；

方案二：4 个合伙人的分配金额分别为 3 万元、9 万元、30 万元和 158 万元；

方案三：4 个合伙人平均分配，每人均为 50 万元。

若采取查账征收方式征收所得税，请选择税收筹划方案。

【解析】

方案一：合伙人的分配金额分别为 3 万元、3 万元、3 万元和 191 万元

合伙人应缴纳个人所得税合计＝3×5%×3＋191×35%－6.55＝60.75（万元）

方案二：合伙人的分配金额分别为 3 万元、9 万元、30 万元和 158 万元

合伙人应缴纳个人所得税合计
＝3×5%＋9×10%－0.15＋30×20%－1.05＋158×35%－6.55
＝54.6（万元）

方案三：合伙人平均分配，每人均为 50 万元

合伙人应缴纳个人所得税合计＝（50×30%－4.05）×4＝43.8（万元）

可见，方案三中全体合伙人缴纳个人所得税最低，比方案一节税 16.95 万元（60.75－43.8），比方案二节税 10.8 万元（54.6－43.8）。

五、综合所得转为经营所得的税收筹划

目前我国还是综合和分类结合的个人所得税税制。如果居民纳税人全年能取得较高的

综合所得,个人所得税税率非常高,因此,对于高收入人群建议成立个人独资企业,将一部分工资、薪金所得,劳务报酬所得,稿酬所得和特许权使用费所得以合作费方式转到个人独资企业,既降低了综合所得税基,又降低了个人所得税税率。

案例 8-17

中国居民周教授是某高校老师,全年工资薪金扣除各项扣除后所得额为 16 万元,周教授同时在培训机构讲课,全年讲课课时费收入 20 万元,还为企业提供产品设计服务,全年收入 18 万元,写书取得稿酬收入 3 万元。请对周教授的综合所得进行个人所得税的税收筹划。

【解析】

方案一:不进行税收筹划

工资薪金所得 16 万元,在培训机构的讲课收入 20 万元和产品设计收入 18 万元形成的劳务报酬,稿酬收入 3 万元,构成了周教授的综合所得的来源。

应纳税所得额 = 16 + (20 + 18 + 3 × 70%) × (1 − 20%) = 48.08(万元)

全年综合所得应缴纳个人所得税 = 48.08 × 30% − 5.292 = 9.132(万元)

方案二:周教授投资设立一家独资企业,投资人为周教授 1 人

以周教授个人名义取得工资薪金所得额 16 万元和稿酬 3 万元;个人独资企业通过合作服务费的形式取得讲课收入 20 万元和产品设计收入 18 万元。此时,要承担综合所得个人所得税和经营所得个人所得税。

(1) 综合所得个人所得税的计算。

应纳税所得额 = 16 + 3 × 70% × (1 − 20%) = 17.68(万元)

全年综合所得应缴纳个人所得税 = 17.68 × 20% − 1.692 = 1.844(万元)

(2) 经营所得个人所得税的计算。

应纳税所得额 = 20 + 18 − 6 = 32(万元)

经营所得应缴纳个人所得税 = 32 × 30% − 4.05 = 5.55(万元)

全年综合所得和经营所得应缴纳个人所得税合计 = 1.844 + 5.55 = 7.394(万元)

方案三:周教授投资设立一家独资企业,投资人为周教授 1 人

以周教授个人名义取得工资薪金所得额 16 万元、稿酬 3 万元和在培训机构的讲课收入 12 万元;个人独资企业通过合作服务费的形式取得讲课收入 8 万元和产品设计收入 18 万元。此时,要承担综合所得个人所得税和经营所得个人所得税。

(1) 综合所得个人所得税的计算。

应纳税所得额 = 16 + (12 + 3 × 70%) × (1 − 20%) = 27.28(万元)

综合所得应缴纳个人所得税 = 27.28 × 20% − 1.692 = 3.764(万元)

(2) 经营所得个人所得税的计算。

应纳税所得额 = 8 + 18 − 6 = 20(万元)

经营所得应缴纳个人所得税 = 20 × 20% − 1.05 = 2.95(万元)

全年综合所得和经营所得应缴纳个人所得税合计 = 3.764 + 2.95 = 6.714(万元)

比较三个筹划方案,方案三个人所得税税负最小,应当选择方案三。

第四节　其他所得的税收筹划

本节所指的其他所得的税收筹划,是指除了工资薪金所得、劳务报酬所得和经营所得之外的税收筹划,主要是指稿酬所得、特许权使用费所得,以及其他分类项目所得的税收筹划。

一、稿酬所得的税收筹划

(一)稿酬所得相关税收政策

稿酬所得是以稿酬所得的收入额减按 70% 计算再减除费用后的余额。扣缴义务人向居民个人支付稿酬所得时,预扣预缴税款时稿酬所得每次收入不超过 4 000 元的,减除费用按 800 元计算;每次收入 4 000 元以上的,减除费用按收入的 20% 计算。稿酬所得以每次所得额为预扣预缴应纳税所得额计算应预扣预缴税额,稿酬所得适用 20% 的比例预扣率。居民个人办理年度综合所得汇算清缴时,应当依法计算稿酬的所得额,并入年度综合所得计算应纳税款,税款多退少补。

(二)稿酬所得的税收筹划案例

稿酬所得的纳税筹划可采取工资薪金所得、劳务报酬所得的类似筹划方法。例如,减少所得额方面,可以采取将相关费用转移给出版社的做法。纳税人通过和出版社协商,降低自己的名义稿酬所得,要求出版社提供设备、资料费、交通费和住宿费服务等。此外,还可以将稿酬分多次支付,分给多个纳税人,从而降低预扣预缴税款的数额。如果纳税人的年度综合所得数额有较大变化,还可以在不同年度之间进行调节。

◎ 案例 8-18

畅销作家张丹欲创作一本小说,需要到各地体验生活采集素材。出版社和作家签订出版协议,支付稿酬 25 万元。张丹预计赴各地的体验生活费用需要 5 万元。请帮助张丹对稿酬所得进行税收筹划。

【解析】

方案一:作家承担体验生活费用

预扣预缴个人所得税 $= [250\,000 \times (1 - 20\%) \times 70\% - 60\,000] \times 10\% - 2\,520$

$\qquad\qquad\qquad = 5\,480(元)$

净收入 $= 250\,000 - 50\,000 - 5\,480 = 194\,520(元)$

方案二:出版社支付体验生活费用 5 万元,原支付稿酬 25 万元减少 5 万元,实际支付给作家 20 万元稿酬

预扣预缴个人所得税 $= [200\,000 \times (1 - 20\%) \times 70\% - 60\,000] \times 10\% - 2\,520$

$\qquad\qquad\qquad = 2\,680(元)$

净收入 $= 200\,000 - 2\,680 = 197\,320(元)$

综上所述,方案二因转移 5 万元体验生活费用给出版社承担,作家缴纳个人所得税比方案一少缴纳 2 800 元(5 480－2 680),导致稿酬净收入比方案一增加 2 800 元(197 320－194 520)。减少的个人所得税,增加了作家的实际收入,真正降低了税负,因此选择方案二的税收筹划方案。

二、特许权使用费所得的税收筹划

(一) 特许使用费所得相关税收政策

与稿酬所得的税收政策基本一致,只是特许使用费所得对收入额不打折扣。扣缴义务人向居民个人支付特许权使用费所得时,特许权使用费所得以收入减除费用后的余额为收入额。预扣预缴税款时,特许权使用费所得每次收入不超过 4 000 元的,减除费用按 800 元计算;每次收入 4 000 元以上的,减除费用按收入的 20％计算。特许权使用费所得,以每次收入额为预扣预缴应纳税所得额,计算应预扣预缴税额。特许权使用费所得适用 20％的比例预扣率。居民个人办理年度综合所得汇算清缴时,应当依法计算特许权使用费所得额,并入年度综合所得计算应纳税款,税款多退少补。

(二) 特许权使用费所得的税收筹划案例

特许权使用费所得的税收筹划,除了灵活运用上述工资薪金所得、劳务报酬所得、稿酬所得的筹划方法,最重要的就是尽量选择按年度支付特许权使用费,而不要按两年或多年支付特许权使用费。

◉ 案例 8-19

中国居民周先生为海航公司工程师,每年综合所得应纳税所得额为 3.6 万元。此外,2021 年度,周先生取得一项专利,授予乙公司使用 10 年,专利费总额为 100 万元。关于专利费支付方式,乙公司设计了三套方案:

方案一,每五年支付专利费 50 万元,共支付 2 次;

方案二,每两年支付专利费 20 万元,共支付 5 次;

方案三,每年支付专利费 10 万元,共支付 10 次。

请帮助周先生对专利费收入进行税收筹划。

【解析】

方案一:取得 50 万元专利费为特许权使用费

周先生取得 50 万元专利费为特许权使用费,需要缴纳个人所得税。

缴纳个人所得税＝[50×(1－20％)＋3.6]×30％－5.292＝7.788(万元)

合计缴纳个人所得税＝7.788×2＝15.576(万元)

方案二:取得 20 万元专利费

周先生取得 20 万元专利费,需要缴纳个人所得税

缴纳个人所得税＝[20×(1－20％)＋3.6]×20％－1.692＝2.228(万元)

合计缴纳个人所得税＝2.228×5＝11.14(万元)

方案三：周先生取得 10 万元专利费

周先生取得 10 万元专利费,需要缴纳个人所得税

缴纳个人所得税＝[10×(1−20%)＋3.6]×10%−0.252＝0.908(万元)

合计缴纳个人所得税＝0.908×10＝9.08(万元)

从税收的角度看,方案三缴纳个人所得税的金额最小。

需要注意的是,对于专利技术的特许权使用费的筹划要考虑的因素较多,税负仅仅是其中的一个因素。此外,还需要考虑从技术的生命周期、购入特许权使用单位的经营状况等。

三、分类所得项目的税收筹划

分类所得是指个人取得的利息、股息、红利所得,财产租赁所得,财产转让所得和偶然所得。

(一) 利息股息红利所得的税收筹划

利息、股息、红利所得,是指个人拥有债权、股权等而取得的利息、股息、红利所得。利息、股息、红利所得,以个人每次收入额为应纳税所得额,税率为20%。利息、股息、红利所得的税收筹划要根据相关税收政策的规定来进行。例如,关于股息的规定,自 2015 年 9 月 8 日起,个人从公开发行和转让市场取得的上市公司股票,持股期限超过 1 年的,股息、红利所得暂免征收个人所得税;持股期限在 1 个月以内(含 1 个月)的,其股息、红利所得全额计入应纳税所得额;持股期限在 1 个月以上至 1 年(含 1 年)的,暂减按 50% 计入应纳税所得额;上述所得统一适用 20% 的税率计征个人所得税。纳税人在取得股息以后,应尽量延长持有股票的时间,以减轻上市公司股息的税收负担。

案例 8-20

中国公民沈女士自 2020 年 6 月 10 日起持有甲上市公司的股票 200 万股。该公司于 2021 年 3 月 25 日公布了其 2020 年度的利润分配方案,方案规定本次利润分配采取派发现金红利的方式,每 10 股派发现金红利 1.5 元。股权登记日 3 月 30 日,现金红利发放日为 2021 年 4 月 9 日。若不考虑其他税费,请为沈女士进行税收筹划。

【解析】

由于截至股权登记日,沈女士持有股票的时间不足 1 年,根据税法规定,该上市公司暂不代扣代缴个人所得税。若分得红利后。沈女士立即转让该上市公司股票,由于其股票持有期限超过 9 个月但不足 1 年,所得的股息红利暂减按 50% 计入应纳税所得额,因此在转让股票时应补缴个人所得税。

应缴纳个人所得税＝200÷10×1.5×50%×20%＝3(万元)

沈女士等到 2021 年 6 月 10 后再转让股票,由于股票持有期限超过 1 年,所得的股息红利暂免征收个人所得税。因此,沈女士在转让股票时无需补缴个人所得税。因此,通过延长股票的持有时间节约了税款 3 万元。

(二) 财产租赁所得的税收筹划

财产租赁所得,是指个人出租建筑物、土地使用权、机器设备、车船以及其他财产取得的所得。财产租赁所得一般以个人每次取得的收入,定额与定率减除规定费用后的余额为纳税所得额。每次收入不超过 4 000 元的,减除费用 800 元;4 000 元以上的,定率减除 20% 的费用。财产租赁所得,以 1 个月内取得的收入为 1 次。如能将财产租赁所得多分几次,使得每次财产租赁所得均低于 4 000 元,可以起到节税的效果。

◎ **案例 8-21**

中国居民张先生准备在 2022 年 3 月将位于市中心自有的 10 间面积 800 平方米的商铺对外出租,年租金为 360 000 元,租期 1 年。张先生有两套方案可供选择:

方案一,将商铺整个出租给某公司,每月租金 3 万元;

方案二,将商铺改成 10 个小格子铺,分别出租给 10 家个体工商户,每家每月租金为 3 000 元。

仅考虑个人所得税,不考虑其他税费,请比较两种税收筹划方案。

【解析】

方案一:将商铺整个出租给公司

每月预扣预缴个人所得税 $= 30\,000 \times (1 - 20\%) \times 20\% = 4\,800$(元)

方案二:小格子铺出租给个体工商户

每月预扣预缴个人所得税 $= (3\,000 - 800) \times 20\% \times 10 = 4\,400$(元)

方案二比方案一节税 $= 4\,800 - 4\,400 = 400$(元)

因此,从税负角度看,选择方案二税负轻,说明将商铺租赁所得每月分成 10 次,每次财产租赁所得 3 000 元均低于 4 000 元,用足扣除费用 800 元的政策,可以起到节税的效果。

(三) 财产转让所得的税收筹划

财产转让所得,是指个人转让有价证券、股权、建筑物、土地使用权、机器设备、车船及其他财产取得的收入。财产转让所得的应纳税所得额以转让财产取得的收入额减除财产原值和合理费用后的余额。个人转让财产要缴纳个人所得税。财产转让所得时要注意相关财产转让所适用的税收政策规定,例如,转让不动产的相关规定有:对住房转让所得征收个人所得税时,以实际成交价格为转让收入。纳税人申报的住房成交价格明显低于市场价格且无正当理由的,征收机关依法有权根据有关信息核定其转让收入。纳税人未提供完整、准确的房屋原值凭证,不能正确计算房屋原值和应纳税额的,税务机关可根据《税收征收管理法》第三十五条的规定,按纳税人住房转让收入的一定比例核定应缴纳个人所得税额。具体比例由省级地方税务局或者省级地方税务局授权的地市级地方税务局根据纳税人出售住房的所处区域、地理位置、建造时间、房屋类型、住房平均价格水平等因素,在住房转让收入 1%～3% 的幅度内确定。如果纳税人转让房产的购置年代较久、增值较高,税务机关不掌握该房产的购置成本信息,纳税人可以申请税务机关核定征收个人所得税。

◎ **案例 8-22**

刘先生在 25 年前以 50 万元购置一套房产,目前准备以 700 万元出售。当地税务机关并不掌握刘先生购置房产的成本信息。如果仅考虑个人所得税，不考虑其他税费，帮助刘先生进行税收筹划。

【解析】

方案一：按照实际成本计算缴纳个人所得税

刘先生需要缴纳个人所得税＝(700－50)×20%＝130(万元)

方案二：声称房产购置发票、合同等凭证丢失，申请税务机关按照3%的比率核定征收个人所得税

刘先生需要缴纳个人所得税＝700×3%＝21(万元)

从节税的角度，建议刘先生选择方案二，将节税109万元(130－21)。

四、综合所得充分利用税收优惠项目的税收筹划

现行个人所得税法规定了工资薪金所得税收优惠项目，有些项目不征收个人所得税，为个人所得税的筹划提供了空间。

根据《国家税务总局关于印发〈征收个人所得税若干问题的规定〉的通知》(国税发〔1994〕89号)的规定，独生子女补贴、执行公务员工资制度未纳入基本工资总额的补贴、津贴差额和家属成员的副食品补贴、托儿补助费、差旅费津贴、误餐补助等不属于工资薪金性质的补贴、津贴或者不属于纳税人本人工资、薪金所得项目的收入，不征税。

◎ 案例 8-23

中国居民陈强为新明公司为的电梯调试员，该公司是江苏省的一家电梯生产企业，企业产品电梯主要销往安徽省滁州地区，陈强需要经常出差安徽滁州，往返滁州的差旅费和在滁州当地的餐费、交通费和住宿费实报实销，没有出差补助和午餐补助。2021年，陈强的年工资薪金收入为270 000元，社保等专项扣除为工资薪金收入的20%，全年专项附加扣除为赡养老人支出24 000元，无其他收入来源。请对陈强的全年综合所得进行税收筹划。

【解析】

方案一：单位不支付陈强出差交通补助和误餐补贴

按照目前的情况，即单位不支付陈强出差交通补助和误餐补贴。

全年应缴纳个人所得税＝(270 000－60 000－2 000×12－270 000×20%)×20%－16 920＝9 480(元)

全年实际收入＝270 000－9 480＝260 520(元)

方案二：单位支付陈强出差交通补助和误餐补贴

陈强和工作单位之间达成协议，公司为其报销住宿费和往返滁州的火车票费用，不再为他报销滁州的市内交通费和餐费，单位每月按照其实际出差的天数和在滁州当地的交通补助、误餐的次数向其支付补贴。单位支付陈强交通补助80元/天和误餐补贴100元/天，陈强2021年共出差100天，全年共取得出差补助和午餐补助18 000元(180×100)。

按照个人所得税法规定，陈强取得的出差补助和午餐补助18 000元不属于工资、薪金性质，不需要缴纳个人所得税。

2021 年应缴纳个人所得税＝（270 000＋18 000－60 000－24 000－18 000－270 000×20％）×20％－16 920＝9 480（元）

全年实际收入＝270 000＋18 000－9 480＝278 520（元）

尽管方案二和方案一在 2021 年缴纳个人所得税的金额相等相同，但是方案二的实际收入高于方案一，实际税负下降，所以应当选择方案二。

参考文献

［1］蔡昌.一本书讲透纳税筹划[M].北京:中国人民大学出版社,2021.

［2］蔡昌.纳税筹划:理论、实务与案例[M].北京:中国人民大学出版社,2021.

［3］董根泰,黄益朝.税务管理:第2版[M].北京:清华大学出版社,2020.

［4］"大众创业 万众创新"税收优惠政策指引编写组."大众创业 万众创新"税收优惠政策指引[M].北京:中国税务出版社,2019.

［5］韩海敏.纳税筹划基础[M].上海:立信会计出版社,2021.

［6］胡绍雨,王玉琴.企业纳税筹划[M].上海:立信会计出版社,2019.

［7］计金标.纳税筹划:第七版[M].北京:中国人民大学出版社,2020.

［8］李睿.企业经济合同管理中存在的问题及建议[J].商业文化.2021.(11):55-56.

［9］梁俊娇.纳税筹划:第八版[M].北京:中国人民大学出版社,2020.

［10］梁文涛.税法[M].北京:中国人民大学出版社,2019.

［11］全国税务师职业资格考试教材编写组.税法（Ⅰ）[M].北京:中国税务出版社,2021.

［12］全国税务师职业资格考试教材编写组.税法（Ⅱ）[M].北京:中国税务出版社,2021.

［13］全国税务师职业资格考试教材编写组.涉税服务实务[M].北京:中国税务出版社,2021.

［14］孙亚琴,顾晓安.纳税筹划[M].上海:立信会计出版社,2021.

［15］王承铭.企业经济合同中的法律风险及防范措施[J].改革与管理,2021.(07):36-37.

［16］吴旭东,田雷.税务管理:第7版[M].北京:中国人民大学出版社,2019.

［17］王玉娟.纳税筹划[M].北京:中国人民大学出版社,2020.

［18］翟继光,袁芸,梁效斌.企业纳税筹划实用技巧与典型案例分析[M].上海:立信会计出版社,2021.

关于印发中小企业划型标准规定的通知

工信部联企业〔2011〕300 号

各省、自治区、直辖市人民政府,国务院各部委、各直属机构及有关单位:

为贯彻落实《中华人民共和国中小企业促进法》和《国务院关于进一步促进中小企业发展的若干意见》(国发〔2009〕36 号),工业和信息化部、国家统计局、发展改革委、财政部研究制定了《中小企业划型标准规定》。经国务院同意,现印发给你们,请遵照执行。

工业和信息化部　国家统计局　国家发展和改革委员会　财政部

2011 年 6 月 18 日

中小企业划型标准规定

一、根据《中华人民共和国中小企业促进法》和《国务院关于进一步促进中小企业发展的若干意见》(国发〔2009〕36 号),制定本规定。

二、中小企业划分为中型、小型、微型三种类型,具体标准根据企业从业人员、营业收入、资产总额等指标,结合行业特点制定。

三、本规定适用的行业包括:农、林、牧、渔业,工业(包括采矿业,制造业,电力、热力、燃气及水生产和供应业),建筑业,批发业,零售业,交通运输业(不含铁路运输业),仓储业,邮政业,住宿业,餐饮业,信息传输业(包括电信、互联网和相关服务),软件和信息技术服务业,房地产开发经营,物业管理,租赁和商务服务业,其他未列明行业(包括科学研究和技术服务业,水利、环境和公共设施管理业,居民服务、修理和其他服务业,社会工作,文化、体育和娱乐业等)。

四、各行业划型标准为:

(一)农、林、牧、渔业。营业收入 20 000 万元以下的为中小微型企业。其中,营业收入 500 万元及以上的为中型企业,营业收入 50 万元及以上的为小型企业,营业收入 50 万元以下的为微型企业。

(二)工业。从业人员 1 000 人以下或营业收入 40 000 万元以下的为中小微型企业。其中,从业人员 300 人及以上,且营业收入 2 000 万元及以上的为中型企业;从业人员 20 人及以上,且营业收入 300 万元及以上的为小型企业;从业人员 20 人以下或营业收入 300 万元以下的为微型企业。

（三）建筑业。营业收入 80 000 万元以下或资产总额 80 000 万元以下的为中小微型企业。其中，营业收入 6 000 万元及以上，且资产总额 5 000 万元及以上的为中型企业；营业收入 300 万元及以上，且资产总额 300 万元及以上的为小型企业；营业收入 300 万元以下或资产总额 300 万元以下的为微型企业。

（四）批发业。从业人员 200 人以下或营业收入 40 000 万元以下的为中小微型企业。其中，从业人员 20 人及以上，且营业收入 5 000 万元及以上的为中型企业；从业人员 5 人及以上，且营业收入 1 000 万元及以上的为小型企业；从业人员 5 人以下或营业收入 1 000 万元以下的为微型企业。

（五）零售业。从业人员 300 人以下或营业收入 20 000 万元以下的为中小微型企业。其中，从业人员 50 人及以上，且营业收入 500 万元及以上的为中型企业；从业人员 10 人及以上，且营业收入 100 万元及以上的为小型企业；从业人员 10 人以下或营业收入 100 万元以下的为微型企业。

（六）交通运输业。从业人员 1 000 人以下或营业收入 30 000 万元以下的为中小微型企业。其中，从业人员 300 人及以上，且营业收入 3 000 万元及以上的为中型企业；从业人员 20 人及以上，且营业收入 200 万元及以上的为小型企业；从业人员 20 人以下或营业收入 200 万元以下的为微型企业。

（七）仓储业。从业人员 200 人以下或营业收入 30 000 万元以下的为中小微型企业。其中，从业人员 100 人及以上，且营业收入 1 000 万元及以上的为中型企业；从业人员 20 人及以上，且营业收入 100 万元及以上的为小型企业；从业人员 20 人以下或营业收入 100 万元以下的为微型企业。

（八）邮政业。从业人员 1 000 人以下或营业收入 30 000 万元以下的为中小微型企业。其中，从业人员 300 人及以上，且营业收入 2 000 万元及以上的为中型企业；从业人员 20 人及以上，且营业收入 100 万元及以上的为小型企业；从业人员 20 人以下或营业收入 100 万元以下的为微型企业。

（九）住宿业。从业人员 300 人以下或营业收入 10 000 万元以下的为中小微型企业。其中，从业人员 100 人及以上，且营业收入 2 000 万元及以上的为中型企业；从业人员 10 人及以上，且营业收入 100 万元及以上的为小型企业；从业人员 10 人以下或营业收入 100 万元以下的为微型企业。

（十）餐饮业。从业人员 300 人以下或营业收入 10 000 万元以下的为中小微型企业。其中，从业人员 100 人及以上，且营业收入 2 000 万元及以上的为中型企业；从业人员 10 人及以上，且营业收入 100 万元及以上的为小型企业；从业人员 10 人以下或营业收入 100 万元以下的为微型企业。

（十一）信息传输业。从业人员 2 000 人以下或营业收入 100 000 万元以下的为中小微型企业。其中，从业人员 100 人及以上，且营业收入 1 000 万元及以上的为中型企业；从业人员 10 人及以上，且营业收入 100 万元及以上的为小型企业；从业人员 10 人以下或营业收入 100 万元以下的为微型企业。

（十二）软件和信息技术服务业。从业人员 300 人以下或营业收入 10 000 万元以下的为中小微型企业。其中,从业人员 100 人及以上,且营业收入 1 000 万元及以上的为中型企业;从业人员 10 人及以上,且营业收入 50 万元及以上的为小型企业;从业人员 10 人以下或营业收入 50 万元以下的为微型企业。

（十三）房地产开发经营。营业收入 200 000 万元以下或资产总额 10 000 万元以下的为中小微型企业。其中,营业收入 1 000 万元及以上,且资产总额 5 000 万元及以上的为中型企业;营业收入 100 万元及以上,且资产总额 2 000 万元及以上的为小型企业;营业收入 100 万元以下或资产总额 2 000 万元以下的为微型企业。

（十四）物业管理。从业人员 1 000 人以下或营业收入 5 000 万元以下的为中小微型企业。其中,从业人员 300 人及以上,且营业收入 1 000 万元及以上的为中型企业;从业人员 100 人及以上,且营业收入 500 万元及以上的为小型企业;从业人员 100 人以下或营业收入 500 万元以下的为微型企业。

（十五）租赁和商务服务业。从业人员 300 人以下或资产总额 120 000 万元以下的为中小微型企业。其中,从业人员 100 人及以上,且资产总额 8 000 万元及以上的为中型企业;从业人员 10 人及以上,且资产总额 100 万元及以上的为小型企业;从业人员 10 人以下或资产总额 100 万元以下的为微型企业。

（十六）其他未列明行业。从业人员 300 人以下的为中小微型企业。其中,从业人员 100 人及以上的为中型企业;从业人员 10 人及以上的为小型企业;从业人员 10 人以下的为微型企业。

五、企业类型的划分以统计部门的统计数据为依据。

六、本规定适用于在中华人民共和国境内依法设立的各类所有制和各种组织形式的企业。个体工商户和本规定以外的行业,参照本规定进行划型。

七、本规定的中型企业标准上限即为大型企业标准的下限,国家统计部门据此制定大中小微型企业的统计分类。国务院有关部门据此进行相关数据分析,不得制定与本规定不一致的企业划型标准。

八、本规定由工业和信息化部、国家统计局会同有关部门根据《国民经济行业分类》修订情况和企业发展变化情况适时修订。

九、本规定由工业和信息化部、国家统计局会同有关部门负责解释。

十、本规定自发布之日起执行,原国家经贸委、原国家计委、财政部和国家统计局 2003 年颁布的《中小企业标准暂行规定》同时废止。